歴博フォーラム

民俗学的想像力

小池淳一 編

せりか書房

民俗学的想像力　目次

問題提起

Ⅰ　民俗研究の構想

Ⅱ　人と場

Ⅲ　対象と認識

展望

問題提起

民俗学史は挑発する

小池淳一

歴博フォーラムへの意識と意図

最初にいささか複雑で多様な意図が複合している本書のめざすところを述べておきたい。本書は二〇〇七年一二月一日に東京大学本郷キャンパスで開催された第六三回歴博フォーラム「民俗学の行方」（文化資源学会後援）を母胎とし、その記録とその後の研究の進展を反映、含意させた論文集である。この「民俗学の行方」と題したフォーラムは国立歴史民俗博物館（以下、歴博と略記）における共同研究「日本における民俗研究の形成と発展に関する基礎研究」（二〇〇四〜二〇〇六年度）の成果報告の一端という意味合いも持っていたから、本書はその共同研究の成果の一部ととらえていただいてもよい。

母胎となった歴博フォーラム「民俗学の行方」はひとことで言うならば、民俗学史から民俗研究の将来を考えようとする試みであった。日本における民俗研究がたどった軌跡を近代日本社会史の中に位置づけ、同時代の文脈をふまえて照射することによって、民俗学の未来を考えてみようとしたものであった。単なる回顧や研究史の確認ではなく、柳田國男と周囲の人びとがどういった意識や環境から民俗学を練り上げていったのかを具体的に掘り下げ、その過程で近代日本における民俗学の特質と可能性とを考えてみようとしたのである。それは「知識の存在形態（収集・保管・創造）の一つとしての学問に、特定の時代、地域の文化がいかに反映するかということを、学問の分野と既成の枠の中に押し込めないで…（中略）…展望に収める」[1]ことをめざしたものといってもよいかもしれない。

　フォーラムの陣容をまず確認しておこう。

　第Ⅰ部は「課題としての柳田國男」として、三人の報告が行われた。すなわち、

　姜竣（城西国際大学）「未完の「広遠野譚」――一九一〇年前後（明治四〇年頃）の柳田國男」

　菊地暁（京都大学）「敵の敵は味方か？――京大／史学科と柳田／民俗学」

　重信幸彦（北九州市立大学）「郷土研究と実践のリテラシー」

である。

　次いで、第Ⅱ部は「「民俗」へのまなざし」と題して、三人の報告があった。

　川村清志（札幌大学）「フォークロリズム　その可能性の中心――民俗学的概念をめぐって」

　和田健（千葉大学）「「村」のありかたが再構築された一九二〇～三〇年代――農村更生協会機関誌『農村更生時報』からの考察」

　鶴見太郎（早稲田大学）「方法として見る民俗学者の人生」

がそれであり、若干の休憩をはさんで、佐藤健二（東京大学）、山田慎也（歴博）両名のコメントが行われた。

　このフォーラムの前提となった認識について、その後の考究の進展も織り込みつつ、改めて論じておきたい。まず、フォーラムにおける問題提起として次のような指摘をしておいた。

民俗学をふりかえることとは

なぜ、民俗学の形成と発展、いわば、民俗学の過去を主題とした共同研究の成果が、民俗学の行方、すなわち、未来にかかわるのだろうか。その点について、まず考えてみよう。

民俗学の歴史とは何か。その指し示すところは論者の立場によってかなり多様なものとなるだろう。個々の学説をたどることもそうだろうし、民俗学者を列伝体で回顧することも学史に違いない。民俗研究の組織体や媒介となった雑誌などに焦点をすえることも可能である。しかし、民俗学史を名乗る以上は、現代にあって民俗学と関連する諸分野における研究に携わりながら、そこにおける個々の研究の営みを見つめ直しつつ、過去の先達の営為に対する考察が行われるべきだろう。つまり、学史研究は民俗研究の現状や現場と離れてはあり得ない、というのが我々の立場である。

だから、民俗学史研究とは埃にまみれた過去の論文の再読やいかに民俗学が近代化のなかでとりこぼされた生活の諸事象をすくい上げてきたかといった自慢話に終始していいものではない。個々の学説の魅力や貴重な聞き書きが大量に蓄積されてきた意義をいうことは重要なことであるし、近代日本のなかで、民俗学の特殊性を絶えず確認することも忘れてはならないことに違いない。ただし、それは現在、さらに将来における自己と自己が関わっていくであろう研究領域の対象や方法と不可分にかかわるものでなければならない。民俗学を名乗る個々の研究者あるいは民俗学が選択した手法や対象とした存在に興味、関心を持つ人々が、民俗学的営為の伝統と限界とを自覚し、その上で、未来と新たなる可能性とを模索するものでなければならないだろう。

近代における民俗学の特異性に立てこもるのではなく、その特異性を支え、可能ならしめた条件や環境、あるいはそれらを具体化した実践、さらにはそれらを生みだし、あるいは共鳴していった思想を我が身に引き受ける覚悟を持つことが学史を語る際に必要なのではないか。民俗学が真に内省の学であるならば、現在及び未来においてそれを具体化する方策こそ、問われなければならない。

課題としての柳田國男

民俗学に興味を持つ人ならば、柳田國男（一八七五～一九六二）の名やその業績に向き合わないわけにはいかない。しかし、他の人文社会科学からみれば、そうした「常識」も「非常識」に映るのではないだろうか。

試みに、柳田と同世代の歴史学者の名を挙げてみよう。東京帝国大学の国史学研究室の礎を築いた黒板勝美（一八七四～一九三六）、独自の思想史研究を繰り広げた津田左右吉（一八七三～一九六一）、法制史の開拓者、中田薫（一八七七～一九六七）といった人々が柳田と同世代である。

社会学や人類学の領域では、マルセル・モースが一八七二年の生まれであるから、柳田とほぼ同じ世代であり、ラドクリフ＝ブラウンは一八八一年生まれ、マリノフスキーは一八八四年生まれであるから、柳田より年下ということになる。日本の人類学者では早稲田大学で教鞭をとった西村眞次が一八七九年生まれだから同世代といえようか。

国語国文学の領域では折口信夫は一八八七年生まれで一回り年下であったことは比較的よく知られており、同世代では、新村出（一八七六～一九六七）を挙げることができる。

こうしてみると、古典的な、何とも古めかしい名前が並んでいることに驚かれるのではないだろうか。こうした人々の業績と比べると柳田の残した仕事は、民俗学とその周辺という限定付きではありながらも現役である。二一世紀の今日でも民俗学専攻の多くの学部学生、大学院生は、柳田の論考と向き合い、格闘するところから、自己の研究をスタートさせる。このような人物は他にいるだろうか。そしてこうした柳田の学が持つ射程の長さと深さ、あるいは、したたかさはどこから来るのか。それを「偉大な」とか、「傑出した」といった形容詞に封じ込めるのではなく、近代の社会史のなかに、なるべく広く解き放って回答を求めたいのである。

その際に期待するのは柳田礼賛ではなく、解剖であり、解体である。それは柳田の存在と彼が遺したテクストを個々の関心に引き寄せて恣意的に読むことではなく、柳田の営為の精緻な読解と同時代史的文脈を創造的に読み替えることでなければならない。

「民俗」へのまなざし

一方で柳田民俗学は既に過去のものであり、現代の民俗学とその対象は柳田以上の視野の広がりを持ち、柳田が経験し得なかった高度経済成長以降の社会変動を経験して、変貌、発展し続けているとする向きもあるかもしれない。しかし、それがどういった内実と成果とを持つものであるかは大いに議論すべきであろう。

「民俗」の「変貌」が問題となり、「都市民俗学」や「現代民俗学」あるいは「比較民俗学」という呼称のもとに新しい時代の民俗研究の展開が期待され、その模索が続いていることは改めて指摘するまでもない。そうした個々の営みや試行錯誤の蓄積の上にどのような共通項を設定し、学としての可能性を主張することができるのか。そこでは、自明あるいは基盤とされてきた種々の概念や方法に対する再検討が求められるだろう。

実証や「地域研究」の名のもとに自閉的になり、自己の研究を従来の民俗学の文脈の延長線上にしか開いていけない状態は最も忌み嫌うべきものではないだろうか。もしそれが学問の独立や役割分担といった言い方で無化されるのであれば、初学時はともかく、やがては隣接諸学から切り離され、民俗学の社会的な使命や学問的な責任を放棄することにつながるのではないだろうか。求められるのは必要に応じて連携できる知的開放性と相手の認識基盤や方法と切り結ぶことのできる対話への志向である。そうした意識のもとに、「民俗」の存在や、「民俗学」の必要性を自明としない立場からの考察をここでは試みたい。

ここで提起するのは、こうした基本的なテーマと枢要な姿勢を少数の人々の間に閉じこめることなく、持続的な運動として問い続けることである。「将来を改良するには歴史の知識は常に必要である」[2]あるいは「…人間生活の未来を幸福に導くための現在の知識であり、現代の不思議を疑つてみて、それを解決させるために過去の知識を必要とするのである。…（中略）…歴史の究極の目的は眼前にぶら下がつて居るのである」[3]という目標を設定していた民俗学そのものも、歴史的な存在である。その歴史を問うことは、民俗学の思考様式とその成果だけではなく、その道具立てや概念の析出過程を問うことである。

つまり、ここで民俗学の行方を具体的に提示することが目的なのではない。民俗学の将来を、あるべき民俗研究の未来像を構築し続ける核となるものを確認し、磨き上げていくことこそが真の目的である。

挑発する学史研究

大略、以上のような認識を歴博フォーラムでは問題提起としたのであった。本書はその記録として当初は企画されたのであったが、冒頭でもふれたように歴博における共同研究「日本における民俗研究の形成と発展に関する基礎研究」の成果をより積極的に取り込み、フォーラムのさらに先の研究状況を反映することが目標として編集された。まず、研究代表であった筆者が、共同研究のメンバーの研究歴と民俗学の現状に沿った問題とを結合させ、羅列した目次案を提出した。しかし、それに対しては再検討が求められ、改めてメンバーとともに議論し、本書の基礎的な構成が固まっていった。その後の半年ほどの準備期間を経て、当初の執筆者や執筆内容などに若干の変更があったものの、研究の展開を大胆に含みこむかたちで本書が生まれることとなった。

本書には民俗学史のさまざまな問題を取り上げ、民俗学という営みが構想され、誕生し、成長していく過程をなるべく具体的に論じようとしている。さらには民俗研究が見出してきた独自のジャンルとその可能性や拘束性、あるいは術語の射程などもテーマとしている。

　ここでは表面的な学史の回顧やそれに類する事実の確認ではなく、膨大な民俗研究の形成のプロセスとその周辺の問題を取り上げることによって、民俗学的な認識の革新や再編成につながる議論を提示していることがそれぞれの論考を精読することで了解されるだろう。そしてそれは民俗学そのものの今後に資する根本的な問題を取り扱っている。史学における史学史が必要不可欠なものであるのと同様に民俗学史は民俗学の現状に対応する必要不可欠のものである。

　ただし、その際の学史という問いは歴史学のそれではなく、あくまでも民俗学的なものでなければならないだろう。民俗学史を文献を中心とする近代史の枠組みで論じるのではなく、いわば「民俗学の民俗学」として論じていく必要があるだろう。[4]それは初発の民俗研究がそうであったように、書かれたもの、記録されたもののみに依拠するのではなく、そこからこぼれ落ち、あるいはそれらが生みだされる背景や基盤にまで目を凝らし、耳を澄ませるものでなければならない。[5]

　そうした時にはじめて過去の文字記録や研究者を民俗研究の現在に蘇らせ、未来に資するものとして新たな読解が可能になっていくだろう。民俗学史におけるテキストの集積はそれぞれが生みだされた過去の研究状況のなかだけに閉じこめておくのではなく、後の世の研究者が直面している民俗研究の現在との緊張関係のなかで読み解くことによって常に新しい相貌を表す。それは文学研究における受容理論のように絶えず新たな意味の地平を創出するものといえるだろう。[6]現在と向き合う研究を生みだす――つまり、挑発する――歴史は決して文学史だけの専有物ではないのである。

民俗学的想像力と構想力

本書は一一編の論考とやや短めの二編のコラムとからなっている。最初の「Ⅰ　民俗研究の構想」では柳田國男の学問が向かおうとしていた目標としての「常民」や「世相」を取り上げ、さらに高度経済成長以降の民俗学の注目すべき動向であった都市民俗およびフォークロリズムを分析している。どういった期待の地平がこの学問の形成期には広がっていたのか、そして一九八〇年代以降はどうなのか、それを改めて問うのがここでの目的である。次にコラムとして柳田の家族についての実証的な検討を収めている。

続く「Ⅱ　人と場」では民俗学の形成に携わった人びとを具体的に取り上げ、さらにはそうした人びとが集う場がどのようにして生まれ、変容していったのかを論じている。態度、生き方が方法としてとらえられ、また新たな問題の発見が果敢な越境によって支えられていたことを論じ、場としての郷土研究サークルや大学が民俗学の形成過程において占めていた位置とその意味について考察している。そしてコラムとしては南島世界が民俗研究において対象化されていく道のりを、その重要な部分を担った研究者自身の回顧のかたちで記述してもらっている。

そして、民俗研究の対象やジャンルの可能性を改めて問うのが「Ⅲ　対象と認識」である。ここでは郷土という認識に込められていた意味や村の更生運動と民俗との関わり、「民俗芸術」なる術語で対象化される生活の実践が取り上げられている。最後には「展望」として、こうした探求の必要性と可能性を方法・運動・構想力をキーワードとして論述し、系統だてている。

本書は民俗学を民俗学たらしめている研究の基盤や方法意識、対象認識や制度あるいはコミュニケーションの様相といったものを歴史的な深度を顧慮しながら検討し、民俗学という学問ならではの想像力――それは構想力でもあり、さらには創造力にもつながる——の、ありようを探ろうとした。かつてあまり意識されずに、しかしこの学問の初発には確かに備わっていた筈のものを改めて取り上げ、論じるところに、そして今日においてそれを再認識する点に、本書の意義があるだろう。

誤解のないように付け加えておくが、このことは民俗学を近代の特異な営為として特権化したり、閉じこめたりしようとするものではない。大きくいえば民俗学という近代におけるひとつの壮大な実験を通して、人文学の地下水脈を掘り当て、そこからの再編を望もうとする営みでもある。そうした営みの結実が遠いものなのか、間近に得られるものなのかは、本書に結集した我々と本書の読者との両方に委ねられている。

学史の創造的な読解こそが新たな学問の地平をひらくのである。

注

1 山口昌男「二十世紀後半の知的起源」（同『本の神話学』中央公論社〔文庫〕、一九七七年）、七頁。

2 柳田國男「郷土研究と郷土教育」、一九三三年、のちに『国史と民俗学』（一九四四年、『柳田國男全集』〔第一四巻〕筑摩書房、一九九八年に収録）、一六五頁。

3 柳田國男「郷土研究と文書資料」、一九三二年、のちに『郷土生活の研究法』（一九三五年、『柳田國男全集』〔第八巻〕筑摩書房、一九九八年に収録）、二一六―二一七頁。

4 民俗学自体の歴史認識を問う作業を「民俗学の民俗学」と名づけ、そこに込められている問題意識については、さしあたり佐藤健二「「大阪民俗談話会」を考える」（『柳田国男研究論集』六号、二〇〇八年、柳田国男の会、二一―二六頁）を参照。

5 研究の潮流、動向を読みとるにしてもこうした姿勢が必要である。単純に書き残されたものだけを対象として民俗研究の生成をとらえることはできない。それらを基準としつつもその背景や問題意識の胚胎する文脈をすくい上げようとするまなざしが求められるであろう。このことについては拙稿「民俗信仰の領域」(『日本民俗学』二四七号、二〇〇六年、日本民俗学会)、一〇二―一〇三頁でも述べておいた。

6　文学史における受容理論とその見通しについては、H・R・ヤウス(轡田収訳)「受容理論――その知られざる前史を顧みて」(同『挑発としての文学史』岩波書店〔現代文庫〕、二〇〇一年)、一四一―一四七頁を参照。

I

民俗研究の構想

「常民」から「公民」へ――〈政治改良論〉としての柳田民俗学

室井康成

一　はじめに

民俗学とは何か――。この一見単純にみえる問いは、実は、明答を見出すことが極めて難しい奇問といえる。なぜなら、この学の名を冠した研究においては、その対象や方法に著しい広がりがあるためである。したがって、如上の問いへの回答を民俗学研究者の間で等しく共有することは、不可能に近いというのが私の実感である。だが、人間と、「民俗」として把握し得る伝承事象との関係性を解こうとする学問であるというイメージは、ほぼ衆目の一致するところなのではなかろうか。その場合、民俗学では研究対象となる人間を、永らく「常民」の語で呼び習わしてきた。この語は、日本の民俗学を創始した柳田國男により「学問用語として造られたものである」（神島、一九七二年、五頁）とされる。

柳田は晩年、ＮＨＫのラジオ番組「私の自叙伝――旅と私」（一九六〇年一月四日放送）に出演し、その中で、この「常民」に相当すると思われる人々の属性を、当時八五歳であったとは到底思えない明快な滑舌で、次のように語った。

うずもれてしまって一生終わるであろう、訴える道がなくなってしまうだろう、犯罪もしなければ、いいこともしないでいるっていうような人がね、ただ何となく息吸っていくのを惜しがって、それに関する知識を残そうとしたのが、あのフォークロアっていう言葉なんですよ。[1]

つまり、どこにでもいるような普通の人々、やや文学的な表現が許されるならば、史書に登場することのない無名の民々が、柳田の言う「常民」であったということになる。しかしながら、右の言からも窺えるように、その意味内容は曖昧であり、それは概念ともいえない非常に不明瞭な用語であった。ただし、私が重要だと考えるのは、柳田が「常民」を云々する場合は、研究主体である柳田自身は「常民」には含まれておらず、それは完全に他者化された人間像であった蓋然性が高いということである。[2]言を換えれば、柳田にとって「常民」とは、自分以外の大多数の人間を示唆する謂であったということになり、まさにこの点こそが、この語のもつ独自性であるといえる。

以上のように、柳田の「常民」像は漠としていて、つかみどころがないのだが、福田アジオの分析によると、柳田の中で民俗学が確立したとされる一九三〇年代に至り、その論著では「常民の使用回数は急激に増加し、しかも文章のなかで重要な役割を果たすことになった」(福田、一九九二年、一〇一―一〇二頁)という。つまり、それまで柳田が「庶民」「民衆」「不文の民」「凡人」「常人」「平民」などと呼称してきた研究対象としての人間が、民俗学の体系化に伴い、「常民」の語に取って代えられ、総称されたというわけである。

議論は飛躍するが、私は、柳田をして民俗学を構想せしめた動機の背景には、同じ時期に開始された普通選挙を円滑に機能させ、日本を欧米並みの真の民主主義国家に育て上げたいという、彼なりの切実な使命感があったと考えている。詳しくは後述するが、柳田は「民俗」を、民主主義の基礎となる「個人」の発現を抑制せしめる要因としても捉えており、民俗学を通してその実態に迫ることは、彼の理想を実現するためには不可欠な作業だったのである。[3]ゆえに民俗学は、柳田にとって「世の為人の為でなくてはならない」(柳田、一九三二年、二一六頁)のであり、彼をして「結局政治を改良し得れば、学問の能事了れり」(柳田、一九二八年、一六二頁)とまで言い切らせたのである。したがって、彼が提起した民俗学とは、〈政治改良論〉としての性格を多分に含んでいたといえる。このことを踏まえると、「常民」という語もまた、柳田が民俗学の実践を通じて構築しようとした社会像・人間像と密接に関係すると考えるのが自然であろう。

かような問題意識に基づき、本稿では、柳田が民俗学を確立するに当たり、その研究対象を指示する語として、なぜ「平民」でも「庶民」でも「市民」でもない「常民」を揚言し、これを前述したような意味合いで使用したのかという点について考察を試みたい。

二　柳田國男における「常民」観の内実

柳田の「常民」像は曖昧である。が、何となく不特定多数の民々を指す概念であるらしいということは了解できるであろう。私は、これを神島二郎の言に従い「集合主体」(神島、一九七二年、八頁)として理解するのが妥当だと考えるが、前述したように、柳田はこれを他者化された実態と捉えていることを考慮すれば、「常民」とは、〈自己と対置された集合主体〉といって差し支えない。つまり、〈われわれ常民〉ではなく、〈かれら常民〉ということである。となれば、そうした認識を柳田が獲得するに至った契機、すなわち「集合主体」としての他者に直面した直接的な出来事と、その認識に含まれたであろう彼なりの課題性を探る必要がある。

（一）啓蒙対象としての農業者

「常民」を上述のように捉えれば、これと柳田との接点は、彼の幼少時の心象風景にまで遡行できるのかもしれない。[4] しかしながら、その存在が柳田の眼前に大きく立ち現れたのは、彼の官僚時代においてであろう。一九〇〇（明治三三）年七月、柳田は農商務省農政局に、同省初の学士の高等官として入省した。その二年後には法制局参事官へ異動となり、それ以来、一九一九（大正八）年に辞官するまで、ついに古巣の農商務省に戻ることはなかったが、二〇年近くに及んだ官僚生活の中で、彼が一貫して関心を持続させた問題は、日本の農業技術と生産性および農業者の生活の向上であった。この過程で、農業者の生活向上を含む日本農業の発展を阻害する要因として柳田が見出したものは、彼らの意識や思考を強く拘束していた前近代的な習慣や慣習といった、後に「民俗」という言葉で表象される事柄であった（室井、二〇〇七年a、七―一一頁）。

ところで、明治新政府による国家建設の基本方針となり、その後も日本がアジア・太平洋戦争に敗れるまで、左右両陣営の理論的支柱としてしばしば再説されたのが、維新直前の一九六八（慶応四）年三月に渙発された「五箇条の御誓文」である。[5] その第四条には「旧来ノ陋習ヲ破リ天地ノ公道ニ基クヘシ」とあるが、この条文は、由利公正らの作成した当初案にはなく、木戸孝允の建白によって新たに挿入されたことが知られている（稲田、一九五八年、一五頁）。この時の木戸の念頭には、当時続発していた攘夷派の壮士たちによる外国人襲撃事件があったという（同上、一〇頁）。つまり、国内における対外事案の発生を抑えるには、外国人を夷狄視する前近代的な思考（すなわち陋習）が排されなければならなかったのである。

新国家の施政方針は、さながら国民を「陋習」から洗脱せしめ、文明開化を盛んにし、日本を欧米並みの近代国家へと育成することにあったといえるだろう。そして、同時代に官仕えをした柳田もまた、そうした国家目標を共有していたであろうことは想像に難くない。このことは、前述した農政家としての柳田の思想をみれば首肯しえよう。また、それは柳田が、前近代以来の習慣であった小作料の「米納制」を廃し、「金納制」への移行を提起する中で述べた「米納の習慣が今尚盛に行はれて居るのは全く之ばかりとは言はれませぬが、主たる原因は此惰性にある」、「右の如き惰性を打破つてずん〻〻新しい経済情況に適応する新習慣を作らせるにも、其の第一著歩はやはり地主小作人双方の智力を開発するの外ありません」（柳田、一九一〇年、三七四頁）という箇所からも窺える。

このように、柳田が強いリアリティとインパクトをもって、はじめて出会った他者としての「集合主体」は、前近代的な習慣の中で生きる農業者であり、彼らは同時に、柳田が職務により近代化を促さなければならない啓蒙対象として見出したものだといえる。この意味において、先行研究にみえる「基本的には、柳田における『常民』のイメージは、文字をもたぬ百姓であった」（後藤、一九八七年、三三七頁）という理解は、とりあえず正しいとみていいだろう。

（二）政治主体としての「常民」の発見

柳田は、官僚生活を終えた翌年の一九二〇（大正九）年に東京朝日新聞社に入社した。その後、国際連盟委任統治委員に就任していた時期を除き、一九三二（昭和七）年に退社するまでの約一〇年間、論説の場を主たる舞台として健筆を振るった。その筆鋒は多岐に向けられたが、とくに外交では移民問題を、内政では普通選挙（普選）導入問題に関して多くの所論を公にした。わけても後者については、折から大正デモクラシー思潮が高揚する中、柳田は、同じ東京朝日新聞の論説顧問であった吉野作造らとともに、熱心な普選導入論者として世論の興隆に努めてゆく。

ただし、柳田は普選の実現は歓迎すべきものだと捉えつつも、想定される選挙のレヴェルについては、一抹の不安を抱いていた。ゆえに、一見「時期尚早論」ともとれる消極的な意見も述べているが、その理由は、新たな有権者となる人々の一部が、例えば「親分子分慣行」のような前近代以来の「民俗」に拘束されているがために自らの自由な政治意思表明が不可能となり、結果として普選の意義が活かされなくなることが懸念されたからである。[6]

そうした危惧は、何も民俗的観念の拘束が濃厚な農村部に限られたことではない。都市部に集住する数多の群衆もまた、柳田にとっては、一票を行使する有権者としてはまことに心許ない存在であった。例えば、彼の朝日新聞社時代の最後の仕事であり、かつ民俗学の業績としても評価の高い『明治大正史 世相篇』（一九三一年）では、「伴を慕ふ心」「群を抜く力」という章が設けられ、日本人の多くが生来もっていた集団への帰属を志向する心意（群れたがり）の相貌が、主に都市部で勃興した各種親睦団体や社会組織の成立事情を事例として説明されたが、柳田は、そうした群衆のもつ「付和雷同」性に注目し、それが選挙に適用されることについて「少なくとも群の中心となることは愉快なことであり、又個人としての小さからぬ利益であつた。是が毎回の総選挙に際して、こっけいなる候補者の乱立する動機であった」（柳田、一九三一年、五九〇頁）と述べ、その弊害について力説している。

柳田にとっては、親分の言いなりで動く農村部の人々も、群を求めて集団主義をとる都市部の人々も、行為にあたって自らの凛呼とした意思に基づく判断ができないという点においては同じであった。だから、そうした人々を「愈々選挙場へ連れ出して、自由な投票をさせようといふ時代に入ると、始めて国民の妄動といふことが非常に怖ろしいものになつて来る」（柳田、一九二八年、一三頁）と危惧したわけである。しかし、彼らが一国の将来を決する有権者であることには変わりはない。したがって、如上の属性をもつ彼らをして、自分たちこそ選挙結果に責任をもつ政治主体であるという意識をもたせる必要が柳田にはあった。ここにおいて、柳田における他者としての「集合主体」は、かつて農政家として向き合った農業者から、ジャーナリストとして遭遇した群衆にまで拡大したのである。

重要な点は、この時期が、彼が朝日新聞社を退職し、プロパーの民俗学者への脱皮をはかった時期と重なるということである。加えて、それは柳田にとって他者としての「集合主体」を指す語が「常民」にほぼ統一された、民俗学の確立期にも相当する。そうすると、「常民」とは〈政治主体としての人々〉という謂であり、しかもそれは、かつての農業者と同様、柳田にとっては啓蒙対象であったのではなかろうか。

（三）いわゆる「非常民」をめぐる問題

「常民」を右のように理解すると、その範疇から取りこぼされたとされる「非常民」という存在が、なぜ生じたのかという点についても得心がゆく。

例えば、柳田は明治の終盤から大正の半ばにかけて「『イタカ』及び『サンカ』」（一九一一～一二年）・「毛坊主考」（一九一四～一五年）・「マタギと云ふ部落」（一九一六年）・「山人考」（一九一七年）・「俗聖沿革史」（一九二一年）などの論考を立て続けに発表したが、そこで考察対象となったイタカ・マタギ・ヒジリといった職掌の人々は、定住性とは対にある漂泊性が、その属性の特徴であった。杉本仁によると、そうした定住性の薄弱な人々を、柳田は「常民」の範疇から除外したとされるが（杉本、一九七五年、二六五―二六八頁）、前にも述べた通り、この時期の柳田は農政家であり、その啓蒙対象としての農業者を「常民」に措定した蓋然性が高いわけだから、彼が、定住農耕とは縁遠い位置にいる人々を「常民」と見なさなかったのは、至極当然であるといえる。

とはいえ、この頃の柳田は、右に例示した諸論を世に問うていたことからもわかるように、「非常民」ともいうべき人々に対して、少なくとも関心は抱いていた。しかし、大正末期以降、それへの言及がほとんどみられなくなる。この変化について、私は、この時期に柳田の「常民」の範疇が、それまでの農業者から、政治主体としての有権者一般にまで拡大したことが関係していると考えている。つまり、定住性の薄い人々に対して責任ある有権者としての自覚を促すのは困難であり、柳田の中で、あるべき政治主体として期待できない人々が「常民」からはずされたということである[7]。

そうすると、柳田が「常民」から被差別民を除外したとか、あるいは、この時期の彼が、「非常民」を捨象することで、固有信仰・稲作一元論で結ばれた同質的な「常民」概念による「一国民俗学」の創出へと一気に舵を切ったという巷説は、柳田の「常民」観成立の背景に差別性があったとする見方[8]も含め、再考の余地がある、と私には思われる。

三　希望としての「公民」へ

これまでみてきたように、柳田は、「常民」を啓蒙対象として把握していたといえる。したがって、柳田にとって「常民」は、「常民」のままであり続けてはならないということである。では、「常民」は「常民」でなくして、どのようにあるべきなのか。そして、かような柳田の思想が、この時期に確立した民俗学とどう関わるのか。以下では、如上の点を検討する。

(一)　民俗学の成立と「公民」

普選に関する議論を活発に展開していた頃の柳田は、同時並行的に、自ら構想する民俗学の体系化と、その普及のための執筆・講演活動に邁進していた。その成果の一つが、柳田による初の民俗学啓蒙書『青年と学問』（一九二八年）の刊行である。本書の冒頭の項は「公民教育の目的」と題され、そこでは文字通り「公民教育」の重要性が説かれるのだが、後述するように、それは普通選挙により「妄動」する惧れのある新たな有権者、つまり「常民」に対する教育という意味で使用されている。そこで、同じ項で述べられた次の一文に注目したい。

公民教育といふ語が今頃漸く唱へられるのもをかしいが、説かなければわからぬ人だけに対しては、一日も早く此国此時代、此生活の現在と近い未来とを学び知らしめる必要がある。しかもそれを正しく説明し得るといふ自信をもつて居る人がさう多くないらしいのである。こゝに於てか諸君の新らしい学問は、活きて大に働かねばならぬのである。（柳田、一九二八年、一二三頁）

右の「新らしい学問」とは、目下柳田が構想中の民俗学を指している。これを柳田は、「公民」であることの意味を「説かなければわからぬ人」を対象として、「一日も早く此国此時代、此生活の現在と近い未来とを学び知らしめる」ために創始しようというのである。では、なぜ彼は、そうした「新らしい学問」を希求したのであろうか。

柳田は、民俗学を広義の歴史学として捉えていたとみられるが、これと従前の歴史学との違いは、彼が同じ項で述べた「史学は古い事を穿鑿する技術では決してない。人が自己を見出す為の学問であつたのだ」、「現在のこの生活苦、若くは斯うして争ひ又闘はねばならぬことになつた成行を知るには、我々の持つ所の最も大なる約束、即ち此国土この集団と自分々々との関係を、十分に会得する必要がある」（同上、一二一―一二三頁）という箇所に如実に表れている。つまり、国や自己を取り巻く集団を他者化することにより、自己を独立させ、かつ自己をめぐる諸問題（例えば生活苦や戦争）の原因を過去に遡って明らかにしようというのが、彼の構想する「新らしい学問」＝民俗学であった[9]。

民俗学研究の営為を通じて、本当に「人が自己を見出す」ためには、この学問の主体となる人々が、農村にあっては通時的／歴史的な拘束を帯び、都市にあっては共時的／社会的な拘束を負う「常民」であることを放棄しなければならない。そうすることにより、主体はその思考を拘束するあらゆる要素から解放され、真に独立した「公民」になれるというわけである。したがって、柳田の言う公民教育とは、〈「常民」が「公民」になるための教育〉であったといえる。

かように柳田が考えたのは、有権者一人ひとりが自律的な政治主体であることが前提となる普選の意義を、十分に機能させたかったからであろう。このことは、柳田が『青年と学問』の第一項「公民教育の目的」に続く「異人種観の改良」の項において、第一次大戦後の国際紛争を、戦争に拠らず対話で解決することを主張した中で「結局は自らを知り、互に今までよりも一段と精確に、争ひの原因と結末とを考へて見ることの出来るやうにする以上に、別に新奇なる発明があるべき筈はないのである」、「国民自身が直接この重要なる根本原因を考へて見なければならぬ。即ち普選は言はゞ其為の普選であつたのである」（同上、一頁）と述べていることにもあらわれている。

前述した『明治大正史　世相篇』の後半部は、同時代の選挙において、有権者をして自律的な「公民」であることを阻害する「民俗」の実例が列挙されている。当該の頁には「一等むつかしい宿題」と題された写真が添付され、そこには、近く実施される衆議院総選挙の告知板を覗き込む子どもたちの姿が写し出されているが（柳田、一九三一年、六〇八頁）、〈青年と学問〉と銘打った著作を世に問い、公民教育こそ焦眉の急であると説いた柳田にとって、これ以上の諧謔はないであろう。

改革は期して待つべきである。一番大きな誤解は人間の痴愚軽慮、それに原因をもつ闘諍と窮苦とが、個々の偶然であつて防止の出来ぬもの丶如く、考へられて居ることではないかと思ふ。それは前代以来の未だ立証せられざる当て推量であつた。我々の考へて見た幾つかの世相は、人を不幸にする原因の社会に在ることを教へた。乃ち我々は公民として病み且つ貧しいのであつた。（同上、六〇九／傍点、室井）

これは同書の擱筆となる一文だが、ここに柳田の「公民」観が簡潔に披瀝されていると思う。つまり、人々が物事を自律的に考え得る「公民」であったならば、人間を不幸にする要因を見抜くことができ、社会そのものが不幸を作り出すはずはないという考え方である。「我々は公民として病み且つ貧しい」とは自嘲的な謂だが、だからこそ、〈昔からのことだから〉、〈皆がやっていることだから〉といって人々に他律的な思考を促す「前代以来の未だ立証せられざる当て推量」は排されねばならなかった。この時期、柳田が民俗学を「世の為人の為」であると揚言した真意は、実はこの点にあったと私は思う。

以上の点を勘案すると、「公民」は「常民」の正反対の意であり、物事の判断を他人や慣習に委ねず、自律的に行動し、その結果に責任をもつことのできる人間を指していたといえる。それは、戦後の柳田が、民俗学の研究成果を活かした社会科教育を構想した際、その目的を「かしこく正しい選挙民」の育成に置き（柳田・和歌森、一九五三年、二三頁）、「他人に頼らず、自分の力で世間の動向を判断できるようになれば、その人はもう一人前の選挙民として信頼できる者だといってよい」（同上、一六頁）とした人間像にまで通底している。したがって、私は、民俗学を創始した柳田の動機と目的は、当初から終生一貫していたと考えている。

（二）「公民」の具体像

柳田にとって、有権者が「公民」であることは、ようやく実現された普選を円滑に運用し、日本を真の民主国家にするための希望であった。そして本稿では、その啓蒙対象として柳田が把握した政治主体こそが「常民」であったという説を展開してきた。したがって、柳田が構想した民俗学とは、極言すれば、「常民」をして「公民」たらしむるための学問だということになるが、その構想は、日本が戦時体制へと突入したため画餅に終わった。その後、日本は一九四五年八月の敗戦を迎えるが、それは柳田にとっては、民俗学の当初目的を再び世に問うことのできる大きな奇貨であった。

戦後の柳田は、天皇の「師父」たらんとする強烈なプライドをもった天皇崇敬者（山下、一九九〇年、八—九頁）であり[10]、かつ新たに作成が進められていた日本国憲法や教育基本法の法案を審議する枢密顧問官でありながら、一方では「私は日本共産党に投票する」と題した談話を共産党の機関誌『アカハタ』（一九四七年四月二三日刊）に寄稿するなど、傍目には奇行としか言いようのない動きをみせる。しかし、これも慣習や政治的立場に拘泥されることなく自由に言挙げする「公民」としての振る舞いを、自ら実践してみせたものだと捉えれば得心がゆく。

この頃から、柳田は初等教育における国語科・社会科の授業作りに、民俗学の研究成果を応用できないか模索を開始する。具体的には、小学校を「公民」養成の場とすることが、その目標であった。その決意は、同時期に『朝日新聞』へ寄せた次の一文に明瞭である。

これからの時代は、民衆自身の判断が国を左右することになるわけで、投票はその判断をあらわすたゞ一つの機会である、今日ではこの取捨判別の力というものが十分だとはいえないが、今後小学校の教育をこの判断力を養うための基礎となるようにして行きたい。（柳田、一九四七年、三二四頁）

かくして、柳田は膝下の民俗学者を動員するかたちで、小中高の社会科・国語科教科書の作成に着手する。しかし、小学生用の『社会』は一九五四（昭和二九）年の文部省検定で不合格となり、合格・出版にまで漕ぎ着けた中学生用の『日本の社会』『改定新しい国語』、および小学生用の『新しい国語』は、世間からの高い評価とは裏腹に、その内容が受験勉強に不向きであるという理由から敬遠されてゆく[11]。したがって、柳田の「公民」養成の理念が実際の教育現場において実践されたことは、おそらく公的にはなかったであろう。だが、偶然にも、柳田と同じ考え方に基づいた教育が、同時代に実施されていた。後に『山びこ学校』で広く知られることになる、中学校教師・無着成恭による授業実践である。

一九四八（昭和二三）年、山形県山元村（現、上山市）山元中学校に赴任した無着は、戦後の「虚脱状態」の中で、「今からは自分の生き方は自分で考える時代になったのだ。学力とは、自分を生かすための選択力であり、判断力なのだ。その力を子どもにつけてやるのが教育なのだ」（無着、一九九五年、三五四頁）という信念から、教え子たちの現実認識力を高める教育を構想し、その方法として、生徒自身による生活の記録（生活綴方）の作成を実施した。それは、「悲しく貧しい生活現実を正しく認識させることと、大人はそれをなぜかくそうとするのかという観点に立って真実の秘密をあばいていく」（佐野、二〇〇五年、二六六頁）という、いわば〈生活改善〉を究極の目標に据えた無着自身の思想の実践であった。それゆえ生徒たちの記述は、身の回りのあらゆる慣習の不合理性やタブーにまで踏み込む内容となり、村の大人たちとの間で軋轢を生む結果も伴ったが[12]、その理念はかなりの程度で浸透したらしく、教え子の一人である佐藤藤三郎は、卒業に際して「本日からは、これも先生がしょっ中いっている言葉どおり、『自分の脳味噌』を信じ、『自分の脳味噌』で判断しなければならなくなります」（佐藤、一九五一年、三〇〇頁）と述べている。

これらの生活記録は、一九五一（昭和二六）年に『山びこ学校』として一書にまとめられ、出版されるや、たちまちベストセラーとなった。柳田國男も本書をいち早く読み、「自宅での社会科研究会に現われた柴田勝、庄司和晃、箕輪敏行らの教師に『雪がコンコン降る。人間はその下で暮しているのです』の一節などを暗誦して、『あれは是非読むべきだ』と興奮の面持ちで勧め」たという（杉本、一九八八年、一〇二五頁）。

柳田が、同書の内容を「興奮の面持ち」をもって評価したというのは、無着の実践により育成された生徒が、〈自律的な思考を通して社会を改良する主体〉という、柳田が希求した「公民」像に合致していたからであろう。別の見方をすれば、根生いの住民たちとの間で軋轢を生じさせるほど剔出が困難な事柄こそ、柳田のいう「民俗」であったわけであり、これを相対化させ、その問題点の明文化に成功した『山びこ学校』の成果は、戦後の柳田が、折から再生を期そうとしていた民俗学の方向性と軌を一にするものであったといえる。

四　おわりに

私は本稿の冒頭で、「常民」の語を、柳田によって「学問用語として造られたものである」とした神島二郎の見解を引き、これに同意した。しかし、漢語としての「常民」は近代以前の日本語にもあり、さらには中国語・韓国語にも存在するため、この語が柳田による造語であったとはいえない。例えば、韓国語における「常民《サンミン》（상민）」は、近世期に、王制下における最上の支配階級であった「両班《ヤンバン》」の対概念で、いわゆる被支配階級を指していた。だが、如上の由来があるためか、自分よりも経済的・社会的に一等下の人々に対する蔑称としてのニュアンスが多分に含まれていた。この語は現在では死語状態だが、そこから派生したとみられる「常奴《サンノム》（상놈）」は、今日でも代表的な侮蔑語として生き続けている。

柳田の「常民」観には、そこまでの賤視に似た感情は含まれていなかったにせよ、橋川文三の指摘する「貴族的エリートの立場からする高踏的蔑視」（橋川、一九七七年、一三二頁）があったことは否めないであろう。つまり、韓国語の「常民」も、また柳田のそれも、眼差しの主体と客体は偶然にも一致しているのである。

しかしながら、だからといって柳田の「常民」イメージが韓国語に由来していたというわけではない。なぜなら、彼の「常民」像は、いわゆる官尊民卑的な見方というだけで片付けられるような単純なものではなかったからである。そのオリジナリティは、本稿で論じてきた通り、農政官僚から出発した経世家としての柳田が、あるべき政治主体である「公民」になり得る可能性を秘めた、啓蒙対象として捉えていたという点にこそある。したがって、少なくとも柳田のいう「常民」は、韓国的な「階級概念」でもなければ、民俗学者の竹田聴洲が規定した「文化概念」（竹田、一九六七年、四頁）でもなく、ましてや作家・大岡昇平の柳田評にみえる『常民』なんて日本中のどこにも棲んでいない人種を発明して天皇制に奉仕した」（相馬、一九九八年、三頁）などという筋合いのものでもなかったといえる。

柳田が考えた「常民」を上述のように捉えると、彼が「常民」を研究対象として構築した民俗学もまた、本来その目的がどこに置かれていたのかということを、改めて考慮する必要があるのではないか。繰り返すが、柳田の「常民」像が形成された背景には、日本に普選を通じた民主主義を根付かせたいと念じる、柳田の強烈な使命感があったと思われる。その態度は、学者というよりも、むしろ草莽の政治家といった方がよく、事実、そうした自覚は柳田にもあったのである。例えば、彼は自ら「私は元来政治家出身の人間である」とか、「少し忍耐すれば政治家が利用してくれますから、事実を正確に伝へるといふ方法で、我々はいくのがいいのではないかと思ひます。私自身が政治家―成功しない政治家でありますから」などと語っている（柳田他、一九四三年、七―一一頁）。こうした言動に加え、前に引いた「結局政治を改良し得れば、学問の能事了れり」（柳田、一九二八年、一六二頁）という言とを考え合わせれば、本稿の結論は、自ずと次のようになる。

柳田國男が構築を試みた民俗学は、「常民」の現状を把握し、これを正しく賢い判断のできる「公民」たらしめるための〈政治改良論〉であった、と。

注

1　この箇所は、二〇〇七年六月一七日にNHK教育テレビで放送された教養番組「あの人に会いたい」に編集収録された。

2　柳田の「常民」および「平民」の語の使用におけるニュアンスを検討した福田アジオは、「平民の使用例には『我々』が冠されていることが多かったが、常民に『我々常民』と表現する用例はごくわずかである」(福田、一九九二年、一〇〇頁)と指摘している。

3　この点に関しては、拙稿(室井、二〇〇七年b)においても詳述してあるので、併せて参照されたい。

4　このあたりの見解については、杉本仁の論考(杉本、一九七五年)に詳しい。

5　大塚桂によると、五箇条の御誓文は、大正デモクラシー期においては吉野作造や石橋湛山らの論客によって民主主義の根拠として論われ、昭和初期においては上杉慎吉や杉本五郎らにより天皇親政の根拠として称揚されたという。このことから、大塚は「五箇条の御誓文は、明治国家の基本綱領としての位置付けを有した。と同時に、反・藩閥政権への批判の根拠にもなっていく。さらに、時代が下るとデモクラシー精神の神髄とまで拡大解釈されていく。五箇条の御誓文は、近代日本国家を規定しつづける効果を持つことになる」(大塚、二〇〇六年、一五)という見解を明らかにしている。

6　柳田の政治観・選挙観・有権者観については、拙稿(室井、二〇〇七年b)においてまとめてあるので、本稿では割愛する。

7　私見であるが、漂泊者と同様、「常民」の外部へ置かれた人々として、私は障害者の存在も挙げられるのではないかと考えている。「福子」や「仙台四郎」といった、知的・身体障害をもつ人々をめぐる「民俗」は、今でこそ斯学の研究課題として取り上げられることがあるが、管見の限り、少なくとも民俗学確立以降の柳田が、そうした属性の人々に対して眼差しを向けた形跡は窺えない。今日の人権・福祉感覚では到底考えられないことだが、当時は障害をもつ人々が、積極的な政治主体として認識されることは少なかったのではなかろうか。この点に関しては、より慎重な立証が求められるが、私は、柳田が「常民」を政治主体として認識していたと思われることと、彼が障害をもつ人々に対してほとんど言及していないこととは、何らかの関係があると考えている。

8　柳田の「常民」観を差別の視点から批判的に考察した研究成果としては、近いところでは岩田重則の論考（岩田、二〇〇七年）がある。

9　柳田の構想した民俗学の目的が「公民」の育成にあると捉えた斯学の研究者は、おそらく同時代では（あるいは現在でも）稀少の部類に属していたであろう。その数少ない民俗学者として、私は山口麻太郎を想定している（室井、二〇〇七年c）。

10　ただし、柳田の天皇観は、戦前は不敬に当たるとして排斥された美濃部達吉の「天皇機関説」に近いものであったという（山下、一九九〇年、二八〇頁）。それは、当時としては常識となりつつあった「天皇の国民」ではなく、真逆の「国民の天皇」を希求したものであり、柳田の年来の主張であるところの「公民」を主体とした立憲民主主義とは矛盾しない天皇像であった。

11　柳田による教科書作り、検定作業の経緯および世間からの評価については、杉本仁の論考（杉本、一九八八年、九九四―一〇五四頁）において整理されている。

12　山元中学校での無着成恭による教育の実態を探った佐野眞一によると、無着は教え子の生徒たちに対して、「作文は文章をうまく書くためにあるんじゃない。考えをまとめる力をつけ、自分の生活を少しでも進歩させるためにあるんだ」（佐野、二〇〇五年、六三頁）と常々口にしたという。自然、生徒たちの問題意識は、狭隘な山村ゆえの生活の貧困へと向かい、「生活記録」の作文では、その原因についての言挙げが始まった。無着の教育方法は、教え子の佐藤藤三郎が述べるように「何でも何故？　と考えろ」「いつでも、もっといい方法はないか探せ」（佐藤、一九五一年、三〇〇頁）というものであったため、父兄や村民の中には、『山びこ学校』に収載された作文に関して、「孫末代までの恥さらしだ」、「あんな貧乏綴方書かれたんでは、嫁にいけなくなるって、こいつの姉もさっきから泣いている」（佐野、二〇〇五年、二六五頁）、「あの先生が来てから、村の子供たちが親のいうことをきかなくなった」（同上、二九三頁）などと受け取る者もいたという。

参考文献

稲田正次（一九五八年）「五箇条の御誓文と政体書の発布」『富士論叢』三、富士・大世政治経済研究会
岩田重則（二〇〇七年）「民俗学と差別――柳田民俗学の形成および『常民』概念をめぐって」『日本民俗学』二五二、日本民俗学会
大塚桂（二〇〇六年）「五箇条の御誓文・再考」『駒澤大学法学部研究紀要』六四、駒澤大学法学部
神島二郎（一九七二年）『常民の政治学』伝統と現代社
後藤総一郎（一九八七年）『柳田国男論』恒文社
佐藤藤三郎（一九五一年）「答辞」無着成恭編『山びこ学校』岩波文庫所収
佐野眞一（二〇〇五年）『遠い「山びこ」――無着成恭と教え子たちの四十年』新潮文庫
杉本仁（一九七五年）「〝柳田学〟における『常民』概念の位相」後藤総一郎編『柳田国男研究資料集成』一九（一九八七年、日本図書センター）
杉本仁（一九八八年）「新しい国学を求めて」後藤総一郎監修・柳田国男研究会編『柳田国男伝』三一書房
相馬庸郎（一九九八年）「大岡昇平の〈柳田ぎらい〉」『月報』四（『柳田國男全集』六巻、筑摩書房）
竹田聴洲（一九六七年）「常民という概念について――民俗学批判の批判によせて」『日本民俗学会報』四九、日本民俗学会
橋川文三（一九七七年）『柳田国男――その人間と思想』講談社学術文庫
福田アジオ（一九九二年）『柳田国男の民俗学』吉川弘文館
無着成恭（一九九五年）「岩波文庫版あとがき」無着成恭編『山びこ学校』岩波文庫
室井康成（二〇〇七年ａ）「『遠野物語』再論――柳田国男の〝動機〟をめぐる新たな読みの可能性」『京都民俗』二四、京都民俗学会
室井康成（二〇〇七年ｂ）「同情と内省の同時代史へ――柳田国男の政治をめぐる『民俗』への眼差し」柳田国男研究会編『柳田国男・同時代史としての「民俗学」』岩田書院
室井康成（二〇〇七年ｃ）「『個人』を育む民俗学――山口麻太郎における『政治教育』の実践とその意義をめぐって」『日本民俗学』二五二、日本民俗学会

柳田國男（一九一〇年）『時代ト農政』『柳田國男全集』二巻、一九九七年、筑摩書房
柳田國男（一九二八年）『青年と学問』『柳田國男全集』四巻、一九九八年、筑摩書房
柳田國男（一九三一年）『明治大正史　世相篇』『柳田國男全集』五巻、一九九八年、筑摩書房
柳田國男（一九三二年）「郷土史研究の方法」『郷土生活の研究法』『柳田國男全集』八巻、一九九八年、筑摩書房
柳田國男他（一九四三年）「座談会・柳田國男氏を囲みて――大東亜民俗学の建設と『民俗台湾』の使命」『民俗台湾』三―一二、東京書籍株式会社
柳田國男（一九四七年）「よい自治体はこの一票から」『朝日新聞』（四月四日）『柳田國男全集』三一巻、二〇〇四年、筑摩書房
柳田國男・和歌森太郎（一九五三年）『社会科教育法』実業之日本社
山下紘一郎（一九九〇年）『柳田国男の皇室観』梟社

民俗と世相——「烏滸なるもの」をめぐって

山田厳子

はじめに

民俗学は、近代の制度的な思考になじまない前代の（と思われる）感覚のありようや行動の傾向を「民俗」という名称で問題にしてきた。名付けた側はもちろん近代の側に立っている。それを実践している当人たちには、説明の必要のない自明のことであっても、それに違和感を覚えるものがそれを「発見」し、対象化しようとしてきたと言える。「民俗」とはある時に発見されたものの呼び名である。

日常に埋め込まれている「あたりまえ」のことをその内部の人は対象化することはできない。知識人が民衆の中に、旅人が他郷に、出郷者が故郷に「発見」した、自身の「あたりまえ」からはずれたものを、「過去の表象」として捉え、それを「民俗」と呼んだのである。そこで夢想されてきた「過去」の質については現在、さまざまな批判が寄せられている。

柳田國男にとっては、「民俗」と並んで「世相」ということばも重要なキーワードであった。室井康成は、「飽くまでも〝現在〟を生きる人々の生活様式を規定する前代的な思考や感覚」を、柳田國男は「民俗」と捉えていた、と述べる。[1] 一方、佐谷眞木人は、柳田は、「『事実』の底流にある行動様式や価値観、思考態度といったものの歴史的変化」を「世相」ということばで問題にしたと述べる。[2] 岩本通弥は、過去との関係性や対比によって見えてくる、精神文化を含んだ生活の推移を柳田は「世相」ということばで捉えようとしたと総括する。[3] 眼前の問題について、過去からの経緯を示し、問題が生成された背景を明らかにすることで、解決への方途を導くようすがとしようとしたのが柳田の「世相解説の学」であった。[4]

この「民俗」と「世相」の関係にこだわりながら、本稿ではまず、柳田の「笑いの文芸」論として読み解かれてきた「烏滸なるもの」をめぐる発言を、一九二〇年代から一九四〇年代における世相批判の書として読み変えてみたい。この試みは、「烏滸なるもの」と名付けられたものの中に、近代における制度の変化によって、マイノリティとして囲い込まれていく人々の問題が含まれていることを示すことになろう。

次に、「囲い込まれた」人々に対することばが、「民俗学」と無縁の人々によって「伝承」として捉え直される一九七〇年代とその前後の問題を取り上げたい。[5] それは、民俗学の大衆化によって、同時代の感覚になじまないもの言いや態度を「過去の表象」と捉え、それが「現在」を批判する力を持つと、一般の人々が認識するに至ったことを示すものといえよう。この問題を考えることで、民俗学のアカデミズム以外の場所での受容の一端と、その持ち得た可能性について考えてみたい。

なお、本稿では、現在の人権感覚からは容認しがたい差別的な表現や、科学的にみても明らかな誤りを含む表現が含まれる。本稿ではそのような認識自体を問題にし、そのような時代を対象化することで「過去」のものにしたいという意図を持つものであることを付言しておく。また本稿では、「障害」「障害者」ということばを、現在の時点で、人々がそのように呼ぶことがあるという意味で「 」つきで使用する。その理由は、このことば自体に問題が含まれているというだけでなく、このことばは、一九七〇年の心身障害者対策基本法公布以降に一般に流通した法律用語であり、このことばが生まれる以前の人々の概念と一致するものではないからである。本稿で問題にしたいのは、新しく成立した「障害者」というカテゴリーの中に、多様な人々が囲い込まれてゆく過程であり、その力学自体であるといえる。

一 柳田國男の「烏滸論」

柳田の代表的な「烏滸論」と目されているのは、養徳社から一九四六（昭和二一）年に出された『笑の本願』と、一九五三（昭和二八）年に筑摩書房から刊行された『不幸なる芸術』所収の「烏滸の文学」である。一九四五年一二月の日付けを持つ『笑の本願』の序文で、柳田は次のように記している。[6]

私の意見では、ヲコといふことばをやゝ粗暴に発音したのが、此頃よく耳にするバカといふ一語だと思ふ。さうしてちやうどこの母音変化の普及した頃から、バカといふ語の内容も少しづゝかはつて来て居るのである。出来ることならば其意味を本に復して、人をたのしませるといふ運動を、将来の一つの目標として見たい。というようなヲコの願望を、今もまだ自分は抱いているのである。

小峰和明は『笑の本願』と、「烏滸の文学」（原題「ヲコの文学」『芸術』第三号、一九四七年）が戦後の混乱期に刊行されたことを重視し、「柳田には世相をいかに明るくするか、という経世済民的な切実な願いがあった」と読む。[7]しかし、柳田の烏滸論の意味は、単行本である『笑の本願』が刊行された時期に求めるべきではなく、同書に収録された「笑の文学の起源」が刊行された一九二八（昭和三）年から考えるべきであろう。

「笑の文学の起源」では各地の笑話の主人公や笑いを職分とする者について触れながら、狂言綺語の技巧を賞賛される者が、本物の烏滸であるのか、それを演じているのかの区分はそれほど大きな問題ではなかったことを述べる。その上で、

愚か者に対する我々の態度は必ずしも残忍なものでは無かつた。北国の或る海岸には、白痴を非常に大事にする村があつた。白痴は死んで必ず鯨に生れ変り、流れ寄つて土地を富ませてくれるものと信じて、これを優遇し悦ばせて置くことを心掛けたのである。

という文を書き添える。[8] そして、小児が祭で神を代表させられたのは、愚かな言動によって人を笑わせたからではないか、と説き、愚か者が必要とされる各地の祭の例を示す。その背後に「神を笑わしむる」という神に仕える者の職務があったことを、笑う神像や笑顔の仮面、天狗の高笑いの伝承などを積み重ねながら示していくのである。

そして最後に、「笑の歴史をもつとよく知つた上でないと、現今の笑の衰頽を防ぐことができぬかと考える」と問題を提起する。[9]「笑の文学の起源」が一九二八年の時点での「世相批判」の意図があったことが読みとれよう。

『笑の本願』に収められているのは、俳諧論としての「笑の本願」（原題「笑ひの本願」『俳句研究』第二巻三号、一九三五年）、説話や昔話の笑いの伝統を述べる「戯作者の伝統」（『文学』第六巻八号、一九三八年）、おどけ者を紹介する「吉右会記事」（原題「昔話の新しい姿」『地方』第三四巻五号、一九二六年）、俚諺論である「笑の教育――俚言と俗信との関係」（原題「俚言と俗信との関係」『北安曇郷土誌稿、第四輯』一九三二年）、笑いとホホエミの違いを論じた「女の咲顔」（原題「女の咲顔――日本の感覚」、『新女苑』第七巻六号、一九四三年）であり、これらを読む限り、

「現今の笑の衰頽」が具体的に何を射程にしたものかは分からない。

しかし、一九四〇年以降に発表された「たくらた考」（『科学ペン』第五巻第一号、一九四〇年）、「『日本の言葉』」（『創元』、一九四一年）、「ヲコの文学」（一九四七年）（いずれも『不幸なる芸術』所収）を続けて読むのならば、柳田が射程にしているものが、ヲコといい、タクラタといわれたものがバカと言い換えられていく過程と世相の変化であることが分かってくる。

具体的に検討していこう。

「たくらた考」では、「馬鹿は明治に入ってから、非常に流行した単語のやうである」と書き、「馬鹿」ということばにとってかわられる前のことばに「ヲコ」や「タクラタ」ということばがあったことを述べる。[10]その中味は「笑の文学の起源」で説かれた、祭の際に必要とされる愚か者をめぐる考察である。タクラタということばをめぐって、祭の道化役の田蔵男、神事をする場所の地名としての手倉田・手倉森などを挙げながら、祭の時に、周囲の暗示を受けて異常の心理状態に陥る者がこの役を担ったと推測する。「彼等は人を笑はせようという職分をもつて居た。従つて昔は決して無用の者でなかつたはずである」と締めくくる。[11]

この随想が発表された媒体が『科学ペン』という雑誌であったことは重要である。一九四〇年には、「バカ」の考察は既に科学の領域にあったからである。

松原洋子によれば、国家総動員法が公布された一九三八年に国民の体位・体力向上を求める陸軍の要望が引き金となって厚生省が創設され、この厚生省の目玉事業が一九四〇年の国民優生法の制定であるという。[12]一九四〇年の一一月には、東京府は「精神薄弱児童取扱規定」として、「精神薄弱」とみなした児童の施設への委託収容を定めている。[13]雑誌『児童研究』を分析した茂木俊彦らによれば、このことばは、一九〇六年～四二年にかけて、主に医学領域において三期の大きな分布状況が確認できるという。[14]

近代化とともにはじまった「均質な国民」という理念は、ヲコといいタクラタと呼ばれていたものを「劣悪者」としてカテゴライズしてゆくことになる。このような時代背景を念頭におきながら、一九四一年の柳田の「『日本の言葉』」を読み直してみよう。

これは、一九四〇年に創文社から刊行された新村出の『日本の言葉』の特に「馬鹿考」に寄せた柳田の感想である。新村出の考察に対して、柳田はヲコがバカに変化したという自身の見解を披露する。しかし「斯ういふ言葉の用途は時代につれて、又僅かづゝずれて移つて居る。最初から精確に今あるバカの意味が、保たれてあつたとは見ずともよい」と述べているのは重要である。[15]

一九四〇年の国民優生法は敗戦をはさみ、一九四八年の優生保護法に姿を変える。松原洋子は、戦後の優生保護法が戦前の国民優生法よりも「優生」に関する規定が強化されていることを詳細に論じている。[16]

柳田は一九四七年に「ヲコの文学」を発表するが、そこでもやはり、「今日はもちろん一人でも、ヲコの数を少なくしなければならぬ時代と見られているが」と前置きする。[17]『今昔物語集』を例に挙げながら中世におけるヲコの文芸を説き、笑いの零落を「ヲコが馬鹿と変じ、馬鹿を愚者又は白痴の別名の如く、解する人の多くなつて来たことである」と説く。[18]そして、

ヲコがもと是ほどにも世を楽しくする技芸であつたとすれば、どうして又今日のやうな、人のいやがる馬鹿にまで成り下がつたらうかということが、愈々問題とならざるを得ないであらうが、私には是を解決するちとばかりの用意がある。一言でいうならば、人生に余裕がなくなったのである。[19]

とする。その背後に労働の質の変化を挙げているのが柳田の慧眼であろう。ここでは「割当て」の労働の際には

ヲコを制止しなくてはならぬ必要が生じた、と述べている。その後、近世以降の文献に目を転じていきながら、過去の人々は、本物の愚者とそれを装っている者の区別をはっきりとはさせなかったという持論を展開する。そうして本物の愚者を指すことばは忌ことばではなかったかと推測し、それを指すことばがないのだと論じる。最終章では、「結論は読者に作つてもらふのが、今までの私の流儀」と言いながら、苦悶や悲泣が流行する文学と、弱い者を笑う卑劣な笑いを嘆き、「ヲコは技術であり、兼ねて又人を愛する技術でもあつたといふことを、憶ひ返さねばならぬ」として、しめくくることばにかえている。[20]

この結論部分だけを読めば、柳田の烏滸論は、戦後の近代文学批判であり、笑いの質の劣化に対する怒りと解することができようが、戦前からの柳田の烏滸論で繰り返されているのは、ヲコとは状態や行為であり、「本物の愚者」といったものをあえてはっきりとはさせないという、対人上の知恵であった。また、そのような状態や人を、神意によるものとして愛でる余裕や態度を「望ましいもの」「懐かしいもの」として回想する姿勢であろう。柳田の烏滸論は、人を科学の名のもとに「愚者」と名付け弁別する世相への批判であった。

二　「烏滸なるもの」への親和と蔑視

前章では、一九四〇年代前後における状況から述べてみたが、明治以降、それまでは「烏滸」や「たくらた」と呼ばれていた人々を取り巻く状況は一変した。一八八四（明治一七）年には高橋義雄の『日本人種改良論』、一八八五年には福沢諭吉の「日本婦人論」が出版されて優生学的な言説が注目を集めるようになる。[21]「不良」遺伝子を排除して「人種」の改良を目指し、国家に有用な人材の育成を目指すといった議論は、「一人前」の労働を担うことのできない人々へのまなざしを徐々に変えていったであろう。

このような時代の変化を考えていく際に、大島建彦によって民俗学の俎上に乗せられた「仙台四郎」と呼ばれた人物の「伝承」はさまざまな示唆を与えてくれる。この明治時代に実在していた人物が、「仙台四郎」と名付けられるのは、仙台の写真屋が四郎の絵はがきを売り出した一九一七（大正六）年以降のことで[22]、それ以前は単に「四郎」または「櫓下《やぐらした》四郎」「しろばか」と呼ばれていた[23]。この人物が大正、昭和、平成と、時代が変わる度ごとに、郷土誌や写真、テレビ、雑誌というその時々に変化する媒体によって、何度も「福神」として仕立てられ直されていくことを清水大慈は詳述している[24]。

この人物の記事は清水氏の調査によれば、一八七七（明治一〇）年一二月一〇日の『仙台新聞』に載るのが初出のようである。しかし、この記事では、車夫が四郎に車引きを手伝わせようとしたが、四郎は客の乗った車をひっくり返してしまったという「お笑い」のエピソードが紹介されているだけである。以下、大正以前の「四郎」の記事を見ていこう（以下、新聞資料は、特に断りのない限り宮城県立図書館のマイクロフィルム記録による）。

一八七八（明治一一）年一〇月一八日の『仙台日日新聞』によれば、人からもらった銭をすぐに使ってしまう四郎のために、貸座敷の「娼妓」が銭を預かり、貯めた銭で着物を買ってやったことが書かれている。一八八五（明治一八）年五月二八日の『奥羽日日新聞』では仙台祭で「二丁目の若者連」が祭の新趣向に「櫓下四郎」を音頭にした馬鹿囃子で出し物を曳き出した、とある。

大島氏の紹介する『奥羽日日新聞』一八九五（明治二八）年八月七日の記事では、「当市の有名なる四郎は、日下福島町を徘徊し、例のバヤーで贔屓を受け居る由なるが、汽車は半額と云ひ、且つ貸座敷料理店の如きは、同人が舞込めば商売が繁昌するとて、大切に扱ひ居るとは、果報者と云ふべし」とある。「例のバヤーで」とは、四郎が誰に対しても「バヤン」「バアヤン」としか言わなかったことを指している[25]。

これらの記事を検討すると、四郎が厚遇されていたのは果たして「商売が繁昌する」からであったのだろうか、という疑問が湧いてこよう。記者は「四郎」の奇矯なふるまいを笑う一方で、「四郎」を厚遇する人々を「奇妙なもの」として記述している。

狭い地域の中で、大人になっても「一人前」と扱われない人物が、それゆえ周囲から特別な配慮を受けることはこの人物に限ったことではない。大野智也氏は、一九四五（昭和二〇）年まで兵庫県龍野市にいた「お富さん」、一九四二年まで茨城県水戸市にいた「チャリア」という人物が地域の人々の特別な配慮の中で生活していたことを記している。[26]

筆者もまた、兵庫県淡路市で、第二次世界大戦前まで近隣の人気者だった男性の話を聞いたことがある。その人物は、成人であったが、近所の子どもたちとよく遊び、鍵をかける習慣のなかった当時の家屋に、よくフラリと入ってきたという。その人物が入ってくると、「あ、〇〇やんやで。お金あげらんか」と言って、お金を渡したものだと一九三二（昭和七）年生まれの女性は回想している。この男性は、お金をもらうと着物の裾をチラリとめくって見せたのだそうで、その時の口癖「今日はザッとや」も笑いとともに語られた。また、一九〇六（明治三九）年生まれの女性は、この人物を「福の神はアホを嫌わん、いうてな」と言い、この人物が健在だった頃は生家の旅館が繁盛していたと語った。

しかし、これらのことは、大島建彦が述べるように「福神」信仰の一端でもなければ、大野智也らが述べるように、「弱者」への配慮というわけでもないようである。「四郎」や「〇〇やん」の話で強調されているのは、それらの人物の「愛嬌」である。そこに見られるのは、生身の人間同士の関係性の中で「烏滸なる振る舞い」によって人々から好意や配慮を引き出している人物の姿である。「烏滸なるもの」を「愛でる」という「習慣」や「ふるまい」が、かつては存在していたことを、これらの記録や記憶は示しているといえる。

新聞の記事からは、具体的な生身の人間同士という視点から遠ざかった際に、「四郎」の「知恵遅れ」といった属性のみがクローズ・アップされ、周囲の「厚遇」が「奇異なもの」として、まなざされていったことが見てとれる。「四郎」に対する周囲のあり方が「記事」になるということ自体が「四郎」を取り巻く「世間」の変質を示していよう。具体的な関係性を抜きにした中で、当初は比喩的な表現であったであろう「福の神」言説が一人歩きしていったのではないか。

仙台四郎の写真は大正期以降さまざまに加工されたが、その中に赤ん坊との合成写真が見えるという。[27]一方、江戸後期に登場した伏見人形の「福助」像は、大頭の成人の男性像であったが、「福助足袋」の商標となって後、年代が下るに従って童子化していくことが指摘されている。[28]社会的なマイノリティを「無垢なもの」として表象化してゆく動きを確認できよう。近世期にはマイノリティとしての特徴を持つ子どもを富と結びつける語りは広く行われていたが、[29]そのようなものとは別の水準のものがここでは生まれつつあることが見てとれる。それは清水氏のことばを借りるならば「社会的弱者」として囲い込まれていった者の「聖化」である。[30]「仙台四郎」の流行、福助像の童子化は、近代以降の新たな「現象」であり、社会的なマイノリティの「意味づけ」の変質の一端であったといえる。

三　「フク子」をめぐる「実験」

「障害」ある人を幸福をもたらす福子・宝子といって大切にした、とされる、いわゆる「福子」の「伝承」は、大野智則、芝正夫両氏の著書『福子の伝承――民俗学と地域福祉の接点から』（一九八三年）刊行以前には、広くは知られていなかった。「福子」言説を批判的に検証した香西豊子はそのことを、「福子」が「民俗」であるかどうかを疑う根拠としている。[31]香西氏が何を「民俗」と呼んでいるのか明らかではないが、「一地域」の「一過性」

の「社会現象」を「民俗」と位置づけた、という批判は、「日本」に「普遍的」で、ある程度の歴史的な継続性のあるものを「民俗」と呼ぶという前提を置いていると読みとれる。本稿では、それに抗する議論を持ち出す紙数の余裕はないが、香西氏の論点の間違いは、批判しているスタテックな「民俗」観に縛られて事象を見ていることと、「障害者」という概念が歴史上のものであるという認識が足りないことであろう。

本章では「福子」の議論について、ここでは一九四〇年代の柳田との関わりで論じてみたい。「フクゴ」ということばの民俗学上の初出は、兵庫県出身の郷土史家、高田十朗が一九四三（昭和一八）年に著した『随筆民話』に寄せた柳田の序文である。高田氏自身は、同書の（六）「信仰・迷信」の中で、「不具者が生まれて繁昌した話」として次のような話を載せている（漢字は新字体に改めた）。

神戸の或る下駄屋に、一人の子供がうまれた。相当なとしになっても、言葉がハッキリ分からない。其からだも頭ばかりムヤミに大きくて、足が立たない。ところが、それまでは左程でもなかった店が、其子がカタワと分かった頃から、妙によくはやり出して、昭和一四年頃には界隈でも評判の店になつてゐる。[32]

この事例に対し柳田は、

或はフク子と称して白痴者の生まれることを、家繁昌の瑞相と見る風習、是も大阪には二三の例のあつたことを聴いて居るが、どこから運んできたものか、神戸のやうな新開の市に有るといふことは、特別の事情が考へられる。少なくとも単なる古い惰性の名残とは言い得ず、我々の語でいふとまだ活きているのだから、是からの実験も可能なのである。[33]

と記している。

高田氏はこの話のあとに、神戸の繁昌している牛肉屋の娘が夜になると牛に変わるという話を紹介しており、この一連の話は差別的なまなざしを持つ第三者の噂であることが分かる。しかし、柳田には、それとは別の思惑があったことは、この事例と大阪の「フク子」を結びつけているところからも伺える。大阪と神戸という個別の事例で柳田が問題にしているのは、資料の「同時代性」であろう。また、「方言周圏論」を唱えた柳田には、これらの地を「変化の早い場所」として捉える視点があったはずだ。柳田にとってこれは、過去からの経緯とともに考えねばならない「世相」の事例であったと考えられる。

しかし、柳田の思惑とは別に、高田十朗が記した事例は、長らく「民俗学」の制度上の枠組みをすり抜ける「問題」であった。高田氏の挙げた事例には、まず「名称」がない。「耳」の感受性の勝った柳田の関心は、当初、民俗語彙の蒐集に向けられていた。高田氏の採集事例を受けて、柳田は「フク子」の名称を取り出してきているが、高田氏の挙げている事例にはこの名称はない。この「伝承」のポイントは名称の有無にあるのではない。特定の名称のない事象は、初期の民俗学の調査では問題として浮上しにくく、データの集積が期待できなかったことが想像される。

また、この「民話」ということばにも注意を要する。柳田は序文の中で、「民話といふ言葉は、気の利いた名だと私も思つて居る。…（略）…それで現在は仮に世間話といふ名を以て、この高田君の謂ふ民話に宛てゝ居るのであるが、固より評定の余地はあり、是に限るとまでは思つて居るわけではない」と述べている。[35]

現実との関わりで語られる「世間話」というジャンルは、民俗学の研究史上では一九八〇年代までは顧みられることの少ない分野であった。[36] 世間話の研究の進展によって民俗学者たちは個別的で一回限りのものと思われる

「話」の背後に、既存の物語や類似の話群が存在したり、ある時代やある集団に特有の共通した発想が隠されていたりすることを知ることになる。また、「今・ここ」の「世相」の変化を捕まえる重要な道具と認識されるようになる。しかし「世間話」という問題意識を持たない民俗学者たちには、このような「話」は、個々の具体的な人物をめぐる一回限りのものとして聞き捨てられ、考察の対象とされることはなかったであろう。

さらに、この話が一九三九（昭和一四）年頃の「世間話」であるということとも関連するのであるが、この話が「まだ活きて」いたことが「問題」を見えにくくしたと言える。日常の中に埋め込まれていることは、それが「問題」として日常から「異化」されるためには、そのものの「変質」を待たねばなるまい。柳田のいう「まだ活きている」とは、「古風」や「伝承」として「異化」されないもの、しかし、観察によって変遷の過程を押さえることで、位置づけられていくものではなかったか。

最後に、民俗学が香西氏が批判するように「外部とは一旦切り離された言説空間を想定し[37]」ていた、わけではないこともこの問題を記録として蓄積させることを困難にしている。民俗学の調査結果は「地域に還元」することが前提とされ、調査報告書は「語り手」のもとに届けられるのが、通常の作法である。したがって社会的マイノリティに関する「伝承」（と仮に呼んでおく）は偶発的な資料の発見があったにせよ、はっきりとした目的意識のない場合には報告されることはほとんどなかった。そのような「伝承」は、どのような方法で調査地に返すのか、返したことで現実にどのような影響があるのか、といった議論を経る必要があったからである。また、マイノリティに関わる「伝承」は誰でもが知っている一般的な知識というようなものではなく、具体的な人物や出来事とともに想起される傾向があることも、調査に携わる人々には少なからず共有されている経験であろう。ことに町史や県史といった行政の調査として行なわれた民俗調査においては、そのような資料は記録化され、蓄積されることはなかったといえる。それは別の表現を使えば民俗学は「差別」を乗り越える視座を提示し得なかったともいえる。

一九三九年という時期に「発達の遅い、肢体の不自由な子どもの存在が金銭的な豊かさをもたらす」という「話」が「奇妙なもの」として地方の知識人の耳に残ったという事実は、柳田にとって、これらの人々を見る「まなざし」の変質の端緒として捉えられていたのではなかったか。「実験」とは、この場合、変質しはじめた「事象」がその後どのような過程を経て広まっていくのかを見守ることではなかったか。

この言説は、一人前の労働を担うことのない者を、どのような論理でその存在を認めるのか、という柳田の「烏滸論」での議論と重なり合う。それは今日の人権感覚では到底容認されない論理であるにせよ、同時代の「制度」の上での排除の論理に抗するものであったことは間違いない。柳田の一九四〇年代以降の「烏滸論」は、一方でフク子という言説を生み出す世相の変化をも射程に入れていたといえよう。

四　語り直された「フク子」

一九三九年頃に高田十朗の耳にとまった、マイノリティをめぐる「話」は一九八三年刊行の『福子の伝承』で大きな変質と広がりを見せる。香西氏は「福子」の「伝承」が現れてくる背景を一九八一年からの国際障害者年に置くが[38]、芝氏がこの著書の発想を得るのは一九七〇年代に入ってからである。したがってこの問題は、一九七〇年代とそれ以前の世相とともに把握されなければならないだろう。

芝氏は「精神薄弱の子を持った親の手記の中に、その子を指して『福子』『福虫』『宝子』等といっていることがよくある」として、桐親会という会の会報や草の実会の機関誌『草の実』の中の記事を紹介している[39]。

桐親会は東京・大塚養護学校の保護者たちが作っている会で、芝氏はこの会の会報の尾崎秀人氏の記事に触れている。尾崎氏は鳥取県出身の母親が、「知恵遅れ」の尾崎氏の娘を「こういう子どもは昔から、その家に福をもたらす福子だと言われている。だから大切にしなければならない」と語ったと記している。[40]

一方、草の実会は一九五五年に結成された、朝日新聞「ひととき」欄に投稿する主婦たちの全国グループである。芝氏が読んだと思われる記事は機関誌『草の実』一七六号（一九七二年七月七日刊）に掲載された、東京都杉並区在住の平上まき氏の「ある母と娘の記録」である。

平上氏は、自分の娘の「ハンディ」をめぐる偏見の中で、一番つらいのが「遺伝」という言説である、と述べる。また、講演の中で聞いた日本神話の中の蛭子のエピソード（不完全な子どもが生まれたので川に流して捨てた）に胸を痛める。そのような「科学」を装った言説と「国家」の「物語」に対比されるように、「田舎にいた頃」の「村の小母さん」のことばが引用されるのである。

「あんた達、よう節子ちゃんば大切にするのう、おらあみていてほんに気持ちがいいがの、大切にしなされや、あんげな子はのお、宝子と言うでのお」と、そして小母さんはそんな子を大切にする家は昔から栄ゆるというたもんだよといった。[41]

平上氏は、「小母さん」のことばを当初、「迷信」と思ったと回想するが、「迷信」であればこそ、「現在」に抗する「前近代」の知恵として捉えられたのではないか。それはすなわち、民俗学でいうところの「伝承」として捉えられた、ということである。

この投書は一九七二年一〇月三日の『朝日新聞』の夕刊記事「標的」で紹介される。記事の題は「宝子とよぶこころ」であった。

この頃、娘がダウン症と分かった富山市在住の女性は父親から、「標的」の記事の切り抜きを送られてきたという。この女性は一九九一年一月二六日の『朝日新聞』の「ひととき」欄にその日のことを回想し、その記事から発奮した結果、幸福な現在を迎えていると綴る。投書の最後は「今もあの切り抜きは私のお守り。バッグの中にいつも持ち歩いています」と結ばれている。新聞の記事から「連帯」していく保護者たちの姿を読みとることができるだろう。

また、一九八一年一一月一九日の『朝日新聞』の「ひととき」欄にも、仙台市の読者からの「宝子」についての投書が掲載されている。記事には「幸福をもたらす子に希望」という見出しがつけられている。

このような記事の嚆矢は、一九五四年に障害を持つ子のための教育施設「しいのみ学園」を創設した昇地三郎の著書に求めることができる。一九五七年に刊行された『しいのみ学園』の中で、郷里山口県岩国地方では、「不具の子」や「ばかの子」ができるとその家は栄えると「年寄りなど」がいっている、と記す[42]。

「福子」や「宝子」と関わる記事は一九四〇年代から五〇年代にも雑誌『民間伝承』にわずかながらも掲載されてきた。しかし、それらの記事と一九五〇年代後半から七〇年代の「福子」「宝子」言説の大きな違いは、「障害」を持つ子どもの親から、発信されているということである。

坪郷康氏は一九八四年に「二〇数年前」「児童福祉の実践活動に携わっていた時」のことを回想し、「精神薄弱児施設」に子どもを預けることを「年寄り」が反対していたことを記している。その理由は「この子は福子であり、親の手許から離すと家が栄えない」というものであった[43]。坪郷氏も当時、「福祉の実現を阻害する旧弊な思想」と「蔑視さえしていた」と述べる。

一九三九年に、高田十朗氏の耳に「新奇な話題」として入ってきた話が、これらの時点では「現在」に抗する「過去からの」ことばとして書き留められ、受け止められていることが分かる。

それでは、「障害のある子がいると家が栄える」といったことばを過去のことばとする「現在」には何が起こっていたのだろうか。

一九六〇年には精神薄弱者福祉法が制定された。一九六五年七月に佐藤首相の私的諮問機関である社会開発懇談会は「重度障害者」の「大量収容施設」を各地に建設するコロニー構想を唱える。これを受けて一九六七年以降、自治体や民間によって地方コロニーが建設されてゆくことになる。一九七〇年に社会福祉施設緊急整備五カ年計画が策定され、「重度障害者」の「大量収容施設」建設への道が開かれてゆく。

すなわち、一九六〇年代から「障害者」を地域や「家庭」から「隔離」する制度が整えられ、七〇年代にはそれが実施されてきたのである。先の平上氏も投書の最後に「私は夜半に目覚めては遠くコロニーにある節子やその友達、なかで苦労をしておいでの先生方に思いを馳せる」と結ばれている。[44]だからこそ、「障害者」を「家の宝」とする言説は、時代に抗するものとしての力を認められたのであろう。

「フク子」や「宝子」は第三者に向けて囁かれれば、それは「障害」のある子への蔑視のことばとなろうが、その保護者に向けて語られれば、励ましやいたわりのことばとなる。事実、「障害」を持つとされる子どもを持つ保護者はこのことばを、「現実」に対抗する「励まし」として受け止めてきたのである。それは、現在の人権感覚から考えると、「障害」を持つとされる当事者にとっては容認しがたい「論理」であったとしても、である。過剰な意味づけ自体が差別や排除の論理と表裏一体であることは言を待たない。

おわりに

一九四〇年代前後に柳田によって「世相」の変化として受け止められた「烏滸なるもの」をめぐる変化は、一人前の労働力を担わない存在（主として子ども）を「家の宝」として捉えることで、存在を認める新しい「論理」を生み出していた[45]。

そして柳田が注目していた「家の宝」としての子ども、という説明の論理は、一九五〇年代後半から七〇年代にかけて、「伝承」として、「障害」を持つとされる人々の保護者たちによって捉え直されていった。それは「伝承」が「現在」を対象化する「知恵」であることを人々が認識していく過程での受け止め方であり、ことばの「再解釈」であった。また、一九七〇年代にこれを、雑誌への投書といった形で、社会に向けてアピールしていったことは、「伝承」を「活用」しようとする人々が登場したことを示すものでもあった。

この再解釈された「伝承」を「普遍的な民俗」として見せることで、戦略的に利用しようとしたのが『福子の伝承』の著者芝正夫であった。世間に流通する「ことば」として民俗学的言説を求めた作者の功罪については民俗学の孕む危険性と可能性の両面から稿を改めて論じたい。

注

1 室井康成「同情と内省の同時代史へ――柳田国男の政治をめぐる「民俗」への眼差し」柳田国男研究会編『柳田国男・同時代史としての「民俗学」』岩田書院、二〇〇七年、一三頁。

2 佐谷眞木人『柳田国男　日本的思考の可能性』小沢書店、一九九六年、一二七頁。

3 岩本通弥「世相」小松和彦・関一敏編『新しい民俗学へ』せりか書房、二〇〇二年、八〇～八一頁。

4 柳田は談話会の席上で「学問は考える材料を示すものではあるが、結論を押しつけるものではない。（戦前の）国史がそれで失敗していますから」と語っていたという（二〇〇四年七月一七日の大島建彦氏の談話による）。

5 「伝承」については、「伝承」を主体、行為、資源、知識などの関係論として捉え、その一回ごとの固有性と伝承間に共通する傾向性を指摘して、新しい「伝承論」を構築した小林康正の仕事がある（一九九四、一九九五年）が、ここでは従来の民俗学で繰り返されてきた「たて」の継承を軸とする概念のこととして用いる。
6　『柳田國男全集』一五巻、一九九八年、筑摩書房、一五五頁。「烏滸」は、「ヲコ」とも記されているが、引用に際しては柳田の表記に従う。
7　小峰和明「うその笑いと文学」野村純一・三浦佑之・宮田登・吉川祐子編『柳田國男事典』勉誠社、一九九八年、一九七頁。
8　『柳田國男全集』一五巻、筑摩書房、一九九八年、一六七頁。
9　『柳田國男全集』一五巻、筑摩書房、一九九八年、一七四頁。
10　『柳田國男全集』一九巻、筑摩書房、一九九九年、六四一頁。
11　『柳田國男全集』一九巻、筑摩書房、一九九九年、六四八頁。
12　松原洋子「戦後の優生保護法という名の断種法」米本昌平・松原洋子・橳島次郎・市野川容孝『優生学と人間社会』講談社現代新書、二〇〇〇年、一七五頁。
13　杉本章『障害者はどう生きてきたか』現代書館、二〇〇八年、三一一頁。
14　茂木俊彦ほか『わが国における「精神薄弱」概念の歴史的研究』多賀出版、一九九二年、四―七頁。
15　『柳田國男全集』一九巻、筑摩書房、一九九九年、六五〇頁。
16　松原、注12参照。
17　『柳田國男全集』一九巻、筑摩書房、一九九九年、六五三頁。
18　『柳田國男全集』一九巻、筑摩書房、一九九九年、六七二頁。
19　『柳田國男全集』一九巻、筑摩書房、一九九九年、六七七頁。
20　『柳田國男全集』一九巻、筑摩書房、一九九九年、六八五頁。
21　鹿野政直「『健康』の時代」『朝日百科日本の歴史別冊　歴史をよみなおす二三　桃太郎さがし――健康観の近代』一九九五年、一一―一二頁。
22　粟野邦夫『福の神仙台四郎のなぞ』ワードクラフト、一九九三年。
23　大島建彦「仙台の『福の神』」『西校民俗』一五三号、一九九五年。

24　清水大慈「社会的弱者の聖化の研究――仙台四郎伝承の発生と展開を中心として」『日本民俗学』二一七号、一九九九年。
25　大島、注23参照。
26　大野智也・芝正夫『福子の伝承――民俗と地域福祉の接点から』堺屋図書、一九八三年、一七一―一八九頁。
27　野沢謙治「写真に撮られた異人――仙台の『しろばか』」『日本民俗学』一九七号、一九九四年。
28　奥村寛純「大文字屋福助考」郷土玩具文化研究会『郷土玩具』二〇号、一九八九年。荒俣宏『広告図像の伝説』平凡社、一九八九年。
29　山田厳子「因果応報譚のなかの子ども――富との関わりを中心に」『東洋大学附属牛久高等学校紀要』東洋大学附属牛久高等学校、一九八八年。同「子どもと富――〈異常児〉をめぐる〈世間話〉」『国立歴史民俗博物館研究報告』五四号、一九九三年。
30　清水、注24参照。
31　香西豊子「『福子』の誕生――資料操作と民俗」『日本民俗学』二二〇号、一九九九年。
32　高田十朗『随筆民話』桑名文星堂、一九四三年、一六〇―一六一頁。
33　柳田國男「序」、注32、一六頁。
34　姜竣「目と耳」口承文藝学会編『口承文藝研究』第二三号、二〇〇一年。同「目と耳」小松和彦・関一敏編『新しい民俗学へ』せりか書房、二〇〇三年。
35　柳田、注33、四―五頁参照。
36　重信幸彦「『世間話』再考――方法としての『世間話』へ」日本民俗学会編『日本民俗学』一八〇号、一九八九年。山田厳子「世間話と聞き書きと」久保田淳ほか編『講座日本文学史』第一七巻、岩波書店、一九九七年。
37　香西、注31、一〇一頁。
38　香西、注31、九九頁。
39　芝正夫「福子思想その他――精神薄弱者と民俗についての覚え書き」古々路の会編『昔風と当世風』二二号、一九八一年。同『父親が娘を殺す話――女人犠牲譚から福祉民俗学へ』（岩田書院、一九九三年）に再録。
40　桐親会については同会の宮川治子氏からご教示をいただいた。

41　『草の実』一七六号、一九七二年七月七日、三二頁。
42　昇地三郎『しいのみ学園』福村出版、一九五七年、九五—九六頁。
43　坪郷康「障害児観『福子』の伝承」『山口女子大学研究報告』九号、一九八四年、一〇七頁。
44　注41参照。
45　この「論理」は「障害者」というカテゴリーをはずして「一人前」をめぐる民俗慣行や生業の種類とともに考えなければならない問題を孕んでいるが、本稿では触れる余裕がなかった。別稿を期したい。

参考文献

河野勝行（一九七四年）『日本の障害者』ミネルヴァ書房
小林康正（一九九四年）「伝承の革新——獅子舞を伝えるとはどういうことか」松戸市立博物館編『千葉県、松戸市の三匹獅子の舞』
小林康正（一九九五年）「伝承の解剖学——その二重性をめぐって」福島真人編『身体の構築学』ひつじ書房
佐藤健二（一九九〇年）「解説」『柳田國男全集二六』ちくま文庫
芝正夫（一九八三年）「なぜ『福子』なのか——民俗学者等へのアンケートを中心に」福祉教育研究会編『わかるふくし』五二号

都市民俗学からフォークロリズムへ——その共通点と切断面

川村清志

はじめに　民俗学の二つの潮流

この小論は、民俗学が「現在」を主題化する方途として提示された二つの流れを再考し、それらの系譜を辿ることで、新たな視座を構築するための足がかりにしたいと考える。その二つの流れとは、「都市民俗学」と「フォークロリズム」である。

前者は、主に一九八〇年代の民俗学にとっての重要なトピックであり、後者は一九九〇年代の後半から二〇〇〇年代前半にかけてのキーワードの一つであった。もちろん、両者の「起源」はかなり遡ることが可能だし、その意味づけも研究者間で相当のズレがある。そのため、以下では、術語の変遷や個々の研究者による意味づけを詳らかにすることはおこなわない。むしろ、上記の年代に記された代表的な論集や特集から、各々の術語の外延を導きだし、両者にみられる共通の傾向と歴史的な展開過程を明らかにしたいと考える。

この目的のために本稿では、これら二つの研究を代表する論集の構成とテーマを検証することにする。まず、都市民俗学については、一九八〇年代の終わりに刊行された『都市民俗学へのいざない』二巻を参照する。次にフォークロリズムについては、二〇〇三年に発刊された『日本民俗学』二三六号の「フォークロリズム特集」に収集された論考を対象とすることにしたい。

一　『都市民俗学へのいざない』の構成

一九八〇年代、日本民俗学の新たな局面を提示するための代名詞として、「都市民俗学」というキーワードが拡大のきざしをみせた時期がある。宮田登や小松和彦のようなマス・メディアと連携する研究者がこの術語を紹介し、町や都市をフィールドとしたいくつかの論考も生み出されていった。地方の調査がいよいよ頭打ちとなり、民俗学がそのオリジナリティを改めて問いなおされる時期である。海外の民俗学研究、とりわけ、都市伝説研究などが紹介されるとともに、社会学や地理学の研究成果にも触発されるかたちで、「都市民俗学」という分野は、研究者たちの関心の一翼を占めることとなっていった。

このような状況のなかで『都市民俗学へのいざない』は、一九八九年に雄山閣から出版された。編者は岩本通弥、倉石忠彦、小林忠雄がつとめ、上巻「混沌と生成」と下巻「情念と宇宙」には、合わせて二七本の論考が掲載されている。

興味深いことにこの論集には、「都市民俗」ないしは、「都市民俗学」について論じた総論が、まったく見当たらない。もちろん、この点から「都市民俗学」の理論的な希薄さや問題関心の錯綜といった点を指摘しても、もはやほとんど意味はない。むしろ、そのような大枠も理論的な展望もないままに、三〇人近い研究者が集まって、「都市民俗」についての論集が成立していることにこそ、注目するべきだろう。この論集には、足元も定まらぬままに同時代の現象に向かい合っていた研究者たちが共有していた、ニュアンスや雰囲気のようなものが漂ってい

表１『都市民俗学へのいざない』上下巻の構成

	タイトル	分類	時代	著者	紹介される都市
語りの生成					
(1-1)	キリンのいる街	世間話	現代	戸塚ひろみ	東京
(1-2)	化物屋敷再考	世間話	現代	向井英明	複数
(1-3)	子供と妖怪――学校のトイレ空間と怪異現象	世間話	現代	常光徹	複数
家と生活					
(1-4)	出郷者の「家」――憑依の都鄙断続論	親族・民間信仰	現代	矢野敬一	東京―静岡
(1-5)	血縁幻想の病理――近代家族と親子心中	家族（心中）	現代	岩本通弥	不特定
(1-6)	都市生活のリズム	年中行事	現代	倉石忠彦	東京
地域社会と企業共同体					
(1-7)	都市民俗の創造	年中行事	現代	牛島史彦	熊本
(1-8)	町会と神社	民間信仰（年中行事）	現代	岸本昌良	東京
(1-9)	東京近郷の神社と祭り――田園調布を事例として	年中行事	現代	北村敏	東京
(1-10)	企業が祀る神社	年中行事	現代	宇野正人	複数
盛り場と娯楽					
(1-11)	都市と酒	衣食住	現代	小林忠雄	金沢
(1-12)	銀座の時間と空間	生業時間	現代	松崎憲三	東京
(1-13)	銀座の宗教	民間信仰	現代	石井研士	東京
(1-14)	盛り場と墓地	墓制	近代	野堀正雄	大阪
遊びと大衆文化					
(2-1)	ゆきゆきて新世界	衣食住	近代	橋本裕之	大阪
(2-2)	城下の政と初三郎	民俗芸能	近代	砺波和年	金沢
(2-3)	都市・民俗・知識	口承と文字	近世	原毅彦	不特定
伝統と変容					
(2-4)	秩序と闇	世間話	近世	野沢謙治	会津若松
(2-5)	天神と地蔵と異界	民間信仰（世間話）	近世	西山郷史	金沢
(2-6)	都市の民俗生成	年中行事（祭礼）	現代	和崎春日	京都
(2-7)	都市とイベント	年中行事（イベント）	現代	茂木栄	浜松、他
不安と救い					
(2-8)	都市における笑話の生成	世間話	近世	福原敏男	大阪（坂）
(2-9)	二十世紀初頭の空間政治	都市の物語	近代	由谷裕哉	金沢
(2-10)	不安とアイデンティティ	民間信仰	現代	福島邦夫	東京（大田区）
現代民俗の形成					
(2-11)	おまじないと少女マンガの位相	民間信仰（世間話）	現代	大塚英志	不特定
(2-12)	総合結婚式場の誕生	人生儀礼	現代	穂積恵子	不特定
(2-13)	都市民俗のダイナミズム	年中行事	現代	有末賢	東京（佃島）

る。ここで抽出したいのは、このような雰囲気がどのように形作られていたのか、そこで共有されていた視座とはどのようなものであったのかという点である。

まずは、この論集の構成についてみてみることにしたい。論集の一覧を示したものが、表1である。著者として民俗学者が多く名を連ねるのはもちろんとして、都市の祭礼研究を行なう社会学者や文化人類学者、さらには宗教学者などが名を連ねていることにも注意しておく必要がある。彼らの論考を検証するうえで指標とするのは次の四点である。

（一）テーマ

（二）対象地域

（三）対象とする時期

（四）各々の議論が拠り所とする理論的な背景

この四つのトピックは相互に関連しているが、ひとまずは、これらの点を個々にみていくことで「都市民俗」と呼ばれるものの外延をあぶりだすことにしたい。

最初に確認できることは、ここで対象とされている内容とテーマに一定の偏りがあるということである。これらの論考を既存の民俗学の分類に即すると、「口承文芸」のなかの「世間話」と「民間信仰」、そして「年中行事」にあたる事例研究が、二七本のうちじつに一七本あり、全体の三分の二を占めている。

まず、都市におけるウワサや都市伝説、民俗学の用語に即していえば、「世間話」に分類されうるテーマが、五つの論文で紹介されている。「キリンのいる街」（戸塚ひろみ）、「化物屋敷再考」（向井英明）、「秩序と闇」（野沢謙治）、さらには後にベストセラーとなる『学校の怪談』へと展開する「子どもと妖怪」（常光徹）などがそれにあたる。これ以外にも下巻の「都市における笑話の生成」（福原敏男）も近世における世間話の解読として捉えることができる。これらの論考は、「都市伝説」や「うわさ」に関する海外の研究を参照しつつ、都市における口承による物語の展開を再考しようとするものであることがわかる。

また、都市における「民間信仰」とも呼べるテーマが数多く見られる。こちらは、「銀座の宗教」（石井研士）、「天神と地蔵と異界」（西山郷史）、「不安とアイデンティティ」（福島邦夫）など六本の論考が掲載されている。おそらく、以上の二つのテーマが重なり合うような場所に、大塚英志の「おまじないと少女まんがの位相」も位置するといえるだろう。

ただし分類上もっとも多いのは、「年中行事」に関連するテーマである。それらは、上述の「民間信仰」と交差する領域と都市の祭礼やイベントを紹介する論考に大きく分けることができそうである。前者としては、「町会と神社」（岸本昌良）、「企業が祀る神社」（宇野正人）などが挙げられ、後者としては「都市の民俗生成」（和崎春日）、「都市とイベント」（茂木栄）、「都市民俗のダイナミズム」（有末賢）、など、計七本の論考が載せられている。

これ以外のテーマとしては、表にあるように、「衣食住」が二、「墓制」が一、「生業」が一、「民俗芸能」が一、「人生儀礼」が一、複合的で分類が難しいテーマが、三つとなっている。

次に対象となる地域についてはどうだろうか。表一にあるようにここで対象となる「都市」が特定できる論考は二〇である。そのなかで、東京が九回、金沢四回、大阪（坂）三回となっており、京都、熊本、会津若松、浜松が各一回となっている。金沢の出現回数などには、研究者の偏りがややみられるかもしれないが、おおまかにいって日本を代表する「都市」、しかも前近代からの連続性をみてとることができる大都市が多数を占めていることがわかる。逆にいえば、歴史的な堆積を経ない地域、伝統性を主張しにくい都市の事例は、都市民俗学の俎上にはのりにくかったといえるだろう。

第三の時代設定についてみていこう。ここで多数を占めるのは現代（戦後以後）で一九本であり、近代四編（明治〜戦前)、近世が四編となっている。つまり、この論集の議論の多くでは、都市民俗学の対象は同時代である現代を捉えようとしていたことわかる。都市民俗学では、「原型遡及的な歴史的アプローチと都市風俗学ともいえる共時的アプローチ」[1]の二つの方向が示されていたとされるが、少なくともこの論集では、後者を目指す研究者が多数を占めていることがわかる。

最後に第四の指標について考えてみたい。少なくとも、この論集が共有する理論的な背景を析出することはむつかしい。研究者のなかには、都市社会学(有末賢)や文化人類学(和崎春日)、宗教学(石井研士)など、各々のディシプリンに依拠する形で議論を進める論者もいる。これら先行する研究分野の存在を指摘する議論はあるけれども、それが多数派とはなっていないのである。だが、あえてこの論集の核の一つをあげるとするなら、それはおそらく、柳田國男である。

少なくとも、論集の編者である岩本通弥、倉石忠彦、小林忠雄の三人がそろって、柳田國男の『明治大正史 世相篇』、ないしは、『都市と農村』を参照しつつ、自らの論を展開していることには注目すべきである。これ以外にも五人の研究者が柳田の議論を引用しており、参考文献にあげている論考はその数をさらに上回る。柳田國男の広範な関心の一翼へと遡行することで、民俗学とは一線を画するようにみえる論考も、学問としての連続性が担保されているとみることもできるだろう。これは、次節に述べるように都市民俗学の戦術的な側面が透けて見える特質である。[2]

二 都市民俗学の外延

これらの点を踏まえたうえでいえることは、都市民俗学の大勢には、次のような特質が見えてくる。

①民俗学との連続性
②現代的事象への関心
③前近代からの町・都市についての分析

ようするに都市民俗学では、既存の民俗学の範疇に「片足」を突っ込んでいた事例が大半を占めているのである。その意味で都市民俗学とは、民俗学において過渡的な形式、ないしは、主張であったといえるかもしれない。

最初の特質は、テーマの選択と方法論の選択によって担保されることになる。例えば、「都市伝説」ないしは「世間話」は、その伝達経路が「口承」であるという特質によって既存の民俗学の研究分野という理解が可能であった。これは、この論集に五本もの口頭伝承が――それが文字資料をもとにしている場合があるにせよ――寄せられている背景にも、都市民俗に対するこのような態度が控えているからであると推察できる。同様に「年中行事」や「民間信仰」が主なテーマになっていることも、その伝承的な側面が強調されていることに起因していると考えられる。このような立場は、民俗学が関わってきた「前近代」的な慣習を、農村ではなく都市に求めるというレトリックによって成立していたといえるだろう。

一方、方法論としては、柳田國男の『明治大正史　世相篇』や『都市と農村』を持ち出すことによって、民俗学との連続性が意図されていることがわかる[3]。さらに、これらの事例の多くでは、選択した地域の特質によっても「民俗」とも親和性がはかられている。多くの事例が、「近世から続く伝統都市」を対象としていることで民俗学との連続性を担保しようとする態度が指摘できる。ただ、そのような議論がなされつつも、論者の多くが現代的な事象に関心を持っていることには注目しておきたい。

ところで、これまでみてきた議論とはやや異質なものも、この論集には含まれている。それらは、上記に記した外延にも収まりきらないばかりか、既存の民俗学の分類項目からもずれた場所に位置している。これらのテーマについて次にみてみよう。

まず、原毅彦の「都市・民俗・知識」は、特定の都市が対象とされたものではない。また、参照されるのは近世の資料が多いが、冒頭に紹介されている事例は、現代の民俗調査によるものである。そこで問われているのは、既存の「民俗」とその対立項とされてきた「文字」による継承や伝達といった問題である。原の議論は、そのまま近年の「民俗書誌学」の関心分野とも重なる問題提起であるといえる。[4] こうして彼は、「口承による知識のコミュニケーション」と「書承や、その他のマス・メディアによるコミュニケーション」を分節化しつつ、前者を「民俗（農村）」、後者を「都市」に重ね合わせることで都市民俗の論点を明確化しようとしている。[5] 実際、彼は議論の冒頭において、テレビを通じて様々な知識をえるインフォーマントの事例をあげている。彼は自らの調査経験のなかで、すでにラジオやテレビといったマス・メディアの浸潤を認識していたのである。

また、由谷裕哉は「二十世紀初頭の空間政治」で、近代の金沢を対象として既存の境界論を批判しようとしている。由谷が議論の叩き台に用いるのは、近代の作家である泉鏡花による金沢という都市空間についての物語である。ここで対象とされる小説というテクストは、単に過去の民俗資料をさぐりあてる素材ではない。むしろ、この議論は小説それ自体に含みこまれた都市の記憶をあぶりだそうとする試みと受け取れる。もちろん、ここで対象とされる小説とは、近代人の泉鏡花が、印刷媒体というメディアに発表した個人による作品であるという特質も見逃してはならないだろう。

同様に大塚英志が都市の民俗を読み解く手掛かりとしたのは、「少女まんが」というメディアである。大塚は、まず、マス・メディアにおける「おまじない」の「伝播」を論じている。そこでは新たな「民俗」の担い手として、都市に生活する「少女」というカテゴリーも主題化されている。大塚は、これらの事例をややクラシックな人類学や民俗学タームで説明していくが、今日、このような議論にそれほど大きな意味は見出す必要はない。むしろ、重要な点は、彼が事例として参照した雑誌媒体やマンガというメディアとそれらの事例のなかに登場する電話やマンガなどのメディアの存在という入れ子構造的な状況である。

これらの議論が示す表徴は何だろうか。ここでの議論に設定された時期や空間に一定の共通点はない。むしろ、共有しているのは口承とは異なるメディアの展開であり、それらの背景ともなる市場経済の動きである。原は近世からの版本文化による民俗の再構成を語り、由谷は近代の印刷媒体による小説に描かれた民俗的な心性を導き出そうとした。さらに大塚は、電話やテレビが身近なアイテムとなった現代社会において、印刷媒体を通して更新される「呪術《おまじない》」の諸相を紹介してきたわけである。それらは都市空間において特徴的に見出されるものというより、近代化の動因として日本の時空のなかに加速度的に拡大してきた特質であるといえるだろう。とりわけ、大塚の議論においては、現代社会における自己言及的な語りの生成のシステムが、ネット社会以前の状況下で広汎に展開していたことを示しているともいえるだろう。これらは各々、「都市民俗学」において少数派の論考であるが、後に見るフォークロリズムとの関連を考えるとき、きわめて示唆にとんだ課題を読み取ることが可能になるだろう。

もっとも、以上のテーマを含みこんだ都市民俗学が、一九九〇年代以後、民俗学のメインストリームとなることはなかった。それどころか、この時期、都市民俗的なテーマを冠した民俗学の雑誌は、いずれも短期間で休刊に追い込まれ、民俗学で「都市」を標榜する者も少数派にとどまっていく。都市伝説に対して「現代伝説」といった用語も輸入されたが、かえってジャンル間を錯綜させていったようにもみえる。論集の編著者を中心にまとめられた研究や、伝統都市についての歴史資料を重視した研究、さらには聞書きを主題化した、優れた議論が発表されてはいるものの、それが民俗学者たちに共有されたとは思えない状況が続くことになる。[6] 端的にいって、都市民俗学は死産されたのである。

三「フォークロリズム特集」の構成

次に検証の対象とするのは、フォークロリズムについての議論である。フォークロリズムは、ドイツの研究者、ハンス・モーザーやヘルマン・バウジンガーによって提唱された概念である。以下で紹介する「特集」では、「人々が民俗文化要素を「流用」し、表面的部分のみを保存する「書き割り的な演出や、伝統らしさを自ら振る舞うことで、都会から訪れた観光客などのノスタルジーや欲望を満たすような状況や現象を指示すると同時に、都市に暮らす現代人がなぜ、こうした素朴さに惹かれるのかをも問い掛ける枠組み」と定義づけられている。

ただし、この術語が紹介された当初、日本ではフェイクロア、つまり「偽の民俗」などと同じく否定的なニュアンスで用いられていた。だが、バウジンガー、モーザー、ダンデスらの議論が紹介されたり[7]、日本の事例にも適用されたりしていくなかで、この術語に対する意味づけは「肯定的」なニュアンスを帯びることになる[8]。近年では、都市祭礼やイベント研究や口承文芸研究にも適用される事例も散見される[9]。

ここで対象とするのは、二〇〇三年度に『日本民俗学』二三六号のフォークロリズム特集において紹介された諸論考である。ここでは、海外からの術語であるフォークロリズムないしは、フォークロリスムスについての系譜が検証されたうえで、日本の具体的な事例が紹介されるという構成を取っている。すなわち、節分の巻きずし、戦後の生活再現、観光、桃太郎伝説、郷土玩具、民芸、葬儀産業による葬儀、画像、民俗の表象、メディア表象、ナショナルと接続された「民俗」といった、おそらくは今日、「フォークロリズム」と名指しうるほとんどの領域が出揃っていると考えてもいい。

これらの事例から、研究者たちが、どのような射程と準拠枠のもとにフォークロリズムという術語を実践レベルにおいて用いようとしているのかを明らかにしていきたい。以下では、まず、都市民俗学と同じ四つの点、（一）

表2「フォークロリズム特集」各論執筆一覧

タイトル	分類	時代	著者	紹介される場所
フォークロリズムからみた節分の巻き寿司	衣食住	現代	岩崎竹彦	大阪、和歌山、岡山
昭和30年代生活再現展示とノスタルジアにみるフォークロリズム的状況	衣食住	現代	青木俊也	松戸(千葉)
フォークロリズムとツーリズム――民俗学における観光研究	「観光」	現代	森田真也	高千穂(宮崎)
伝統文化産業とフォークロリズム――岩手県遠野市の場合	「民俗文化財」	現代	川森博司	遠野(岩手)
地域アイデンティティ創出の核としての桃太郎	口承文芸	近代―現代	加原奈穂子	吉備(岡山)
郷土玩具のまなざし――趣味家たちの「郷土」	※物質文化	現代	香川雅信	全国
民芸と民俗／審美的対象としての民俗文化	※物質文化	現代	濱田琢司	全国
葬儀とフォークロリズム	人生儀礼	現代	山田慎也	全国
ノスタルジア／フォークロリズム／ナショナリズム	「民俗表象」	近代―現代	矢野敬一	下伊那(長野)
フォークロリズムとメディア表象	「民俗表象」 年中行事	現代	川村清志	能登(石川)
フォークロリズムと文化ナショナリズム	「民俗文化財」	現代	岩本通弥	佐渡(新潟)

テーマ、(二)対象地域、(三)対象とする時期、(四)各々の議論が拠り所とする理論的な背景、から検証をおこなうことにしたい。

すると、フォークロリズムでは、テーマが明らかに多様化していることがわかる。衣食住、口承文芸、年中行事、人生儀礼、物質文化(ただし「民具」ではない)といった、既存の分類項目に相当する論考がある一方で、「民俗文化財」、「観光」、「メディアによる民俗の表象」といったカテゴリーに括らざるをえないテーマも複数みられるのである(表2参照)。

次に対象となる地域は「都市」に限定されていない。むしろ、「伝統文化産業とフォークロリズム」(川森博司)のように遠野という日本民俗学の「起源」の場所さえ事例の舞台となっている。「フォークロリズムとツーリズム」(森田真也)、「ノスタルジア／フォークロリズム／ナショナリズム」(矢野敬一)なども地方の村や町がテーマとなっている。その一方で、「フォークロリズムからみた節分の巻きずし」(岩崎竹彦)、「昭和三十年代生活再現展示とノスタルジアにみるフォークロリズム的状況」(青木俊也)

など、都市における民俗的な表象が主題化されている議論もある。

ただ、共通しているのは、これらの事例には、ムラや伝承母体という空間に限定した議論は一つも存在していないということである。事例の多くは、近代以後の行政単位である市町村、あるいは都道府県を単位に広がりをみせるものである。また、「地域アイデンティティ創出の核としての桃太郎」（加原奈穂子）や「郷土玩具のまなざし」（香川雅信）、あるいは「民芸と民俗」（濱田琢司）などは、特定の地域を生産の場とはしているものの、それを消費する人々の範囲ははるかな広がりをみせているケースもある。同様に写真やテレビ、インターネットなどのメディアを対象とする事例では、地域を限定すること自体が困難な今日的状況が指示されているともいえる。

その意味で、フォークロリズムがテーマとする地域とは、都市や地方、あえて言えばムラとの差異が失われてしまった「場」であるともいえる。グローバル化してしまった日本の地域社会を覆いつくすシステム間の接合のなかで、「民俗文化」の再補足が行なわれているとも考えられる。このことを裏返して考えるなら、これらの不特定で曖昧な領域のもとに表象される事例が、「日本」の伝統や文化と位置づけられる可能性があることを示唆しているとも言えるだろう。「昭和三〇年代生活再現展示」で論じられている博物館展示は、このような可塑的な表象を実体化してみせる装置と捉えることもできるだろう。

さらに対象とする時期では、明確に近代以後、とりわけ戦後の事例が顕著となる。この点は先の都市民俗学の特質を継承する一方で、前近代からの伝承性を強調してきた「民俗」との明示的な対立軸として設定できるだろう。この特質は、「特集」に紹介されたほぼすべての事例についてあてはまる。

もちろん、対象となる行事の「起源」が、近代以前にさかのぼる事例も複数みられる。しかし、ここでテーマ化されているのは、それらの事例の歴史的な連続性よりもその切断面である。例えば、「桃太郎」の事例は、桃太郎という昔話の由来を表示しながら、それが実際に地域アイデンティティとして構築される明治末から大正期の過程に報告の主眼がおかれている。また、遠野の事例や椎葉の事例もまた、前近代から継承されてきた昔話や芸能といった「民俗文化」が、観光化という文脈のなかで不可逆的な変化を遂げている事例として紹介されている。

最後に理論的な背景としては、既存の民俗学はもちろんのこと、都市民俗学が最後の牙城としていた柳田國男についての言及も、この「特集」に関してはほとんどみることができない。ただ、複数の研究者が、参照しているのは文化人類学における「文化の客体化」論や社会学における「構築主義」についての議論である。研究者たちはこれらの議論にヨーロッパやアメリカのフォークロリズムについての研究を上書きする形で自らの論を進めている。

このような議論の組み立ては、すでにこの「特集」以前からおこなわれていた。例えば八木康幸は、「客体化された民俗文化は、かつての伝承母体（胎）にとどまらず、それを含むさまざまな集団や社会によって操作を受けることが可能となる」とフォークロリズムの特質を位置づける。そのうえで彼は、国家や自治体がバックアップする民俗芸能大会やそれと連動する無形民俗文化財の問題について検証しており、その議論は「特集」の観光や文化産業の論考とも連動するテーマである。[10]

ただ、注目されるのは、研究者たちの多くがフォークロリズムについて、二つの基本的な視座のあいだを揺れ動く記述をおこなっているという点である。一方では、本来、オリジナルの民俗は存在している、あるいは存在していたが、それらの二次的な利用、展開としてフォークロリズムを捉えようとする視点がある。他方で、そもそも「本物」の民俗と「偽物」との区分そのものが意味を成さないという視点から記述をおこなう論者もいる。例えば、森田は観光のなかでの民俗の再創造の場においては、「「本物／偽物」、過去からの連続／不連続という判断は意味をなさなくなる」と論じ、「「民俗」が「想起され、名指される場の力学の全てがフォークロリズムの対象になる」と私自身も記している。[11] もちろん明示的には、二つの立場のいずれであるかを確認しがたい議論も少なからず存在する。ただ、これらのスタンスのずれは、きわめて重大な認識上の懸隔をあらわすことになるだろう。[12]なぜなら、前者には、真正な「民俗」、本物の「民俗」を温存する眼差しが残存している。それは旧来の民俗学との接点をさぐる試みにはなるかもしれないが、現代日本の現場で生じている事象を捉えるためには足かせにしかならないだろう。むしろ、構築主義的な視点を先鋭化させた後者の視点こそが、この「特集」において前景化された視座であるということができる。

さらに興味深いことに都市民俗学では、例外的と位置づけた論考で紹介されていた特質が、フォークロリズムでは主題化されている。その一つは、市場経済が導入された状況での「民俗」の再利用の問題である。「フォークロリズムとツーリズム」や「伝統文化産業とフォークロリズム」は、まさにこのような商業資本下での「民俗」の再表象が示されている。さらに特徴的な事例は、山田慎也による「葬儀とフォークロリズム」である。そこでは、伝統的な習俗が継承される一方で、「湯潅の儀」のような途絶した習俗の再創造過程や、欧米から輸入されたエンバーミング（遺体の防腐保存処置）の増加などが報告されている。かつては村の共同作業であった葬儀もまた、市場経済の原理にのっとって組織化され、消費される過程が浮き彫りになる。

いま一つ、マス・メディアによる民俗の再表象の問題についても見逃せない。都市民俗学では、この問題は主に印刷媒体による民俗表象として捉えられていた。確かに事例のなかにラジオや電話、テレビへの言及があったことは既述したとおりである。だが、フォークロリズムでは、より現代的なメディア表象として写真やテレビ、インターネットによる民俗表象が主題化されている。「特集」では、矢野敬一は、「ノスタルジー／フォークロリズム／ナショナリズム」において、長野県伊那地方の事例から写真による民俗の表象を論じ、私自身はテレビとインターネットによる祭礼や年中行事の表象の差異を示している。

また、これらメディアと市場経済の両面を背景とした問題が、「節分の巻きずし」や「桃太郎」において取り上げられているといえるだろう。広告媒体による広範な地域への展開と市場経済的な論理による民俗の再表象といった状況が、これらの事例には顕著にみることができる。

四　フォークロリズムの六つの特質

前節でみたように都市民俗学との差異化と「都市民俗」においては周辺的であった領域との比較から、フォークロリズムが多様な民俗事象に対して適応されている事実が明らかになった。その上でフォークロリズムでは、四つの特質が前景化されていることがわかってきた。すなわち、①近代以後の創出、②地域に限定されない分布、③商品化、市場経済による流通、④マス／マルチ・メディアの介在、である（表3参照）。

この四つの特質に加えてこの「特集」では、さらに二つの点がピックアップされねばならない。それは、「都市民俗学」という範疇では、ついに主題化されなかった課題であるといってもいいだろう。

その一つは、⑤「民俗学的な知と異質な範疇」についての事例を指摘できる。それが、「郷土玩具」と「民芸」という領域である。これらはともに初期においては民俗学と密接なつながりをもちつつも、その後は袂を分かち、思想的な差異から距離をとっていった領域である。

これらがフォークロリズムと位置づけられることの背後には、ある認識の変更が必要とされる。「民芸」や「郷土玩具」を対象化する以上、それを見つめる民俗学の眼差しをも対象化し、相対化しなければならない。少なくとも既存の「民俗」の圏域自体が、決して自明なものではなく、柳田をはじめとするイデオローグによって構築されたものであることを暗黙裡のうちにも認証していかなければならないはずである。仮にそうであるなら、この領域の向こう側には、より錯綜した思想史的な検証が控えているとみなければならない。「郷土玩具」と「民芸」

表3「フォークロリズム特集」の特質

タイトル	①近代性	②空間の広がり	③メディア	④市場経済	⑤知(非民俗学的)	⑥ナショナリズム
フォークロリズムからみた節分の巻きずし	○	○	○	◎	△	△
昭和30年代生活再現展示とノスタルジアにみるフォークロリズム的状況	○	◎	○	◎	○	△
フォークロリズムとツーリズム	○	○	○	○	△	△
伝統文化産業とフォークロリズム	○	○	○	◎	△	△
地域アイデンティティ創出の核としての桃太郎	○	△	○	○	△	○
郷土玩具のまなざし	○	△	△	◎	○	△
民芸と民俗	○	△	△	◎	○	△
葬儀とフォークロリズム	○	○	△	◎	△	△
ノスタルジア／フォークロリズム／ナショナリズム	○	△	◎	△	△	○
フォークロリズムとメディア表象	○	△	◎	△	△	△
フォークロリズムと文化ナショナリズム	○	△	○	△	○	◎

の各々の領域が渋沢敬三や柳宗悦といったイデオローグによって概念化され、組織化されていった側面にまで注視する必要があるはずである。

もう一つ重要な視点として、フォークロリズムを、⑥「文化ナショナリズム批判」として捉えようとする試みがあげられる。もっとも、「特集」において、この立場を前面に押し出しているのは、岩本通弥による「フォークロリズムと文化ナショナリズム」に限定される。確かに矢野の写真による民俗表象をめぐる論考でも、ナショナルな次元とのリンクは言及されている。けれども、矢野は大きな物語が解体していく現状では、「ナショナリズムのあり方も、当然、変容をこうむらざるを得ない[13]」とその影響力を強調することは控えている。それに対して岩本は、「政治によってアジェンダ設定された」フォークロリズムを「都会人のノスタルジア等を媒介させた文化ナショナリズムである[14]」と批判する。

このような位置づけを岩本は、「文化ナショナリズム」や「共記憶」に関する議論を援用しつつ、フォークロリズムの議論として展開する。これらの領域は、「都市民俗学」

とは異なった経路から発信された既存の日本民俗学への異議申し立てを再統合しようとするものとみなすこともできる。例えば、文化ナショナリズムは、「民俗の政治性」をめぐる問題系として紹介されるとともに、フォークロリズムの課題としても紹介されてきた[15]。同時にここで紹介される事例は、菊地暁や才津祐美子によって検証されてきた民俗文化財批判とも通底するものである[16]。

ここで岩本自身は、現今の国家的な文化政策に対して、民俗学独自の批判的な視座を確立することを目指しているようにみえる。彼が、一連の柳田國男批判に対して、柳田を擁護する議論を繰り返してきたことは周知の事実である[17]。それは彼のなかで単なる柳田國男への先祖帰りを意味するものではない。ここで詳しく検証する余裕はないが、他分野による柳田についての膨大な議論は、批判と擁護を周期的に繰り返している。だが、肝心の民俗学の内部では、このような議論を相対化し、自らのフィールドワークにフィードバックさせる試みはほとんど見出すことはできない。

おそらく、そこで例外的な成果として紹介できるのは、菊地暁によるアエノコトをめぐる議論である[18]。彼は、アエノコトという奥能登で行われる農耕儀礼を端緒にしながら、それらがいかに民俗学的な学知のなかで解釈され、また、多くの媒体を通して過剰な意味づけを付与されていったのかを明らかにしている。さらに彼の議論は、そのような過剰な意味づけが、重層的なルートを経て、伝承者や当該地域の実践にも還流していった過程を克明に記している。岩本の柳田國男に対する視点は、菊地のそれとは全く相反するものの――菊地は柳田國男の「中央専制」的な視点に対して極めて批判的である――、岩本の議論もまた、現実の社会変容に対峙しようとするものであることがわかる。

おそらく、岩本による柳田の言説を再評価しようとする視点と文化ナショナリズム批判は、コインの裏表と捉える必要がある。彼は、民俗学に関する思想的営為とフィールドワークによって現実を捉えなおす視座を常に結びつけようとしている。本論でも岩本は、柳田の議論を「文化の中央専制を相対化しようとした[19]」ものと位置づけつつ、新たな民俗学の立脚点を問い直している。こうして彼は、日本の文化政策に代表される現実の巨大なうねりを「民俗学という学問を根底から変質させ兼ねない」と危機感を露にしつつ、それらに対して既存の民俗学者が「無自覚なままに加担すること、客観視を装った不作為も罪[20]」であると断じている。

一方、文化ナショナリズム批判へと架橋しうるこれらの議論からは、一見、地味に見える前者の議論にも、重要な問題が含まれている。ここでの議論には、メタレベルでの民俗学、とりわけ、柳田民俗学の議論を相対化する眼差しを確認することができる。このような領域を「民俗学的な知を相対化する範疇」と捉えることも可能だろう。繰り返して言うが、ここでの議論を「郷土玩具」や「民芸」を「民俗」のやや風変わりな範疇として取り込む試みなどと位置づけるべきではない。上述したようにこれらの領域は、民俗学とは異なる思想のもとに範疇化された経緯がある。それらを資料や作品といったオブジェクトレベルで再考することは、民俗学の範疇化とのズレやその自明性を問い直す作業と位置づけられるべきなのである。

確かにこれまでも、柳田と柳に関する思想史的な研究や民芸と民具学との共通点とその差異なども論じられてきた[21]。だが、このようなイデオローグの言説にとどまらず、オブジェクトとしての「郷土玩具」や「民芸」を主題化しえたところにフォークロリズム研究の可能性があるというべきであろう。たとえ、柳の民芸への眼差しが「〃かくあらねばならぬ〃という規範学[22]」であったとしても、そこから生み出された様々な運動や実際の作品には、それらの「規範」を逸脱し、独自の展開を遂げた事例を見出すことができるはずだからである。

なお、この「特集」では主題化されていないが、このような民俗学的な知の相対化は、当然、民俗学それ自体にも及ぶことになる。むしろ、日本民俗学における永遠のイデオローグである柳田國男のテクストや彼の思想、民俗への眼差しに迫る議論もまた、フォークロリズムとして位置づけられねばならないだろう。ただ、その場合、柳田の言説の再評価を試みる岩本よりも、私自身の立場は、菊地のような批判的なポジションにより近くならざるをえないと考えている。

ただ、このような思想史的な検証の最大の問題点が、フィールド研究との決定的な乖離であったことは、既述したとおりである。柳田を批判する立場も逆に擁護する立場も、それらのテクスト上の営みがフィールドワークで見出される「眼前の事実」には届きはしない。しかし、これまで見たようにフォークロリズムに内包されている課題のいくつかは、思想と実践の双方に対して言及できる可能性を指示している。乖離に乖離を重ねてきたフィールドの現実と思弁的で観念的なテクスト上の言説が、ようやくにして節合されうる地平にフォークロリズムの視座は到達しつつあるのではないだろうか。このフォークロリズムによる節合の可能性を担保しつつ、最後に本稿のとりあえずのまとめをおこなっておきたい。

おわりに　都市からフォークロリズム、そして

議論のまとめに入る前に、フォークロリズムについて触れておかねばならない問題がある。それは、「特集」において多くの研究者が使用していたノスタルジーという術語に関するものである。

ここでこの術語の意味や由来を詳しく検証することは控える。ただ、「特集」のなかでノスタルジーは、懐かしさや郷愁といったコトバと並存されながら、何らかの対象に対して時空間の切断を経験した個人や集団において惹起されるものとして使用されている。このノスタルジーを惹起するためには、そのような切断の経験とその切断を部分的に、あるいは一時的に再接続する仕掛けが必要になってくる。その仕掛けこそが、観光の経験であり、マス／マルチ・メディアであり、市場原理の流通網であり、モノと情報を発信する博物館という装置なのである。

だが、このような装置の先にあるものは、既存の民俗学的なテーマ――口承文芸、年中行事、民間信仰、衣食住――とは限らない。これまで見たとおり、民芸や郷土玩具のように民俗の知の系譜とは異なった眼差しによって想起されるノスタルジアがあり、さらには複数の起源をもつノスタルジアの節合のうえでの直近の過去の生活文化が、博物館展示の対象にさえなっている[23]。

私がある種の危険性を感じるのは、フォークロリズムとノスタルジーが無媒介に結び付けられることで、個々の事象をオートマティックに研究対象としてしまうことである。つまり、ノスタルジーの想起という結果を原因と取り違えることによって、現実の諸領域が、なし崩し的に民俗学へ統合されたという錯覚を与える危険性があるのである。ノスタルジーの問題は、本来、きわめて複雑な問題を内包しているのだが、本論がそれを正面から扱わなかったのは、このような曖昧な統合を避けるためであったといえる。

この点を踏まえつつ、これまでの議論を今一度、振り返ってみよう。ここで注目されるのは、これまでみてきたフォークロリズムの特質とは、既存の日本民俗学が掲げてきた「民俗」の特質とことごとく対立的な位置づけになる点である。民俗が「前近代」と「地域＝ムラ、伝承母体」、「非市場経済」、「口承性」といったカテゴリーとして括られる存在であったことをここで繰り返すまでもないだろう。ただ、「柳田民俗学」、「非（被）権力性」といった属性については、もう少し詳細な議論が必要かもしれない。実際、前節で紹介した岩本のように柳田國男の言説を参照しつつ、文化ナショナリズムとしてのフォークロリズムを批判しようとする論者さえいるからである。しかし、ここではやや強引に、フォークロリズムを教科書的、辞書的な意味での柳田民俗学との決別であり、「眼前の事実」として行使される国民的な作為を主題化する視座としておきたい。

ここで見出された特質は、都市民俗学を経由することで定着した視点もあれば、都市民俗学では十分な展開をみないままであった視点もある。さらには民俗学を取り巻く他のディシプリンの研究や民俗学についての思想史的な検証を流用することによって、民俗学に取り込まれようとしている視点もある。

いずれにせよこのようなフォークロリズムの概念は、いかなる意味においても「民俗」とは重ならない。そのためだろうか、この「特集」以後もフォークロリズムを巡る議論は、民俗学においては、限定的なものに留まるか、本質としての「民俗」を担保したうえでの使用に留まる傾向が強い。だが、そのような用法は、この「特集」が指示したフォークロリズムの可能性を封印するものである。むしろ、現代の民俗学は、近代のなかで、市場経済のなかで、マス／マルチ・メディアのなかで、日本のなかで、再創造される存在としての「民俗」、ないしはフォークロリズムと向かい合うしかないのである。

だが、そのことは、我々が、これらの現実と向かい合う代償として、「伝承」や「地域性（類型性や集団性を含む）」や「柳田國男」といった呪縛から完全に解放されることをも意味している。より正確に言うなら、既存の民俗学を我々は最終的に「客体化」する位置にいるともいえるだろう。近代のある時期、「地域性」や「口承」、「伝承」の名のもとに民俗学が構築され、近代の国民国家を相対化する橋頭堡とも目されながら、対象と方法論の喪失による斜陽に際して「都市民俗学」への隘路を探り、さらに新たな視点を文化人類学や社会学から取り込みつつ、フォークロリズムという対象を見出してきた学問的な営みの全体をも視野に入れながら、我々は、「民俗」を語らなければならないのである。そして、その地平にあっては、フォークロリズムという術語にさえこだわる必要はないのかもしれない。

すでにフォークロリズムは、概括の段階に入っているのである。

注

1　和崎春日「都市の民俗生成」、一一五頁。

2　結果として、既存の民俗学、とりわけ、農山漁村に依拠してきた民俗学についてのレファレンスを見出すことはむつかしい。柳田以外で取り上げられる議論は、宮本常一や宮田登など、都市について言及してきた民俗学者によるものがほとんどである。

3　しかも、ここで興味深いのは、柳田國男の複眼的な視点の援用である。つまり『明治大正史　世相篇』に依拠する研究者たちは、都市独自の民俗の生成を論じ「世相解説の史学」を提唱する。その一方で、『都市と農村』などを参照する研究者たちは、柳田の「都鄙連続論」を援用しつつ、「都会」と「田舎」あるいはムラとの比較や連続性に焦点を当てようとする傾向がある。

4　小池淳一「民俗書誌論」『フィールドワークを歩く――文科系研究者の知識と実践』（嵯峨野書院、一九九六年）、川島秀一「『本読み』の民俗――宮城県気仙沼地方の事例から」（『口承文芸研究』一七号、一九九四年）、「文字を聞く・文字を語る――ホンヨミの民俗誌」（『福島の民俗』二八、二〇〇〇年）など参照。

5　原毅彦「都市・民俗・知識」、六四頁。

6　小林忠雄『都市民俗学――都市のフォークソサエティー』（名著出版、一九九〇年）、倉石忠彦『都市民俗論序説』（雄山閣出版、一九九〇年）、田野登『大阪叢書４ 水都大阪の民俗誌』（和泉書院、二〇〇八年）、重信幸彦『タクシー――モダン東京民俗誌』（日本エディタースクール出版部、一九九九年）参照。

7　河野眞「フォークロリズムからみる今日の民俗文化――ドイツ民俗学の視角から」（『三河民俗』三、一九九二年）、法橋量「選択肢としてのフォークロア――ドイツ民俗学におけるフォークロリスムスの概念をめぐって」（『白山人類学』、一九九六年）、「記憶とフォークロリスムス」岩本通弥編『現代民俗誌の地平』（朝倉書店、二〇〇三年）、門田岳久「ドイツ民俗学の転機とフォークロリスムス――バウジンガー『科学技術世界のなかの民俗文化』を読んで」（『日本民俗学』一三二、二〇〇二年）など参照。

8　八木康幸「ふるさとの太鼓――長崎県における郷土芸能の創出と地域文化のゆくえ」（『人文地理』四六‐六、一九九四年）、津城寛文「深層心理論」『現代民俗学の視点三――民俗の思想』宮田登編（朝倉書店、一九九八年）などを参照。

9　内田忠賢「変化しつづける都市祝祭──高知「よさこい祭り」『生活学〈第二四冊〉祝祭の一〇〇年』日本生活学会編（ドメス出版、二〇〇〇年）、花部英雄「「田畑村西行庵」の顛末──伝説のフォークロリズム事始め」『伝承文学研究の方法』野村純一編（岩田書院、二〇〇五年）などを参照。

10　八木康幸「祭りと踊りの地域文化──地方博覧会とフォークロリズム」『現代民俗学の視点三──民俗の思想』宮田登編（朝倉書店、一九九八年）。

11　森田真也「フォークロリズムとツーリズム──民俗学における観光研究」（「特集」、二〇〇三年）九六、川村清志「フォークロリズムとメディア表象」（「特集」、二〇〇三年）一五六。

12　この点は、フォークロリズムの当初の位置づけが「民俗のセカンドハンドによる民俗の伝達と演出」であり、真正な「民俗」を前提としていたことにも起因するだろう。ただ、「特集」の研究者たちは、文化人類学や社会学において一時期、盛んに論じられた「本質主義」と「構築主義」の対立についての議論を経ており、このような対立そのものを無化する議論に向かいつつあったといえるだろう。

13　矢野前掲書、一五三―一五四頁。

14　岩本通弥「フォークロリズムと文化ナショナリズム──現代日本の文化政策と連続性の希求」（「特集」二〇〇三年）一七三頁。

15　岩竹美加子編訳『民俗学の政治性──アメリカ民俗学一〇〇年目の省察から』（未来社、一九九六年）、バウジンガー、ヘルマン『科学技術世界のなかの民俗文化』河野眞訳（一九九七年）などを参照。また、法橋による「特集」の論考でも「政治とフォークロリスムス」という小節を設けて、ドイツにおける民俗的政治についての研究を紹介している（法橋量「ドイツにおけるフォークロリスムス議論のゆくえ」「特集」、五五―五八）。

16　菊地暁『柳田國男と民俗学の近代──奥能登のアエノコトの二十世紀』（吉川弘文館、二〇〇一年）、才津祐美子「『民俗文化財』創出のディスクール」（『待兼山論叢日本学篇』三〇、一九九六年）、「「民俗」の文化遺産化」をめぐる理念と実践のゆくえ」（『日本民俗学』二四七、二〇〇六年）。

17　岩本通弥「「民俗」を対象とするから民俗学なのか──なぜ民俗学は「近代」を扱えなくなってしまったのか」（『日本民俗学』二二五、一九九八年）、「民俗・風俗・殊俗──都市文明史としての「一国民俗学」」宮田登編『民俗の思想』（朝倉書店、一九九八年）などを参照。

18　菊地暁、前掲書。
19　岩本前掲書、一八一頁。
20　岩本前掲書、一七二頁。
21　有賀喜左衛門「民具と民芸」(『民具マンスリー』一-一、一九六八年)、笹原亮二「用と美――柳田國男の民俗学と柳宗悦の民藝を巡って」『柳宗悦と民藝運動』熊倉功夫、吉田憲司編(思文閣出版、二〇〇五年)などを参照。
22　岩本前掲書、一八一頁。
23　その一方で、民具などの展示への入園者が少ないという報告は、「本来」の民俗学的な展示が、人々に対して、もはや、ノスタルジアを喚起しえない現状を雄弁に物語っている。

column

柳田國男と家族

田中正明

一　はじめに

柳田國男は明治八（一八七五）年七月三一日、父松岡操、母たけの六男として兵庫県神東郡田原村辻川で生を受け、超えて昭和三七年八月八日、東京都世田谷区成城の自宅で家族に見守られて没した。

八八年間に及んだ軌跡を家族関係を機軸として辿ると、「松岡國男」「柳田國男」、「明治・大正・昭和（戦前・戦中）」「昭和（戦後）」という大きな括りを設けることができるのではないかと考えている。前者は松岡家に生まれた松岡國男は、後に望まれて数え年二七歳で柳田家の人となり柳田國男となるが、移行の時期は養嗣子として入籍した明治三四年頃を目安としている。國男にとって柳田家の嗣子として家を継承するという役割と、養子縁組に拠って全く新しい家族と出会い、曲折を経ながらその関係を構築していった過程を視点としたものである。後者を画する時期は、昭和二〇年八月。既に公にされている國男自身の言説からすると、敗戦を迎える以前にその日が来ることを確信し、未曾有の混乱が予測される社会の中で新しい社会と秩序の樹立に向けて働かなければならないことを矜持していた。予測は様々なかたちとなって社会の各般に現れたが、旧民法から新民法に移行した家族の位置付けや家族関係もその一つであった。

二　「松岡國男」「柳田國男」

どの範囲までを家族と認識していたのか、確かめる術はない。このため、本稿では一・二親等の親・子・兄弟、及びその伴侶を対象としておきたい。

それでは、具体的にどのような方々がいる（いた）

「松岡國男」

和暦	西暦	誕生	結婚	死亡
天保3年	1833	父松岡操		
天保11年	1840	母尾芝たけ		
万延元年	1860	長兄松岡鼎	父松岡操(28歳)　母尾芝たけ(21歳)	
元治元年	1864	次兄松岡俊次		
慶應2年	1866	三兄松岡泰蔵(井上通泰)		
明治8年	1875	松岡國男		
明治11年	1878	弟松岡静雄		
明治12年	1879		松岡鼎(20歳)　某女	
明治14年	1881	弟松岡輝夫(松岡映丘)		
明治16年	1883			松岡俊次(19歳)
明治20年	1887		松岡鼎(28歳)　鈴木ひさ	
明治24年	1891		井上通泰(26歳)　井上まさ	
明治25年	1892			井上通泰妻まさ
明治26年	1893		井上通泰(28歳)　佐藤里う	松岡鼎妻ひさ
明治27年	1894		松岡鼎(35歳)　沼尻とみ	
明治29年	1896			松岡たけ(57歳)　松岡操(64歳)
明治37年	1904		柳田國男(30歳)　柳田孝(19歳)	
明治38年	1905		松岡静雄(28歳)　田尻愛子	
明治40年	1907			松岡静雄妻愛子
明治41年	1908		松岡静雄(31歳)　野村初子	
大正9年	1920		松岡輝夫(40歳)　林静野	
昭和9年	1934			松岡鼎(75歳)
昭和11年	1936			松岡静雄(59歳)
昭和13年	1938			松岡映丘(58歳)
昭和16年	1941			井上通泰(76歳)　井上通泰妻龍子
昭和19年	1944			松岡鼎妻とみ
昭和37年	1962			柳田國男(88歳)

「柳田國男」

和暦	西暦	誕生	結婚	死亡
嘉永2年	1849	義父柳田(安東)直平		
安政元年	1854	義母柳田(安東)琴		
明治2年	1869	義姉柳田順		
明治4年	1871	義姉柳田貞		
明治13年	1880	義姉柳田操		
明治19年	1886	妻柳田孝		
明治21年	1888		柳田順(20歳)　矢田部良吉(38歳)	
明治26年	1893			柳田操(14歳)
明治29年	1896		柳田貞(26歳)　木越安綱(43歳)	
明治32年	1899			矢田部良吉(49歳)
明治34年	1901		養嗣子として入籍	
明治37年	1904		柳田國男(30歳)　柳田孝(19歳)	
明治42年	1909	長女柳田三穂		
大正元年	1912	次女柳田千枝		
大正4年	1915	長男柳田為正		
大正6年	1917	三女柳田三千		
大正8年	1919	四女柳田千津		
昭和5年	1930		柳田三穂(22歳)　三原勝	
昭和7年	1932			柳田琴(78歳)
昭和7年	1932			木越安網(79歳)
昭和7年	1932			柳田直平(83歳)
昭和9年	1934		柳田千枝(22歳)　赤星平馬	
昭和12年	1937		柳田三千(20歳)　堀一郎	
昭和15年	1940		柳田千津(22歳)　大田邦男	
昭和16年	1941		柳田為正(26歳)　大島冨美子	
昭和17年	1942			赤星千枝(30歳)
昭和37年	1962			柳田國男(88歳)
昭和47年	1972			柳田孝(86歳)

のであろうか。前項の「松岡國男」「柳田國男」という括りに基づいて、一瞥してみたい。なお、日々の営為の中で家族にとって誕生、結婚、死亡は大きな出来事である。これらの儀礼に留意して表示する。

「松岡國男」に記載した人物は、両親、兄弟五名、その伴侶七名と妻。同様に「柳田國男」に記名したのは、養父母、妻の姉三名、子五名、義理の姉と子供の伴侶の七名と妻である。関係を外側まで広げると、伯父・叔父や伯母・叔母、甥や姪が含まれ人数は著しく増え(例えば松岡鼎の子供は六名、松岡静雄と松岡輝夫の子供は三名)、賑やかなこととなる。なお、表示した中では死別と離縁にも留意しておきたい。離縁となった兄嫁に寄せた思いを、後年「故郷七十年」の中で語っている。昭和一七年に、次女赤星千枝が死去した。夫妻にとって、悲しみは深かった。

三　家族関係寸感

「松岡國男」「柳田國男」の家族及び家族関係について、九つの時期に画することが出来るのではないか。以下、簡潔に記したい。

①明治八年(一八七五)~　故郷の地で

出生後福崎町や北条町に居住していた時期のこと。父操・母たけのもと、子供たちが一緒に生活し、普遍的に見られる家族の形態である。國男は母の腰巾着で、まとわり着いて離れようとしなかった。この母から大きな感化を受け、終世敬愛の念を持ち続けた。

②明治一二年(一八七九)~　長兄が家督を相続

明治一二年一月、数え年二〇歳の鼎は松岡家の家督を相続し、近隣の医家から妻を娶り、両親や兄弟を交えて新しい生活を始めた。数え年四歳の少年國男にとっても華やいだ日々であったと思われるが、聡明の誉れが高かった母たけに疲れが目立つようになり、嫁との折り合いが悪く長く続かなかった。二夫婦と未婚の兄弟が居住する、家制度下に見られる重層的な形態。

③明治一三年（一八八〇）〜　異郷の地で

明治一三年三兄泰蔵（井上通泰）、一四年長兄鼎の上京に端を発し、二〇年には國男が、二二年には両親と静雄・輝夫も離郷。医学を修めた鼎・通泰が先ず生活の基盤を確立し、その支援のもと一家は茨城県布川町、千葉県布佐町、東京市下谷区などで生活することとなった。國男にとって別けても三兄の力添えは大きく、兄弟相愛、後年大成する素地が築かれて行ったのもこの時期である。しかし、明治二九年に母と父が亡くなり、束の間の生活に終止符を打ち、名実共に「松岡國男」時代の終わりを告げることとなる。明治の時代を考えると尚早であるが、家制度が瓦解するのを予測させるかのような形態である。

④明治二九年（一八八六）〜　母・父の死

東京帝国大学卒業直前の明治三二年、三兄の歌の師松波遊山を通じて信州飯田の藩士柳田家の養嗣子となる話が持ち上がった。三三年同意、三四年には入家するための儀式を行った。明治二九年に両親を送り、傷心はどの程度癒えていたのか。「友達にも恵まれ、順調だった私の学生生活にとって、いちばん不幸であったのは、私が高等学校から大学に入る夏、父母が相次いで死んでしまったことであった。私の両親はどちらかといえば、巡り合わせが悪く、寂しい生涯を送っていたので、私はそのころ東京に見られるようになった馬車、それを乗りまわしている人たちはみなヒゲを生やしたりっぱな人たちだったので、早く私もそうなって、寂しい両親をのせて喜ばせて上げたいと願っていたにもかかわらず、母が亡くなり、父も間もなく後を追ってしまった。（略）まるで気持ちが変わってしまった」（『故郷七十年』）。当時の屈折した心境と、両親への思いが吐露された言葉である。因に、養嗣子として入籍をした明治三四年当時、直平五三歳、琴四八歳、國男二七歳、孝一六歳。

＊この時期の著書『抒情詩』

⑤明治三四年（一九〇一）～　養嗣子として柳田家へ

東京牛込区市谷加賀町の柳田家への入家（明治三四年）から、北多摩郡砧村（当時　現世田谷区成城）に書屋を建て長子為正を連れて引き移って行く、昭和二年までの加賀町時代とも称すべき期間。養父母と同居後、明治三七年に孝と結婚。とはいえ、農商務省の官吏として視察や講演旅行のため家を空けることが少なくなかった。その後五人の子供をもうけ、公人としては明治四一年兼任宮内書記官、大正二年兼任法制局書記官、同三年に貴族院書記官長となった。八年辞任、九年朝日新聞社客員、一〇年から一二年国際連盟統治委員会委員。砧村の家は生活の利便性よりヨーロッパの生活体験から得た希望を随所に取り入れ、居住性に難があった。この時期柳田家における戸主は直平であったが、國男は嗣子として振舞い、養父母は養嗣子を立てたのだという。とは言え、経済的な支えは大審院判事をつとめた養父直平。この状況は、妻と四人の子供が加賀町に残されている間も続いた。國男と直平の間にあって、孝の心労は大きかったと推測される。次の葉書は、大正一一（一九二二）年国際連盟統治委員会委員として二度目の渡欧をした途次、國男と直平で交わされたものである。

〔大正一一年〕五月三一日

東京牛込加賀町２ノ16

柳田　直平様

五月三十日の夕方おそくコロンボの港に入申候

錫蘭にては此三日月の晩が除夜にてけふは元旦に有之候　昨年此島に上りし日は満月の晩にて盆の祭の燈村々を賑はしをり候ひしかそれより正に半年になり申候　此辺の海毎日夕立あり暑さもさしてきびしからす候

五月三十一日　　　柳田國男

〔大正一一年〕七月一日

Geneve Suisse

Monsieur K, Yanaguita

Delegation du Japon

コロンボよりの葉書　昨日到着　御佳勝之由　安堵仕候　最早無慮　御安着と遙察致候　當方家内一同無事　三穂千枝為正皆出精通学　三千も往復千枝の付添にて幼稚園へ参り候　千津も大元気にてリャンケンポン御祖父様あと出し候杯と申し久れ久れ遊ひ居候間候降慮可被成存候
早々
七月一日　　　　　　　柳田直平

＊この時期の著書『最新産業組合通解』農政学関係の講義録（『農政学』『農業政策学』『農業政策』）『後狩詞記』『遠野物語』『郷土誌論』『海南小記』『雪国の春』『都市と農村』『日本神話伝説集』『明治大正史　世相篇』

⑥昭和七年（一九三二）Ⅰ～　養母・養父の死

養父から経済的に自立して束の間、昭和七年一月に琴、一二月に直平が死去。一家はそれ以前に砧村の書屋に転居していたが、養父の死亡により家督を相続し、この後生活の基盤を砧村に置くこととなる。葬儀の模様を、長子柳田為正が日記に記している。琴の時に孝は加賀町の家に泊まり込んで看病、國男と千枝も前夜加賀町に泊まり、直平と他の親族と共に臨終（七日）に立ち会うことが出来た。親族が集まって読経・通夜・納棺。九日自宅で葬儀。会葬者四〇〇名余。車列を組んで谷中斎場へ。棺は前庭から担がれて柳田家の墓所へ向かい埋葬、白木の墓標が打ち立てられた。國男は、一〇日、一二日も加賀町へ向かっている（一一日は不明）。直平の場合は、電話で「おじいさまご危篤」の報を受けて車で駆け付けたが、既に逝去。最後まで泰然としていたこと、新聞に記事が出たこと、「加賀町の家はまあ人間・人間の氾濫だ。玄関にあふれるオオヴァ、はきもの」に続けて葬儀の模様を書き留めている。

＊昭和七・八年の著書『秋風帖』『女性と民間伝承』『桃太郎の誕生』『退読書歴』

⑥昭和七年（一九三二）Ⅱ～　喜談書屋で

昭和七年当時、國男数え年五八歳、孝四七歳、三穂二三歳、千枝二〇歳、為正一七歳、三千一五歳、千津

一三歳であった。家族を伴った旅行の回数が増えたのもこの頃である。志向した研究もこの時期、郷土研究、民間伝承（論）の時代を経て、次第に民俗学として周知されていった。公私両面にわたって、気力が横溢していたように思われる。しかしながら、昭和九年の松岡鼎の死を機に松岡静雄・松岡映丘・井上通泰と、僅か八年の間に敬愛するすべての兄弟を失っている。その一方で、柳田家に繋がる五人の子供すべてが結婚し庇護から離れて行った。親のつとめを果たした安堵、明日に繋がる慶事と、養父母の死に続く予期せぬ兄弟の凶事という事態に身を置き、境界人「松岡國男」「柳田國男」は深層で家の命運と家族のことどもに思いを巡らしたのではないだろうか。

＊この時期の著書『一目小僧その他』『民間伝承論』『国語の将来』『妹の力』『子ども風土記』『日本の祭』『村と学童』『先祖の話』『毎日の言葉』

⑦昭和二〇年（一九四五）～　民俗学研究所を併置

『炭焼日記』の、昭和二〇年四月二六日と二八日の記述である。「孝腹を損じて早く寝る、夜中苦しむ。熱三十八度八分まで、朝までつゞく。御つきあひに自分もねず、敵機は九州へ行く」「孝昨夕から三十七度以下、少し粥をたべる」。昭和二二年、自宅（喜談書屋）の書斎を民俗学研究所として開放した。成城では戦後進駐して来た米軍の将校の宿舎として接収された家が多く、接収を免れるためであった。それに伴って、家の中に研究員が在勤し以前にも増して来訪者が増えた。また翌年から毎月二回、日曜日に邸内で研究例会を催した。この結果家中が公の場所となって他人の存在が絶えずあり、國男夫妻にとってまた結婚後生活を共にしていた柳田為正・冨美子夫妻にとっても居心地の良いものではなかったと思われる。他面、家の中では若木とも言うべき孫の成長があった。前項に属する時期で初の内孫が誕生した時のことであるが、冨美子によると「父は我慢してお七夜まで待ち、その日待ち兼ねたように「命名〇〇」と書いた半紙とお祝いを持って入院先に会いに来た。人を魅きつける笑顔だった」「父は母をつれて散歩がてら埼玉県の方まで鯉を探しに出かけたり、地方から喜談書屋を訪ねて下さる方に稗をお頼みになり気遣ってくれた」。その後も、「もっと抱いてやった方が良い」「子供に下駄をはかせるように」など伝統的な子育ての知恵を、折りに触れて教示してくれたのだと言う。混乱した世相の中で社会に向けて発言を続けた、新民法下の良き祖父ぶり好好爺ぶりが窺われる。

＊この時期の著書『新国学談』『村のすがた』『婚姻の話』『北小浦民俗誌』『母の手毬歌』『島の人生』『方言と昔他』『社会科教育法』『不幸なる芸術』

⑧昭和三〇年（一九五五）〜　隠居宣言

妻孝に心遣いを示している。昭和三〇年に隠居を宣言。また同年末民俗学研究所の解散を公言、曲折を経て二年後に解散し、余人を交えない束の間の静寂が戻った（女中さんを除く）。求めに応じて、「故郷七十年」の懐旧談を始めたのもこの年である。翌三一年には、本屋の隣『炭焼日記』の舞台となった地に瀟洒な隠居家を建てて妻と引き移った。孝は結婚以来服従を通し、他者に対しては義理を欠くことがないよう過ぎるほどに気遣いを続けた。また長期に及ぶ旅行の際には、衣類や薬、郵便物などを先々に送り届けた。結果瑣事に煩わされず、公人として活動を全うすることが出来た。このように背後から支え続けてくれた妻に対し、老境に入り義理と恩顧の思いが増幅されて行ったのではないか。次の事柄は何事にも一番上とか先とかにこだわりを示した國男が、つとめて妻に報いようとした証と考えられる。①民俗学研究所を解散したこと。解散し、膨大な蔵書を成城大学に寄託（死後「遺言公正証書」の記載に基づいて同大学に寄贈）したことについては様々な事由が取り沙汰されているが、老境の夫妻に研究所の存在は過酷で身軽となる途を選択した。②ハーフ・ティンバー（半木造）様式二階建の本屋は、家人にとって使い勝手が悪いものであった。それに代えて、妻のために用意したのが数寄屋風平屋造の隠居家（隠居所）である。夫妻にとって、初めての静かな生活が始まったことになる。③異を唱えていた全集の企画に応じたこと。直後異例とも思われる早さで、『定本　柳田國男集』が刊行され始めた。その後に続く著作権、著作料の問題もある。

＊この時期の著書　『現代日本文学全集　柳田國男集』『年中行事覚書』『妖怪談義』『炭焼日記』『故郷七十年』『海上の道』

⑨昭和三七年（一九六二）　最晩年

昭和三七年八月八日死去。一週間程病臥し家族の看病を受けたが深刻な愁嘆場はなく、酸素吸入器をいたずらっぽくどけてみたり意識は前日まではっきりしていた。最後の言葉は自身の子供たちに向けた、「子供をしっかりしてやれ」であったという。生前國男は自身の墓所を探し求め、妻孝を伴った散歩の途次、小田急線生田駅近く神奈川県川崎市にある春秋苑に定めていた。多摩丘陵に位置し、自宅の世田谷区成城にほど近い地である。因に、栃木県烏山の善念寺で柳田家先祖の墓を見つけた話とその後墓所を移すこととなった経緯は「故郷七十年」の中で語られているが、柳田家に縁のある寺と墓地は長野県飯田市来迎寺、東京都港区専光寺、同江東区円通寺、同台東区谷中霊園など数箇所ある。養父直平（柳田家第一〇代）・養母琴の墓所は谷中霊園の甲6号11側にあるが、柳田家の嗣子で第一一代当主はその地に拠らなかった。「魂になつてもなほ生涯の地に留まるといふ想像は、自分も日本人であるが故か、私には至極楽しく感じられる。出来るものならば、いつまでも此国に居たい。さうして一つの文化のもう少し美しく開展し、一つの学問のもう少し世の中に寄与するやうになることを、どこかさゝやかな丘の上からでも、見守つて居たいものだと思ふ」（「魂の行くへ」）とは國男の所説であるが、柳田家の嗣子で『先祖の話』の著者の真意は那辺にあったのであろうか。

＊この時期の著書　『定本　柳田國男集』七冊

四　関連書目

長寿の生涯は、平板ではなかった。軌跡を九期に画して辿ったが、家族に対する思いに振幅があり、また折々家族あるいはその中心に思い描いていた人物も異なっていたように思われる。國男が抱いた意識や言動は折々記したが、更に思いを窺うことの出来る書目を数冊掲げて稿を終わることとしたい。

詳細を極めているのは、「故郷七十年」である。生地兵庫県の神戸新聞社が企画し、趣意を容れて成った回顧談である。同郷の嘉治隆一という聴き手を得て、昭和三二年一二月中旬から翌三三年三月下旬まで毎週二回の割合で自宅で語り続けられ、昭和三三年一月九日から同年九月一四日まで二〇〇回にわたって『神戸新聞』に連載された。八二歳という高齢から記憶違いや恣意を指摘されることもあるが、自らの事績をうたいあげた現代の叙事詩にも比せられる。新聞掲載後、改めて丹念な校訂が施され、昭和三四年一一月同名の単行書としてのじぎく文庫から出版された。その後『定本　柳田國男集』の刊行に当たって別巻第三（昭和三九年九月　筑摩書房）に収録され、その際に新聞発表当初の体裁を踏襲し、更に未発表分を「故郷七十年拾遺」として加えている。その後も同名の朝日選書の一冊（一九七四年三月　朝日新聞社）、『日本人の自伝　第一三巻』（一九八一年一一月　平凡社）、元版の写真・年譜・著作目録を増補した同名書（一九八九年四月　神戸新聞総合出版センター）、『作家の自伝　柳田國男』（抄　一九九八年四月　日本図書センター）の諸書が刊行されている。中心は広範囲にわたる回顧・懐旧談であるが、「母の思い出に――序にかえて」を巻初に置くなど両親・兄弟・縁に連なる人々に関する懐旧談や感慨も数多く語られており、家族への意識を知ることが出来る。

父について、二子が著した書目がある。堀三千『父との散歩』（一九八〇年五月　人文書院）、柳田為正『父柳田國男を想う』（一九九六年四月　筑摩書房）がそれで、前掲の書には「父の手紙・良き父・父の約束・父の怒り・父の肖像画・父の死」と父を主題とした項目が多い。後掲の書目は父國男の死後長子為正に所々から求めがあり、在りし日の父について綴ったり書いたりした数多くの稿中から一九篇を抽き出して編まれた書目である。両書によって、家族に映じた父親像を窺うことが出来る。

『柳田國男　私の歩んできた道』（二〇〇〇年一〇月

岩田書院）、『柳田國男の絵葉書――家族にあてた二七〇通』（二〇〇五年六月　晶文社）。共に筆者の編著書である。前掲の書は「自伝、親・兄弟、読書、旅行、家族・親族に映じた人と生活」その他の項目を設け、自身で語った言葉や文章、家族・親族が書き残した文章によって、等身大の柳田國男を理解できるように意図したもの。「親・兄弟」の項で國男が、「家族・親族に映じた人と生活」の項目で國男について兄弟など縁者が記した文章を収めている。後掲の書目は旅行先から家族に書き送り、柳田家に保管されていた絵葉書（官製はがきと簡易書簡数葉を含む）二七〇葉の紹介を試みたもの。期間は明治三七年一一月から、昭和二六年六月の長期間に及び、国内（一二六葉）外（一四四葉）から家族（ほとんどは妻孝、他は養父直平、養母琴、長女三穂、次女千枝、長男為正、三女三千、為正の妻冨美子）に宛てたものである。文面は一日の行動や予定を記したものが多いが、妻への気遣いを綴ったもの、子供への情愛を吐露しているもの、また遠く欧州の地から子供たちの教育について言及しているものもある。総じて養父母に対しては嗣子、妻には夫、子供には親としての顔を見せている。その他先々の自然の美しさを伝え、草花や小鳥の名前を記しもう一つの柳田國男の世界を描き出しているものも少なくない。絵や写真と一体となり一篇の小品と見まごうような文面を通して、家族に寄せた心象や意識を窺い知ることができる好個の資料と思われるのである。

Ⅱ　人と場

方法として見る民俗学者の人生

鶴見太郎

一　「哲学」嫌い

研究書や伝記の中で描かれる柳田國男には、民俗学者、農政官僚、思想家など、いくつかの決まった名称が付されてきた。その中には家永三郎「柳田史学論」（一九五一年）のように、柳田民俗学をひとつの「史学」として批判することを通して「柳田史学」という名称が定着し、新たに史学者としての相貌が加わるという事例もあった。柳田の脱領域的な仕事を思えば、いまさら言及するまでもないことだろうが、しかし、ここに柳田に付される肩書として、おそらく最も似つかわしくないもののひとつに「哲学者」という呼称を挙げても、異論は生じないだろう。

実際、近代日本の思想史から柳田國男の生涯を通観してみると、柳田ほど「哲学」という言葉に対し無関心だった人物はめずらしいということに気付く。ここで「哲学」という場合、明治後半から大正期の大学生の多くが在学中に魅了されたドイツ観念論に代表される、人間一般を法則的に捉え、そこから編み出される歴史、生活の諸相をひとつの様式によって説明づけようとする思想と狭義に考える。そして新体詩人・松岡國男としての活動が示す通り、多感な青年期にあってすら、およそ「哲学」とは無縁な世界にいたのが柳田だった。

柳田が第一高等中学校の生徒、東京帝国大学の学生として籍を置いていた一八九〇年代とは、ちょうどスペンサーの「社会進化論」の全盛期であるが、柳田がこれに傾倒したことを窺わせる資料は見当たらない。やや遅れて農政官僚時代の初期にあたる一九〇一・一九〇二年の日付を持つ青年期の読書ノート「困蟻功程」(『傳承文化』第五号、一九六六年七月号)には、欧文の文献では思想書としてシドニー・ウエッブなど、イギリス社会主義にかかわる書き付けがあるものの、ほとんどは「コックス　土地固有論」、「エッゲルト　日本土地改良論」など、技術的な所に力点を置いた土地制度・農業論によって占められており、そのかわり目に付くのはハイネ、イプセン、ストリンドベルグなどのロマン主義に連なる作家たちである。

この傾向は生涯にわたり、柳田を特徴づけた。その後も柳田は、ことある毎に「哲学」から喚起される煩雑な翻訳言語を駆使した抽象的思考について嫌悪感を示し続けた。その典型ともいうべきものが「青年と学問」所収の「旅行と歴史」(一九二四年)であろう。民俗学の未来的な価値を描き出したこの講演録において強調されるのは、民俗学とは本来、人間生活の意味や将来を知ることを目的とする卑近な領域であるのに、これが他の学問に比して何故、立ち遅れたのかという点である。柳田はその理由として「哲学」がひとつの障害となったことを説く。すなわち柳田は、日常から生まれる細かな事実が余りにも生活者一人一人の心に深く根をおろしてしまった結果、「面倒な論法、ひねつた言ひ現はし方をせぬと、哲學では無いやうな馬鹿な考へ方をする者を生じ、其果は人間の生活を説く學問を空なるもの」[1]としてしまったと、難渋な翻訳による学術用語に縛られた哲学がもたらした災厄を指摘する。

この筆調はその後も継続されており、「民間伝承論」(一九三二年)においても、人類学が哲学や史学に気兼ねして、いかに人間を小さく定義し、その領域に研究を限定してきたかを掲げ、そのことが「此學問が不釣合に遅く始り、且つ捗々しく他の學問のやうに、進歩をしなかつたか」を嘆いている。[2] 民俗学の輪郭を定めようとする際、柳田にとって文献の考証と時代区分を基調とする「国史学」の存在が絶えず批判対象としてあったことはつとに知られるが、その一方には抽象的な言葉によって人間を規定しつづけた哲学に対する違和感があった。しかも近代日本における哲学の場合、翻訳された学術用語を通して対象に到ることを当然としているために、その影響は「国史学」に劣らず見えざる方法上の障壁となって柳田に立ちはだかっていた。「国史と民俗学」（一九二九年）において文献史学への方法的批判は体系的に行われたが、その陰に隠れて柳田は近代日本の哲学に対する方法上の批判を課題として自らの射程に据えていたともいえる。

二 「龍は龍を知る」

陰翳に富んだ柳田國男の叙述を、生態学者の眼によって明快に捉えなおした人物が梅棹忠夫である。柳田の民俗学には一貫した「科学」としての営みがあったことを強調しながら、その発言は一見すると解きがたい柳田の思想像について、絶えず見晴らしの良さを与えている。

例えば、かつて「一将功成万骨枯」と岡正雄によって形容された、もっぱら民俗採集に地方の郷土史家を携わらせ、集積した情報を独占したとする柳田民俗学の構造についても、成長過程を含めてひとつの蝶の生態を綿密に観察する者と、蝶の壮大な生物地理学を構築していく者とが別人であるのは当たり前のことだ、と自然科学者の立場からその捉え方に強い批判を加えている。[3] その梅棹がこれも極めて明快に柳田にははっきりとした方法意識があったことを例証している。

その際梅棹が典拠として使ったのが一九五一年に自身が発表した論文「ヤク島の生態」（『思想』九月号）を読ん

だ柳田が、梅棹を自邸に招いた時の歓待ぶりだった。同論考は屋久島の生態系を人間の社会をも包括する形で捉え、周辺との交通が疎らでひとつの安定した状態をなしていた前近代から、明治維新以降の資本流入に伴って新しい極相が形成される過程を綿密に検証したものだった。生態学における変遷説をひとつの限定された地域に援用し、そこから見事に凝縮したモノグラフを作り出した点で、すぐれて方法意識によって貫かれていた。また、梅棹も地域研究において自身が駆使した方法上の確かさについて、或る自負心を持っていた。そして、まさにその論考にいちはやく新しさを直観して自分を招き、ほとんど一日歓談の機会を持とうとした柳田は、まぎれもなく方法意識を持っていた人物である、と位置づけた。[4] 方法意識を持った同じく人物は方法意識を見分けることができる――すなわち、「龍は龍を知る」という明快この上ない視点がここにある。

対象を生態的に把握することによって得られる方法的視座は、屋久島調査を行う以前から梅棹に根付いていたものだった。その片鱗は一九四四年、中国河北省張家口にあった西北研究所時代（所長・今西錦司、副所長・石田英一郎）に既にあった。同僚だった東洋史学者・藤枝晃は、遊牧民族の社会調査を目的とする調査の準備研究会で梅棹の提出した研究テーマが「直翅類昆虫の分布」であることに興味を抱き、これが牧業とどう関連するのかを問うたところ、遊牧地帯に繁茂する草の種類は、土質・温度・雨量その他の自然条件によって決定されるのであって、そのことは同時にそれを食む昆虫の種類ともなってあらわれる、とする梅棹の答えに、これは大変な独創性の持ち主であることを感じたと述懐している。[5] こうした自らの視点に梅棹は強い確信を持っており、地元当局が配布した農具が現地の環境に適合しないと、生態史の立場から批判してそれが「内政干渉」と問題にされても、臆することはなかった。

この逸話に見られるように、梅棹に限らず、中尾佐助、川喜田二郎など、今西錦司に連なる学者の特色は、いずれも戦時中に自分の主題を持ち、それぞれの調査地で思考しながらその中で自分の仮説を立て、それに沿った自身の方法を探り当てていた点において共通しており、戦後という安定した環境のもとで研究活動を開始した多くの学者とは大きく異なっていた。梅棹が自らの方法に対して抱いた自負心の一端はそこに求められるといえよう。

実は、自分の仕事を通して相手の方法意識を照合するというこの手法をかつて柳田自身もまた、試みたことがあった。その時、柳田が引き合いに出したのが、後に創価教育学会の設立者となる教育学者・地理学者の牧口常三郎だった。

両者の関係は一九一〇年代、新渡戸稲造を中心にして運営された談話会「郷土会」時代にさかのぼるが、「郷土会」メンバーの中でおそらく最も方法意識を持っていたのが牧口だった。青年時代、児童教授法におけるヘルバルトの「観念類化」の影響を受け、子供が直接に物事に触れることによって対象の本質を掴み、学習していくことの大切さを見抜いた牧口は、その学習形態を実現することの出来る環境として、その児童が住む場所、すなわち郷土の価値を見直すことを小学校教師としての立場から提言した。これらの授業改革案は「郷土会」の時代、『教授の統合中心としての郷土科研究』（一九一二年）、『地理教授の方法及内容の研究』（一九一六年）として公刊されるが、そこに底流しているのは、教育の対象となる物事は、教わる側の生まれ育った場所を介することで、より分かりやすく教授できるという牧口なりの確信だった。その後も牧口はプラグマティズムの受容を通して、実践的に現場の問題解決への処方箋を探る方法上の研鑽を積むが、ここに見られる通り、牧口は柳田よりもはるかに同時代の「哲学」を熟知し、それを自分なりに使いこなす力を持っていた。

さて、その牧口に対して柳田は「故郷七十年」の中で、自分と「哲学のシステムが少し違つてゐる」[6]という言葉を当てはめて説明している。ここで描写されている場面は、既に牧口が日蓮宗に入信し、創価教育学会を通した活動に邁進している時であり、その点で柳田の言葉の選び方にも注意すべきであるが、牧口という独創的な方法意識を持った人物と自分とを対峙させる時、柳田は敢えて自身の思想像を「哲学のシステム」と呼んだのである。それは同時に相手と形式こそ違え、自分にもひとつの「哲学」に裏打ちされた方法意識があることの表明でもあった。

柳田が特に「哲学」に対して慎重だった理由は、ひとつにはそこから派生される「方法」という言葉が、限定的に使われることへの危惧ではなかったかと察せられる。すなわち、同時代の学問において使われる「方法」という言葉には、眼の前に据えられた対象なり、周囲の現象を知るための「方法」という、まさに近代日本の学問によって与えられた前提が暗黙のうちに付け加えられている。民俗学のように深く人間の生活と関わる問題を扱う領域ならば、そこでは物事を把握する知識としての方法とは別個に、その対象を知ろうとする主体の態度というものを考慮に置く必要がある。言い換えるならば、態度としての方法、ないし気質としての方法の存在意義を認めることが求められる。しかもこの方法は、その焦点が置かれ方の性質上、その方法に携わった人物の閲歴と深く結び付く可能性を秘めているために、その方法のみを取り出して扱うことが出来ない点に絶えず説明上の困難が伴うのである。

三　橋浦泰雄の隠れた方法

橋浦泰雄は柳田民俗学の組織化についてその技量を発揮した点において、民俗学史上しばしば登場する人物である。しかしながら、こと民俗学そのものについては、柳田民俗学の殻を破るような独創性や方法意識はなかったと評されることが多い。しかしながら、長年にわたって積み重ねられた橋浦の民俗調査を俯瞰すると、そこには先に想定した態度としての方法、気質としての方法が実践され、ひとつの成果を上げた例証を見ることができる。

柳田民俗学が「民間伝承の会」によって地方末端までその組織化を達成した昭和一〇年代、橋浦はもっぱら『民間伝承』編集長として戦時下、統制下の困難な状況で同誌の編集業務に携わった。一見すると、中央にあって「一将功成万骨枯」の研究体制を推進した当事者の観があるが、その一方で大正末より地方の郷土史家たちと交流し、その人脈を「民間伝承の会」に導き入れた。

橋浦の思想像を理解する上で結節点となるのが、アナーキズムである。社会主義運動史の上で橋浦は、一九二八年全日本無産者芸術聯盟（ナップ）結成時の委員長として登場するが、その一方で、青年期に受けたクロポトキン『相互扶助論』における相互に束縛のない共同労働・共同所有の世界を理想としながら、生涯にわたってアナーキズム的な気質を持ち続けた。亡くなるまで自身をマルクス主義者ではなく、「コミュニスト」と呼び、暗にクロポトキンの「無政府共産制」との連続性を強調したこと、一九二〇年代後半、野村愛正、白井喬二ら故郷の鳥取を出身地とする東京在住の無産芸術家を糾合して、鳥取無産県人会を結成して運動の求心力に互いに見知った者同士による「郷土的団結力」を求めたこともその一例といえる。

大正末にはボルシェビズムの影響下に入ったと自認する橋浦が何故、このような思想的位相を占めるに到ったのか。少なくともその理由の一端は、橋浦がアナーキズムを政治思想のレベルで捉えていなかったことに求められる。もともと、アナーキズムという時、一九二〇年代のアナ・ボル論争に象徴されるような政治組織、運動方針をめぐる対立が先行して、思想としてのアナーキズムの方が表に出てしまい勝ちである。一方、その陰に隠れるような形で気質としてのアナーキズムというもうひとつの潮流がある。これは気質であるがゆえに、お互いの信頼関係に裏打ちされた拘束のない生活を念頭に判断の基準が置かれる。その結果、自身の利益を目的に相手の裏をかいたり、競争によって相手を屈服させたりすることへの嫌悪感が、おのずからその人物の気質として表わされていく。これらはいずれも平素の生活における小さな判断、あるいは人間への接し方など、政治的な局面とは無関係な場所で発揮されるものであり、運動とは別のレベルで捉えられるべきものである。

橋浦が維持した気質としてのアナーキズムをよくあらわしているのが、一九二三年九月関東大震災直後に橋浦が示した大杉栄への評価である。震災が起こってほどなく、橋浦は神田の叢文閣に旧年の友人である編集者・足助素一を見舞った際、たまたま同様に足助の安否を心配して同社を訪ねてきた大杉と会う。既に両者はアナとボルとして少なくとも労運動方針については袂を分かっていたが、有島武郎の心友であり、気骨の編集者でもあった足助を互いに見舞った両者の行動様式には、同時代の政治的な潮流とは別の〝アナ気質〟を看取するべきである。その場で両者は互いの誠実さを認め合い、これから交流を深めることを予感しつつ連絡先を交換して別れたが、その可能性は数日後、大杉の虐殺によって終止符を打たれることとなる[7]。

大杉への対応からはっきり分かることは、橋浦がイデオロギーによって人を判定せず、その人物の誠実さに重きを置いて評価を行ったことである。そして民俗学者としての橋浦は、まさにこの基準を気質の中に秘めながら、民俗採集のために訪れる先で地元の郷土史家たちと交歓し、その輪を広げていった。

橋浦と郷土史家との交流を特徴づける上で、ひとつの画期となるのが一九二六年から二八年にかけて前後二回にわたって行われた五島列島の下五島・久賀島における調査である。地元から橋浦を迎えたのが福江在住の郷土史家でもあった五島合同新聞の久保清だった。この時の調査結果は二人の共著で『五島民俗図誌』（一九三四年）として刊行されるが、日本画家でもあった橋浦は、福江滞在中も宿舎の一室をアトリエとしながら、五島以外にもそれまでの調査行から得た風景を素材とする作品を描き、それらを久保が五島における自らの人脈によって頒布し、得られた代金を調査費用に充てるという賛助体制がとられた[8]。

橋浦の五島調査が行われたのは、前衛芸術家同盟（前芸）と日本プロレタリア芸術聯盟（プロ芸）が一九二八年春の「三・一五事件」による大検挙によって解体の危機に瀕し、それまでの対立関係を解消して合同し、全日本無産者芸術聯盟（ナップ）が誕生するという戦前期のプロレタリア文化運動史上とりわけ変動に満ちた時期に符合している。橋浦自身は一九二六年一一月以降、プロ芸の中央委員長の任にあったが、ちょうど二度目の五島での調査を終え、帰京に向けて身支度を始めている頃、「三・一五事件」の報が飛び込んでくる。厳戒の中を東京へ急行し、検挙を免れた同志と連絡をとったところ、ナップ結成にあたって委員長に就任することを要請され、暫定的という条件を付けて引き受けることとなる。

ここで注目されるのは、久保が橋浦に対し以前と変わらぬ形で、交流を続けている点である。橋浦の五島滞在中に接触のあった人物は、当局から取り調べを受けることもあったが、久保はそれを意に介さず、むしろ書簡を通じて事件後の安否を気遣い、さらに可能ならばまた五島へ来ることを慫慂した。両者の信頼関係は明らかに同時代の運動から離れて、互いの誠実さを認めあうという場で成立していた。二人の文通が戦後も続いているのはその証左である。

地元の郷土史家とイデオロギーを超えた交流をはかるという橋浦の姿勢は、長野県東筑摩郡における人脈形成においてより大規模な形で発揮される。同地は一九一七年、柳田國男が『東筑摩郡誌別篇』編纂に関わって以降、頻繁に行き来したことから、柳田民俗学の組織化が最も早い段階で進んでいた地域のひとつであった。そのため、郷土史家の中にも柳田の理解者が多く、一九二九年、郡誌編纂の一環としてこの地の道祖神研究のため、橋浦が初めてこの地を訪れた際にも、短期間で胡桃沢勘内、矢ケ崎栄次郎、佐野豊太郎をはじめ、多くの知己を得るに到った。東筑摩郡で特徴的なのは、地元の側が橋浦を民俗画家として遇し、一九三〇年代半ばまで松本を中心に頻繁に絵画頒布会を開催して、郷土研究の活性化をはかった点である。

一連の事業の中心になったのは、柳田から嘱望された民俗学者であり、『アララギ』同人でもあった銀行家の胡桃沢勘内だった。五島調査の時に劣らず、郡誌編纂の時期は二九年の「四・一六事件」による一大検挙、一九三三年の「長野県教員赤化事件」など、断続的に運動への弾圧が起こったが、胡桃沢をはじめとする東筑摩郡の郷土史家は、折にふれて橋浦の身を案じる書簡を送り、当地における民俗学は時代的な思潮によって左右されないだけの蓄積があることを説いた。ここから判明するのは、東筑摩郡の郷土史家がいずれも橋浦の運動歴を承知の上で、そこから橋浦の人柄を分離して強い評価を与えていたことである。それはまた、翻って橋浦の側もまた運動から生じる累を及ぼさないよう注意を払いつつ、同様の態度で彼らに接していたことを窺わせる。かつて柳田は地元の篤学の士による調査を評して、「郷土人の郷土におけるこの観察考究」こそ、「民間伝承の学問を科学化する方法だともいえる」[9]としたが、その価値を重んじるならば、自ずからそれは他所からその土地にやってきた調査者が資料の保管者たる郷土史家たちへ示す敬意、態度となってあらわれる。郷土史家と橋浦との密接な交流は、橋浦がこの原則を橋浦が運動に従事している最中にあっても、手放さなかったことから生まれたといえよう。その文脈で捉える時、戦時下の「民間伝承の会」が直截な民俗採集を基調とするそれまでの方針を変えることなく運営されたことの中に、橋浦が郷土調査で見せた態度としての方法の成果を読み取ることができるのではないか。

　こうした橋浦の態度・気質としての方法は、共産党が強い影響力を誇った戦後にあっても変わることなく継続される。橋浦は一九五二年の「血のメーデー事件」以降、一時当局からの追求を避けて、和歌山県勝浦、新宮近辺に身を隠していたことがあったが、その後も同地方には再三調査のために足を運んでいた。さらに一九六四年には同県東牟婁郡太地町の町史編纂のため、町長の庄司五郎の招きにより、以後二年間同町に腰を据えて編纂事業に従事する。折から大地町は町村合併をめぐって県当局との対決を深めており、合併反対派の庄司は橋浦の活動歴を承知の上で、住民運動の求心力を郷土誌編纂事業に求め、敢えて〝外の世界〟から練達の郷土研究者として橋浦を招聘したのだった。

　郷土研究をめぐって橋浦が見せた方法とは、四〇年以上にわたる郷土調査の行程を見ることによってようやくその輪郭が分かるものであり、対象への精緻な分析手段としてその切れ味が試されるといった質のものではない。

しかもそれを駆使する本人にとってそれはあくまで自らの気質であり、その気質に沿ってとられる態度である点において常に自らの日常とも関わっている。そしてそれこそが、かつて近代日本の「哲学」を難じた柳田が自らの領分から示すべき方法としてふさわしいものではないのか。

四　福本和夫の方法意識

態度としての方法と、知識としての方法が一個人の内でどう関係付けられ、また互いに均衡を保っていたのかを知る上で、ひとつの指標となるのが思想家・福本和夫である。一九二〇年代初め留学時代にルカーチ、コルシュらのヨーロッパ先端のマルクス主義文献を短期間のうちに咀嚼し、その要点を正確に理解したことが示す通り、こと新しい知識を系統づけて理解することにかけて福本和夫が方法的な能力に恵まれた人物であったことは、帰国後の旺盛な執筆活動と、それによって同時代の運動・論壇を席巻した「福本イズム」の影響力が示す通りである。

その福本が足かけ一五年にも及ぶ獄中生活の中で、〝近世日本における人間性の再発見〟を実証すべく、「日本ルネッサンス史論」の基礎資料を収集し始めたことは、彼の方法意識を考える際、重要な手掛かりとなる。知識に関わる方法という意味において明らかに福本は、「日本ルネサンス史論」の着想を得た段階で、抽象的思考の極致ともいうべき「福本イズム」の時代のものとは異なる、徹底した文献による事実に依拠する考証的な手法を採用して自らの仮説に迫ろうとしている。ここでひとつ注意を要するのは、その着想に到った福本には、「二七年テーゼ」による近代日本把握への批判という強い動機が伏在していたことである。

周知の通り、一九二〇年代中葉の福本による理論的な枠組みの後景には、明治維新が未完成ながらブルジョワ革命だったとの位置付けがあった。近世日本文化に一連の「文芸復興期」があったことを検証しようとする営みも、明治維新に先立って微弱ながらそこにブルジョワ社会の萌芽を認めようとする準備作業としての性格を持っていた。つまり、それまでの自分が駆使してきたものとはおよそ異なる「方法」に依拠するにあたっても、自身がかつて展開した初発の歴史認識・問題意識から福本は一歩も後退していないのである。そのことは自ずから、対象を学ぶ際の態度という点において福本に揺るぎのない強さを与えている。

獄中にいる段階から福本は出獄が叶った場合、「日本ルネサンス史論」執筆の上で指導を受ける人物として尾佐竹猛と柳田國男を想定していたが、一九四二年春、出獄して程なく柳田を訪問し、さらに一九四二年初夏から初秋にかけて故郷の鳥取県下北条に帰郷する。郷里では民俗語彙の聞き取り調査をはじめ、近隣に所蔵されている近世絵画の吟味、倉吉の千刃稲扱の調査など、いずれも物証にこだわった資料収集を続ける。その間、収集した語彙を記した手帖を随時柳田に送り、柳田はそれらを丁寧に添削して後日、福本に送り返している。ここに見られる両者の関係は、あくまで資料を媒介としてその意味を問い、あるいは教示する徹頭徹尾、考証史家の交流である。

これに付随して、当時の柳田に即して見れば、人物関係から照射されるもうひとつ別の方法が見えてくる。かつて東京帝大新人会の活動家を中心に、日本民衆の再認識を目的として柳田民俗学の影響下に入った「転向マルクス主義者」は数多いが、浅野晃、水野成夫など、かなりの割合が戦時下の翼賛運動に超出していった。それらの現象を傍らに置くと、自身の近代日本像把握を実地検証するため柳田に向かった福本には「失うものが何もない」ことに気付く。[10] すなわち、福本はその動機付けとなる自身の思想を変容させることなく、オーソドックスな考証史学という新しい方法を受け入れているのである。さらに福本がこの姿勢を維持する時、それは政治的立場を問わず、変節漢を嫌った柳田から見ると、そこに或る思想上の誠実な態度を直観したと見ることもできる。

論敵となった宇野弘蔵をはじめとするマルクス主義史家を前にすると、戦前戦後を問わず、福本は理論闘争の姿勢を崩すことはなかった。しかしその一方で柳田をはじめとする尾佐竹や竹越三叉など、敗戦前後にあって労を厭わず考証の上で自分を援助した日本史学者に対しては、終始その寛容な態度に感謝している。倉吉の千刃稲扱製作で試みられた近世日本におけるマニュファクチュアの可能性という仮説は後に一部、捕鯨技術史の中にも組み入れられるが、一九四四年、福本はその基礎資料閲覧のため、渋沢敬三の日本常民文化研究所を訪れている。戦後刊行される福本の『日本捕鯨史話』（一九六〇年）に渋沢は跋文を書き、一人の史学徒として考証に没頭する福本の姿を印象深く描写しているが、[11]そこにあるのは、往年の論壇の雄ではなく、戦時下にあって物証に立脚した学風を守っている資料保管者の許を訪れた一学究としての福本である。ここにおいてひとつの像を結ぶのは、柳田民俗学とはもはや対象を知るという意味での方法としてのみならず、戦時下にあって孤立無援の状態で思考し、自らの仮説を確かめようとする戦時中の福本の営みと結びつくことで、態度としての方法へと連なっていったという点である。

伝記的に福本和夫を捉える場合、一九二〇年代の華麗な理論家としての像が先に立ち、それをもって福本の全体像を説明しようとする向きが依然として強い。しかし福本の本来の価値とは、むしろ、「福本イズム」以後に福本自身がとった態度によって定まるのではないか。戦時下の過酷な環境にあって当初の思考を歪めることなく、柳田民俗学をひとつの道筋としながら、考証史学を受け入れることによって、そこに態度としての方法を導き入れた工程がそれを補強している。

五　小括——方法の継承

態度としての方法を考える時、それがいかなる形で継承されていくかという問もまた、当然浮上してくる。戦時期日本ファシズムの精神的源流に対し緻密な分析を試みた営みと並行して丸山真男もまた、敗戦直後の時期にあって、態度としての方法を強く意識した一人だった。

戦後、雪崩を打って戦後民主主義、マルクス主義に傾倒する多くの知識人に対する不信感を秘めながら、丸山が評価の光を当てた人物が国民主義に立脚した明治期のジャーナリスト陸羯南(「陸羯南——人と思想」『中央公論』一九四七年二月号)だったことはよく知られている。理想を追いかける進歩主義、あるいは過激思想に希望を見出すよりも、明治維新以後の改革を内在的な自由主義の発生と位置付ける羯南のような保守主義に分類される思想にも重大な創造性があり、そのことは敗戦による価値転換によっても消えることはない、とする丸山なりの見通しがそこにはあった。

こうした丸山の仕事の淵源は、戦時中の「正統」を掲げる日本思想史家が扱う「神皇正統記」の位置づけに対して抱いた不満にその一端を窺うことができる。一九四二年に書いた「神皇正統記に現はれたる政治観」(『日本学研究』六月号)で丸山が指摘するのは、北畠親房がどれだけ政治的正統性があるといえども、その政権が私欲を捨てた政治運営を行わなければ支持を得られない、とした部分の再評価だった[12]。この記述は、その後の歴史記述において南朝方の忠臣としての親房像が定着するにつれ忘却されていくが、このことを踏まえると、戦後の論壇に羯南を据えた丸山の意図は、その背後に過去にあった保守的思考の重要性を戦後の日本人は忘れていくだろう、との予感があったといえる。その丸山にとって自身の門下の中で、誰が態度としての方法が身に付く素地を持ち得るか、その判定基準となるのは、戦後にあって軽々に自分の戦時中の体験を捨て去ることのない点だったといえよう。

丸山門下の中で丸山が助言として特に柳田國男を薦めたのは、橋川文三と神島二郎だった[13]。両者は戦時中の第一高等学校でほぼ同じ時期を過ごしたが、橋川は当時から保田与重郎に惹かれ、直接の会話を通じて保田の日本に対する眼差しを受け継ぎ、戦後その経験を「日本浪漫派批判」へと昇華させた。また神島はやはり高校時代、周囲から孤立して古事記に傾倒し[14]、兵卒としての過酷な体験を経て戦後、政治思想史を志した神島は、柳田の民俗学研究所に出入りしながら、明治期の青年団の研究に入る。両者に共通しているのは、いずれも敗戦による価値転換によって自身が行った戦中の思索を一擲することなく、それを自らの態度として保ち続けていた点であろう。日本主義の思想も、大正から明治へと遡っていけば、昭和期のファシズムとは違った廉潔な要素を持ち得る、その例証として羯南を引いた丸山の目線を確認すれば、丸山が橋川・神島に柳田國男を読むことを薦める、その薦め方の中に態度としての方法を読み取ることができるのである。

ここでもう一度、冒頭で述べた「龍は龍を知る」を手許に引き寄せながら、民俗学が持ち得る方法について考えてみる。知識として物事を把握し、その様式・法則を知るという意味での「方法」は、梅棹が自身の論考に対して柳田が見せた対応の中に明確な方法意識の跡を読み取ったように、仕事に触れることで互いの方法意識を認識し合う要素をもともと持っている。これを態度・気質としての方法に当てはめるとするならば、それは橋浦をめぐる久保清、胡桃沢勘内らの交流に見られるように、資料保管者たる「郷土人」への敬意と、それに対する地元の郷土史家からの歓待と信頼が行き交う時、双方の方法意識は互いに認識されるといえる。さらにこの方法意識は柳田と福本の往還に見られるように、ひとつの問題に対して主体となる人間がいかに誠実に取り組んだか、という行程と深く関わる点で、一人一人の人間の持つ矜持が問われる。

梅棹忠夫、福本和夫、丸山真男に共通していることは、彼等がいずれも戦時中に行った自分の仕事に対して戦後、強い自信を持っていた点である。あるいは戦時下の柳田民俗学を経験的な思考が可能な組織として保った橋浦もまた、ひとつの環境を守り切ったという意味で稀有の成果を挙げたといえる。それを可能としたのは、彼らが知識としての方法だけではなく、気質・態度としての方法を身に付け、それを自身の信条に従い駆使したところにある。知識としての方法がしばしば、新しく洗練された方法の登場によって淘汰されていくことが多いのに対し、思想史の中で民俗学を捉える時、そこにはいまだ参照されるべき幾つもの方法としての人生を見ることができるのである。

注

1 柳田國男「旅行と歴史」『柳田國男全集』第四巻、筑摩書房、一九九八年、四八頁。
2 柳田国男「民間伝承論」『柳田國男全集』第八巻、筑摩書房、一九九八年、二四頁。
3 伊藤幹治・米山俊直編『柳田國男の世界』日本放送出版協会、一九七六年、三三二―三三三頁。
4 同前、三一〇―三一一頁。
5 藤枝晃「西北研究所の思い出――藤枝晃博士談話記録」『奈良史学』一九八六年一二月、七二―七三頁。
6 柳田国男「故郷七十年」『柳田國男全集』第二一巻、筑摩書房、一九九七年、三四五頁。
7 橋浦泰雄「1921.7.19~23.11.16　以上日記的メモ　1969.1.1~」のうち九月二二日の項（鳥取県立図書館所蔵）。
8 橋浦泰雄「五島遊記　一九二八年」手書ノート、鳥取県立図書館所蔵。
9 柳田國男「民間伝承論」『柳田國男全集』第二八巻、筑摩書房、一九九〇年、三二八頁。
10 一九九二年三月七日、石堂清倫氏から筆者聞き取り。
11 福本和夫『日本捕鯨史話――鯨組マニュファクチュアの史的考察を中心に』法政大学出版局、一九九三年、二八八頁。
12 丸山真男『戦中と戦後の間　一九三六―一九五七』、みすず書房、一九七六年、八六―八八頁。
13 例えば丸山は同じ学生の中でも、観念の肥大を生む傾向を常に孕んでいた藤田省三には、敢えて柳田を薦めることをした形跡はない。
14 『歴史と精神　橋川文三対談集』、勁草書房、一九七八年、一二二―一二三頁。

町・職人・統計——小島勝治論序説

小池淳一

はじめに

昭和一〇年二月、大阪の街が十日戎で賑わうなか、自らのひと月分の給料を越える買い物を抱えて内心を昂揚させながら家路を急ぐ二二歳の青年がいた。抱えている荷物は謄写版の道具であった。[1]この青年が本稿で取り上げる小島勝治である。

小島勝治の名は日本の民俗学のなかで、大きく取り上げられたことはほとんどなかったといってよい。そこには戦前に近畿地方の民俗研究者として精力的な活動をしながら、徴兵され、戦没してしまったために、その名が忘れられがちであるという事情があろう。同じように沢田四郎作を結節点として活動し、徐々にその幅を広げていって、のちに近畿民俗学会を担っていく民俗学者たち、例えば、宮本常一などと比べるとその活動は埋もれがちである。しかし、小島の遺した業績は彼の早すぎる晩年に専心した統計学の分野では高く評価され、遺稿のうち統計学、なかでも統計文化史研究の領域に関するものはほとんどが単行本として世に送られている。主要なものとして『日本統計文化史序説』（未来社、一九七二年）、『統計文化論集（全四巻）』（未来社、一九八一～八五年）がある。[2]これらは統計の名を冠しているが、その中には民俗研究の立場から評価、検討すべきものも多く含まれており、本稿では主としてそうした業績を取り上げて小島の研究を論じていきたい。
民俗学の立場からの小島の業績を論じたものとしてはまず、柳田國男が『山宮考』（一九四七年）に収載した「窓の燈」のなかの「還らざる同志」の記述を挙げることができる。以下に引用しておこう。

小島君の特色は町家に人となつて、職人の生活に深い親しみをもち、自分の仕事はこの方面にしか無いやうに、深く思ひ込んで居たことである。さうして成るほど此人で無いと、斯うは言ひ表はせまいと思ふやうな文章を、分量は多くないが我々の間に公表して居る。京都には却つて見られなくて、大阪市中には昔からあつた、気概ある民間学者の少数の例の一つである。[3]…（中略）…いつかは相談して残つた草稿の中から、小さな本なりとも編輯して、その足跡を留めてやりたいと思つて居る。

ここで柳田は小島と同様に戦前、草創期の近畿民俗学会を支え、同じく戦没した太田陸郎とともに小島のことを回顧しているのであるが、泉下の小島はこの言をどのように受け止めるであろうか。柳田の願いはのちに東大阪市史の編さんの過程で限定的ながらも、かなり丁寧なかたちで具体化することになる。一九七二年に刊行された東大阪市史資料第五集『小島勝治遺稿集』（東大阪市役所）がそれである。これは島田善博の入念な編集によって小島勝治の民俗学の、とりわけ東大阪市域に関するものが集成されており、生前の小島を知る沢田四郎作の回顧も併せて収められている。[4]このほかに都市民俗学の先駆者としての評価が伊藤廣之によって示されている。一九八五年に発表された伊藤の「小島勝治の都市民俗論」[5]は『歴史手帖』誌の「大阪の都市民俗」特集のなかの一編として発表されたものであるが、小島の民俗学的な業績を、都市の民俗研究の観点から位置づけた重要な論考である。伊藤は小島の研究の全体像を把握しつつ、民俗学における都市大阪研究に資する視角を抽出、整理し、評価していて、その姿勢と結論とは大いに学ぶべき点がある。また近年では、佐藤健二が大阪民俗談話会の学史的重要性を問題提起するなかで、小島に着目すべき必要性を説いている[6]。

本稿はこの小島勝治の遺した業績を民俗学史の中に位置づけ、併せてその可能性を未来に向けて登録することを目的とする。副題に示したように序説であるのは、以下に示すように学問形成史研究において不可欠と思われる一次資料の確認、発掘あるいは聞き取りといった作業を経ていないために覚書程度の記述にとどまる部分が少なくないためである。ただし、それらは筆者の準備不足であって、本稿の対象である小島勝治の業績の欠陥ではないことはいうまでもないことだが、確認しておきたい。

ここではまず、小島の生涯を大まかに振り返り、その業績を民俗研究の立場から検討しようとする際に留意すべき点について確認する。次に、小島の調査論について取り上げ、その特色を確認していく。さらに小島の優れた学的営為を特徴づけていると思われる都市の貧困層への接近の姿勢および方法についても考えてみたい。全体として、統計学史と比して著しく遅れている小島の民俗学史上の評価の序曲として、覚書に近いことをも併せて記し、諸賢の御教示を得たいと思う。

一　小島勝治の生涯とその業績

まず、小島勝治の生涯を振り返っていきたい。小島はその極めて短い生涯のなかで、民俗学、統計学の日本における形成期に印象深い仕事を残した。彼が書き残した論考や随筆、調査記録の類は、昭和一五年七月末までの時点のものが小島自身によって「著作編輯目録」のかたちで整理されており、その中の主要なものとその後の戦地から送られてきた葉書などは『統計文化論集』に収録、公刊されている。ここでは、『日本統計文化史序説』[7]および小島自身の「著作編輯目録」著作年譜を活字化した佛教大学社会福祉研究室「資料・小島勝治文献目録」[8]を拠り所にしてみていきたい。本節において「 」を付して引用するのは、特に注記しない限り小島の「著作編輯目録」からの引用であり、そこでの表現である。

小島勝治は、大正三（一九一四）年一〇月一九日に大阪に生まれた。父亀蔵、母よねの次男であった。昭和六（一九一三）年に浪速中学に入学し、同校を卒業すると神宮皇学館で学んだ。ここでは神道学会や神道部会で活躍し、古代史の領域で講演や執筆活動を行っている。「折口信夫、中山太郎の書物、津田左右吉の書物を読み、民俗学に興を」持ったのは昭和九年の五月であった。この年の七月から「宮つとめ」に入り、翌年の祈年祭まで務めた。本稿の冒頭に記した謄写版の道具を買ったのはこの時期である。小島はこれを駆使して雑誌『土と史』を発刊し、第四号まで刊行する。第四号に至って単なる同人雑誌から民俗雑誌と改め、『昔』と改題して昭和一一年三月までに三号を出す。

この時期の詳細については分からない点が多いのだが、小島にとって画期となった出来事があった。一つは近畿の民俗研究のリーダーである沢田四郎作との出会いであり、もう一つは昭和一〇年四月から布施町役場に入り「俗吏」の生活が始まったことである。前者の沢田との出会いは、それまで古代史を出発点として民俗研究に関心を抱いていた小島を具体的な民俗研究活動のなかへいざなうこととなり、民間伝承の会への入会（昭和一〇年九月）、同人誌『土と史』の性格の変化、『昔』への改題（昭和一〇年一〇月）、大阪民俗談話会への参加（同年同月）、近畿民俗学会設立（昭和一一年一月）というように半年足らずの間に近畿の民俗研究が組織化され、興隆していくなかで小島自身が中核的な役割を果たすようになっていくきっかけとなった。沢田は、のちに小島のことを回顧して、いまその会本（大阪民俗談話会の記録のこと―引用者注）をくってみますと、小島君が出席し始めたのは昭和十一年四月十二日大阪染料会館での第十八回例会です。童顔で笑うと可愛いエクボが見え、声はしとやかに、どこか女性を思はす面影が今も印象づよく残っています。それからはよく出席されて、いろ〳〵のすぐれた報告をしてくれました。[9]

と、記している。形成途上であった民俗学と瑞々しい向学の志との出会いがここにあった。

後者の布施町役場への就職は、「戸籍係で酷使された、ぢっとこらへて五月兵事係に、七月議事係に邪魔もの、ように転々とし、十一月に統計係におちついた」というように生活の糧を得るためのものであったが、ここでも重要な契機があった。統計という作業との出会いである。この統計を単なる日常の業務から自己の研究へと小島自身のなかで昇華させていくことが彼の学問をユニークで後世に残るものとしたことは疑いない。

布施役場職員となった小島は翌一一年四月に、日本大学専門学校商科に入学し、学生としての生活もはじめている。昭和一〇年に書いた著作、編纂物は七八に及び、一一年のそれは八六に達している。内容や形式、さらにはその評価など具体的にはつまびらかにし得ないものが少なくないが、小島の生涯のなかで最も多作で、充実した時期であった。

民俗学徒としての小島を考える上で注意されてきたのは、こうした多作によく表れている小島の旺盛な探求心の方向が古代に対するものとともに現前の大阪の町や職人へと進んでいった点である。そして、その成果として、結成されたばかりの近畿民俗学会が主催した昭和一一年九月の日本民俗学講習会（大阪懐徳堂）第二回において小島がおこなった講演「職人習俗の採集について」がある。この講習会の第一回講演は柳田國男が招待されておこない、小島とともに第二回の講演をおこなったのは大間知篤三であった。こうした位置づけからみて小島が近畿の民俗学界において将来を嘱望された人材であったことは疑いないだろう。

ところが、この講演について小島は次のように記している。すなわち「このわたしの話について伊藤櫟堂先生と正面衝突をした。ために一切の民俗学会を退会する心はこのときにうごいてゐた。」さらに実際に一二月には「一切の民俗学会を退く。論文も「宮座覚書」(『近畿民俗』一三号、この月に発表。—引用者注)が最後のものであった」。有望な民俗学徒であったはずの小島は、その晴れ舞台ともいえる民俗学講習会における講演を契機ににわかに民俗学への熱意を失ったように回顧しているのである。

この講演の内容については『近畿民俗』第一巻六号(昭和一一年一二月)に執筆者は不明だが、「職人の習俗採集について」として次のように紹介されている。

職人とよばれるもの丶範囲を先ずきめ、渡りを主とした職人の気分が農村人とちがつて、晴れがましいものであり。《(ママ)》山村の異常人物のそれに似たものである。山村に於ける、力くらべ、村と村とが競争する様な行事、或は祭礼の日の特殊な行事に伴ふ心理に見られるものである。而して之等の行事が異常なる人々のまかせられて行つた跡は分る。かくて之等の人々の渡りが起り、利害関係を共にするもの丶結合が起つて来た。之等職人の気分はかくて個人的な独自なものに見えて来た。

以上について多くの採集例をあげて、話を進められた。

この記事からは、「正面衝突」さらに「民俗学会を退会する」といった深刻なニュアンスは感じ取ることができない。またその衝突の相手として名を挙げている伊藤櫟堂については、小島よりかなり年上の、近畿圏における民俗研究者であり、当時『旅と伝説』や『上方』など小島も寄稿している雑誌に民謡や奥美濃の民俗などに関する寄稿をしている人物としかわからない[10]。ただし、この小島の転身については彼自身の言とともに、実際の行動や著作の内容からも検討をする必要があるだろう。確かにこれ以降、民俗学関連の雑誌への寄稿は少なくなるし、代わって統計学関連の活動や著述が急速にその数を増していく。仕事の上でも昭和一二年四月に布施町は布施市（現在の東大阪市）となり、小島は書記補となる。「この頃から統計事務の実質上のしごとはもっぱらわたしがおこなつたのである、ために布施の統計は全国有数の地位をつくること」となった。

同年九月には、小島の生前唯一単行本『布施町誌 続編』が出版されている。これは昭和一二年の布施市誕生にあわせて、昭和一二年三月八日から資料の収集及び調査に着手し、五月一〇日に全篇を稿了した。布施町統計主任、市野康治郎、小島勝治が編輯の事務に当たった[11]もので、実際には小島の執筆部分がかなりを占めると推察される。小島自身も「私の処女作」と言っている[12]。

昭和一四年の三月には日本大学専門学校商科を卒業したが、その年の一〇月には再び転機が訪れる。二日に布施市役所を退職し、財団法人弘済会に入って調査係となったのである。弘済会での小島の仕事は、『社会事業論叢』の編集であった。この半年前には日本統計学会に入会してもいる。市役所において統計係として統計の実務に従事する傍ら、統計学および日本における統計思想の形成に関する研究を進めていた小島は、ここで、そうした統計を社会事業に反映することをも自らの今後の仕事として意識するようになっていった。

しかし、小島にとって残された時間はそれほど多くはなかった。ほぼ二年後の昭和一六年一〇月一六日に教育召集を受け、中部第二二部隊に入隊、一七年一月七日には召集解除となるが、四月三日には応召し、中支派遣檜第六〇九五部隊溝口隊に入隊し、中国大陸へと渡った。そして軍務にあること二年四ヶ月ほどで、中支方面で戦病死したのである。

この時期の小島の動静や内面、日常生活などを知る資料として公刊されているのは、『統計文化論集 Ⅳ』の「序にかえて」において丸山博が小島の日記から抽出した記事を公表しているほか[13]、小島が松野竹雄に戦地から送った葉書を紹介した安藤次郎「統計学界への〝最大遺物〟――悲運の統計学徒一兵卒小島勝治の遺信について」[14]などを挙げることができる。日記からは戦時下、しかも召集の可能性が極めて高い状況にある者とは思えない学問への情熱、文献への探求の努力をうかがうことができ、さらに出征したのちの戦地からの葉書でも統計研究への情熱を燃やし続けていたことをうかがうことができる。この葉書を整理・紹介した安藤次郎は、「この青年は統計研究のために中国大陸へ留学しているのか、と錯覚を生じさせんばかりに、統計のことのみが書かれている。」[15]といい、小島の学問のさらなる展開が兵役中にも果たされていたことを指摘している。

小島は短い生涯において、最終的には統計学にたどり着いたが、古代史、民俗学を熱心に学び、そして晩年には統計学とともに、社会事業研究にも手を染めていた。統計学からくり返し、その早すぎる死が悼まれるのは当然といえるだけの優れた業績を残し、さらにそれらを発展させる可能性を見せていたのである。その生涯を考えるには小島が経由した学問領域の全てを包括的に検討すべきであろう。しかし、それは現段階では、必ずしも現実的ではない。これまでの小島勝治研究が、統計学という観点から開始され、資料の発掘、保存、評価が図られてきたのに続いて、民俗学史の観点からも同様の作業が試みられることが先決であろう。以下ではその序論として、小島の調査論とその実践の様相を取り上げてみたい。

二　調査論とその基底――統計と民俗との関わり

前節においては小島の生涯とその学問的な軌跡を振り返ってみた。そこから二つの課題をひき出すことができるように思われる。一つは、小島が打ち込んだ統計学と民俗学とをともに対象化し、照射できる結節点として、彼が構想、主張していた調査への姿勢を検討することである。小島が民俗学と統計学を学びながら構想し、いくらかは実践していた調査方法論を取り上げ、その特色を考えてみたい。

もう一つはそうした調査の対象となった都市貧困層へのアプローチの問題である。これは小島の調査論の具体的な実践ではあるが、調査論として意識化されずに、実地での試み、調査結果の報告のなかに表出することになった暗黙の姿勢、態度などにも留意していきたい。ただし、前節の末尾でふれたように小島の特に昭和一四年、弘済会に転じて以降は、その内面を知りうる資料は戦後も残されているにもかかわらず、全ては活字化されていないために十全な用意のもとに検討することができない。そうした資料的な整備とそれによる研究の深化は今後の課題となることをあらかじめ確認しておきたい。

まず、最初に確認しておきたいのは、小島が短期間のうちに心血を注いで完成させ、また彼の学問形成において大きな契機となった『布施町誌 続編』(昭和一二年九月一日発行)の内容と編纂の姿勢である。その目次は次のようなものである。

産業／物産／経済生活
第七章　文化誌
信仰／名蹟／人物

索引
統計表索引

『布施町誌』は旧布施村と旧高井田村とが昭和八年に合併し、さらに近隣の五つの町村を加えて昭和一二年四月一日に布施市となるにあたって編まれた自治体誌である。「例言」には、おそらく小島の筆によるのであろう「本誌の記述に就いては、統計学と民間伝承学との成績を利用することに留意したが、調査、記述共に短時日に小人数を以つて之に当つた為に充分の成果を見なかつたのは遺憾である。統計表を多く挿入したのも、之が最も実証的な社会観察の方法と信じたによる。」という記述があり、掲載されている統計の数は索引によると、一六四にものぼる。この『布施町誌 続編』の準備、執筆の過程は小島の学問的な成熟の大きなきっかけとなったであろう。地域を限定した郷土誌という枠組みではあったものの、現実社会と自己の知識や視点との折り合いをつけることを通して新たな課題も感得されたものと思われる。

そうした過程を通じて小島が残した調査論として、ここでは昭和一三年に、ある程度の体系化を意識しつつ執筆されたと推測される「郷土調査論」をまず、取り上げてみたい[16]。この論考は『布施町誌 続編』に寄せられた批判に対する反論のかたちをとって小島が考えていた調査および研究の視座を明らかにしようとしたもので、執筆された昭和一二年から一三年の初めの頃の認識をよく示しているものといえるだろう。

ここで小島は「郷土誌は民俗学の資料として作られるのではなく、あくまでも地上にたむろする人間の生活を叙述するにあり、むしろ民俗学はそれらの方法として生き、民俗資料はそれが叙述のうえの資料とならねばならない。」[17]と提言する。そして郷土誌で成功しているのは僻土諸村のもので、未だ都市の習俗採集の方法は明示されていないという。そうした状況にあって小島は大量観察法、すなわちアンケート、さらには統計調査を活用することを提言するのである。統計については既に一九三六年の時点で、その利点として、民俗資料採集の手づるをみることができる、とし、累年の統計を比較して「祖々の生活のきわめて長い経験のきわめて短い期間の移動を知り、推して上代におよぼす。」ことが可能だといい、統計はいわば、「現在かぎりの材料のなかになにかの疑問をもとめようとする方法」であると述べている。[18]統計の数値的なデータを読み、その向こうに問題発見の可能性を重視しているといえよう。

そして『布施町誌 続編』こそは「…一つのこころみとして大量観察とアンケートの結果から一つの都市の実情を世に顕わさんとしたものであって」「ここではただ社会現象の把握を大量観察法に立脚して論じそれを生活の学問として活かせる途を瞥見した」ものであるとする。[19]方法論的順序としては「…統計方法のあとに標本的事例研究として民俗学的方法の役割を定在せしめ、統計的方法によって把握せられた集団性の合法則性をより正確明瞭ならしむる意義があり、…（中略）…社会調査の一方法として定立せしむべき考えである。」[20]といい、統計によって把握された事例を民俗学的な方法によって、さらにその位置づけを検討していくのだとしている。ここにあるのは民俗学との決別ではなく、民俗学的な方法やそれから得られる資料の性質を相対化しようとする姿勢である。このことは桜田忠衛が「小島は民俗学会からはいっさいの縁を切ることになるが、彼が民俗学研究のなかで芽生えさせた「都市」と「職人」への関心と民俗学を基礎とした研究方法とは、その後の統計学、社会事業論研究においても継続していくことになる。」[21]としてしていることや、伊藤廣之が「…小島が評価されるべきは、この統計的研究法と従来の民俗学的研究法との関係を明らかにし、両者を相互補完的に用いることの有用性を説いた点にある。[22]」と指摘していることともつながっている。当時の民俗学研究の組織や集団からは距離を置いているかのようだが、その方法や成果、思考様式の点では、民俗学を強く意識しているのであり、民俗学の向かうべき方向や、乗り越えていくべき課題群などについても論及することで、統計と民俗を融合、止揚していく研究を構想していたといえるだろう。

こうした小島の思考は、当時の民俗学そのものにみられるある種の方法論的な未熟さ、資料そのものの性質や位置づけと総体としての学の性格や理念とが未分離であることにも向かっている。「郷土調査論」のなかでも、民俗学と郷土学との差異を明確にすべきであるとし、郷土学は集団性の記述であるが、民俗学は集団性の法則規定であるとし、その際の代表性を保証するものとして「これらは第一義的に個別単位の悉皆計量の結果求められるべきで」あり、「ついでそれが…(中略)…郷土を熟知せる郷土人の感覚をもって把握することを第二義としている。[23]」とする。ここからも小島の昭和一一年末の転機は、民俗学から統計学へといった単純な転向ではなく、民俗学から統計学へと視野を広げ、統計の発想や視点を民俗学の成果や課題と結びつけて、新たに郷土を研究する学を構想することへとつながっていたといえよう。

三　貧困研究、そして社会事業史へ

ここまで検討してきたのは小島自身が意識して書き遺した調査論であり、方法的意識であった。しかし、統計実務者であり、フィールドワーカーでもあった小島を考えるにあたっては、そうした独立した方法論のみならず、彼自身の具体的な調査実践からもその方法をうかがう必要があるだろう。小島自身の表現を借りるならば「学問は定義ではない、しょせんは行動である」[24]というわけである。次に都市貧困層、具体的には港湾労働者「あんこう」へのアプローチを検討しながら、その姿勢とそこから導き出される認識についてみていきたい。ここで取り上げるのは、「日傭労働者調査手記」(一九四〇年七月、『社会事業論叢』一巻四号、五号に掲載)、「社会事業理論への示唆——日傭労働者の生活気分について」(一九四〇年九月、『朝鮮社会事業』(巻号未詳)に掲載)、「あんこうとなかま」(同年同月、『大阪民俗談話会会報』九号に掲載)、「日傭労働者調査のその後」(一九四一年六月、『朝鮮社会事業』一九巻六号に掲載)である。[25]

小島の「あんこう」研究は「親分子分の社会を民俗学的な方向から話をきいてみようと」[26]して着手されたもので、その淵源には折口信夫の「ごろつきの話」(一九二八年、『古代研究 民俗学篇第二』に収録)から受けた刺激があり、直接には民俗学の研究仲間であった宮本常一や社会事業研究の先達であった協調会の井上正雄といった人々の助力があったらしい。もちろん、こうした志向を具体的に実践するにあたって、農山漁村ではなく、大阪港を選んだところに小島の面目躍如たるところがあろう。それとともに小島の父、亀蔵の少年時代の記憶——日本橋北詰にあった船仲間の働いていた様子といつのまにか仲間部屋はなくなっていた——や母、よねから聞いた母の生家の筋向かいに便利がられていた飛脚屋があったが、明治二〇年頃には影が薄くなっていた、といった話が研究の動機になっていることにも注意しておいていいかもしれない。[27]小島は、こうした両親の記憶を出発点として、日傭労働者へのアプローチを開始したのである。そこにはムラを対象とする場合とは異なる、大阪の町の雰囲気を共有できる自身の強みのような感覚が背景にあったか、と推測できる。

そして、「あんこう」たちの組織や賃金の分配、日常の生活態度といった問題をとらえているのだが、小島の調査は、単に親方や責任者からの聞き取りに終始するのではなく、あんこう部屋に泊まり、[28]文字通り寝起きをともにするというスタイルであった。また日親組という港湾労働者の雇用会社の事務所で開かれていた「あんこう」

たちの茶話会にも参加している。[29] その時の彼の興味の対象と心情は、

　このあとで二、三の若い衆のかたに過去の思いで話をいくつかきかせてもらった。旅から旅にわたり歩いた人、タチあんこう（特定の所属部屋をもたない日傭労働者のこと――引用者注）になったときの気持、北海道の炭坑での生活など興はつきず、夜の十一時ころに会はおわったのである。わたくしはほっとしたような、そのくせこのようにうれしいあつまりはいままで一度だってもったことのない妙な昂奮のなかに、その夜は例の日親組の小頭部屋にとめてもらったのだ。

と記されている。

　こうした姿勢は、ひたすらに人間に寄り添い、観察し、話を聞こうとする当時の民俗学徒の姿勢そのままであり、こうした行動面において小島は民俗学によって培われた調査方法を手放してはいないことを確認できるのである。さらに小島は、こうした調査にあたっては、速記も駆使したらしい。[30] 一方で小島は「貧窮現象定量化の理論」（『社会事業』二四巻一〇号、一九四〇年）や「貧民職業調査論」（『浪華の鏡』六巻三号、一九四一年）など、統計学の立場からの貧民把握の模索も続けていた。そこでは社会的な貧窮現象は、素質と環境と外部からの行為のおのおののうごきにともなってうごいていくもの、ととらえて、あくまでも統計的な視点から貧困をとらえる可能性を手放してはいない。[31] 小島の社会事業研究、とりわけ貧困研究は、民俗学に帰因する直接観察や聞き取りと統計学から発想された社会把握と計量化の両面を併せ持つものであった。その実効性や有効性はまた別の水準で議論されるべきであろうが、短い生涯のなかで小島がたどり着こうとしていた学問的な境地はこうした新興、形成の途上にある若い学問を融合させ、発展させようとするものであった。

当時の民俗学の動向との関わりとして、さらに注意しておくべき論考を小島は書き残している。それは『社会事業』二五巻四号と八号（一九四一年）に掲載された「貧困と救済の民俗――調査項目解説」という文章である。[32]ここで小島は、社会事業に「みずから専攻とする民間伝承学の資料と方法とをとり入れ、将来にこの問題を解決にみちびきたいと考えるにいたった。[33]」と述べ、具体的には柳田國男の指導のもとに実施された山村調査の成果である『山村生活の研究』（一九三七年）を主要な資料とし、さらに当時報告されていた各地の民俗事象の記録や自身の調査データなどを縦横に引用して、副題にあるように調査項目を設定し、その意図するところの解説を試みている。

フィールドワークを調査項目の羅列によって示そうとする一見、素朴な方法提示のやりかたは、当時の民俗学において広く行われていたものであった。ここで小島が活用しようとした『山村生活の研究』のもととなったいわゆる山村調査、正式名称「日本僻陬諸村における郷党生活の資料蒐集調査」は一九三四年から三年かけて行われたが、その際に柳田國男は文庫本サイズの『郷土生活研究採集手帖』を作成し、そこに百項目の質問文を掲載し、調査の基準および指針とした。この手法は次の「離島及び沿海諸村に於ける郷党生活の調査」いわゆる海村調査でも採用された。[34]さらに民俗学への入門をタイトルに掲げた柳田國男・関敬吾共編の『日本民俗学入門』（一九四二年）も住居から医療に至る二八の項目毎の質問の羅列がその主要部をなしていた。

ただし、こうした民俗学の調査の視点を具体的な質問項目を通じて提示する方法に対して小島の「貧困と救済の民俗」における調査項目解説は、大きな差異がある。それは柳田らは、ただ質問を羅列し、全体として、あるいは大項目ごとにその意図や調査にあたっての心構えを述べるにとどまっていたのに対して、小島は、ひとつひとつの質問項目に解説を付し、その意図を述べたばかりではなく、『山村生活の研究』やその他の民俗報告の事例を「調査例」として紹介している点である。このことによって「貧困と救済の民俗」は、当時の民俗学の成果と知見とを貧困とそこからの救済という具体的かつ焦点を絞った活用の方向へと再編したものということができるのである。これが教育召集、やがては出征へと小島の学問が圧迫されていく年、そして彼の統計学における主要な業績である『日本統計文化史序説』の原稿の大部分が書かれた同じ年に執筆されたことをどのように受け止めればよいのであろうか。小島が当時の民俗研究の最先端に位置しながら、一面では貧困とそこからの脱却をめざすための知恵を庶民生活の過去に求める民俗研究の社会還元を構想していたと評価することが可能ではないだろうか。

そして、この小島の晩年の学的営為は、社会事業とその史的な研究という新しい課題に対して、統計学からの理論構築と実践とともに、民俗学的な知識の応用を併せることを果敢に試みていたと位置づけることができるだろう。小島の社会事業史の研究とは、彼の短い学問的な生涯の総合として構想され、具体化されつつあったと考えておきたい。そうした点について「貧困と救済の民俗」の掉尾で、今後の課題についての見通しが記されている。そこでは、この「貧困と救済の民俗」は農村を基準にしてたてたもので、別に「漁村の貧困と救済」の調査項目を立案する必要があると述べる。小島はさらに、

次には都市の調査である。都市は近代的社会事業の第一に育つべき地盤であって、ためにいままでの社会事業史がおおかたの問題を解決したかのごとくかんがえられもした。しかし以上の農村の事情と関連する部分は出稼ぎ貧農をなかにたてて、密接なかかわりをもっており、あたらしい社会事業成立の過程の追究は、社会事業本質の分析へとつながってゆくものである。[35]

と記し、彼の関心の最終的な目標が都市であることを述べている。こうした小島の学問がはらんでいた可能性とそ

れを支えた条件については、その発想や表現、発表の形態とともにさらに丁寧に検討を加えていく必要があろう。

おわりに

本稿では、小島勝治の短かったが、絶えず前進、展開を期した学的生涯をふりかえり、その調査論と実践の特色、晩年の社会事業史研究を構成する視点について指摘、検討してきた。資料的には既に公刊されたものに依拠している点で物足りない面があるが、今後の民俗学史研究に資する論点をいくつか提示できたと考える。

小島にとっての大阪の町とは自らが生まれ育った場であり、絶えず発展し続けた彼の研究の目標でもあった。そこへのアプローチの具体的な対象としては、土地に定着せずに移動する傾向のある広義の職人を見出し、その把握を民俗学的な手法だけではなく、統計学の方法や概念を援用しながら試みようとしていたといえよう。本稿のタイトルに掲げた町と職人とは彼の目指した学問の対象であり、その目的でもあった。統計、さらには民俗研究もその解明のための手段であったということができよう。民俗学と統計学という当時にあってはまだ若い学問を縦横に学び、その先に構想されていた小島の研究を同時代のさまざまな条件を意識しながら検討し直すことは、民俗研究の展開の可能性を問うことにもつながっているだろう。

最後に、小島勝治の営為の検討を通して浮かび上がってきた具体的な今後の課題について述べておきたい。その第一は近畿圏の民俗研究の形成過程のより詳細な事実の発掘と検討、分析である。それにはさまざまな視点が想定できるが、たとえば小島の研究を支えた交友関係、研究会組織、調査活動といった場や場面の再確認や掘り起こしが必要であろう。一人一人の研究者の事績の再読や再考とともに相互の連関や文字化以前の発想や志向の共有を見通し、位置づけることが求められる。

第二にそうした作業の一環として、小島の場合は、民俗学の猛烈な読者としてとらえていく必要もあろう。[36]小島は初期の民俗学の担い手であったと同時に柳田國男や折口信夫の熱心な読者でもあったことを研究の主体形成の問題として考えてみたいのである。それは民俗学史における柳田、折口の圧倒的な影響力の確認にとどまらず、当時における民俗学的な発想への共鳴や関心の質と基盤を探ることにつながっていくと思われる。

第三に小島が注目し、取りあげた個々の研究テーマの意義とその発展も忘れないで追究しておきたい。伊藤廣之が小島の研究の全体を意識しながら、都市民俗学の先駆者として位置づけたように、[37]葬儀における奴振りの存在[38]や福子への注目、[39]髪結の職祖伝書の問題[40]など、小島によって登録されたり、調査の先鞭がつけられたりしたものは少なくない。そうした着眼の由来や理由とともに、こうした町の民俗の実態をとらえる視点とその歴史とを手放さないことが求められる。

総じて小島勝治の遺した研究の数々は、現在の民俗学の枠組みを越え、それを大きく揺り動かす可能性に満ちている。その可能性を可能性だけで終わらせない創造的な解読が、この越境の人、小島勝治の学問を引き継ぐことなのである。

注

1 佛教大学社会福祉研究室「資料・小島勝治文献目録」『佛教大学社会学部論叢』三号、一九六九年、一六頁。

2 これらは小島の友人であった大矢真一、松野竹雄、丸山博らが、小島の遺稿を整理し、関連する文献にも目配りしながら刊行したもので、日本の統計学のなかでも重要な達成として高く評価されている。大矢、松野、丸山をはじめとする小島の遺稿出版に長年にわたって意を傾けた方々の労苦には深い敬意を表したい。そして、その結実として我々が容易に見ることができるようになった小島の研究を評価し、検討していくことが、今後は求められている。統計学の領域からはこうした労苦に対して、上田千秋「小島勝治研究ノート①――主として彼の「貧窮統計の対象について」から」『華頂短期大学研究紀要』九号、（一九六四年）、桜田忠衛「小島勝治の統計論」（『統計学』三二号、一九七七年）をはじめとする小島の日本統計学に対する貢献を論じる研究が提出されている。ところが民俗学の立場からの研究は、後述する伊藤廣之のもの以外、管見では見あたらない。筆者は、このこと自体が日本民俗学の大きな弱点となっていると考えている。

3　柳田國男「窓の灯」『山宮考』一九四七年、『柳田國男全集（第一六巻）』一九九九年、筑摩書房、二二八―二二九頁。

4　なお、これに先行するものとして沢田の私家版による追悼文集が刊行されているというが、筆者は未見である。是非披見の機会を得たいと思う。

5　『歴史手帖』一三巻六号、一九八五年、名著出版、三四―四〇頁に掲載。

6　佐藤健二「「大阪民俗談話会」を考える」『柳田國男研究論集』五号、二〇〇八年、柳田國男の会、二一―二六頁、二五―二六頁。

7　未来社、一九七二年、五六一―五六二頁に収載。

8　『佛教大学社会学部論叢』三号、一九六九年、一一―三〇頁に掲載。

9　沢田四郎作「小島勝治君の思い出」（東大阪市史編纂委員会編『小島勝治遺稿集』東大阪市役所、一九七二年、一〇一―一〇三頁）、一〇一頁。

10　伊藤櫟堂について筆者はほとんど知ることができないでいる。本稿の読者からの御教示を期待している。

11　以上、『布施町誌続編』「例言」による。

12　小島勝治「郷土調査論」一九三七―三八、『統計文化論集Ⅲ』未来社、一九八四年、九九頁。

13　丸山博「序にかえて――編者まえがき」小島勝治『統計文化論集Ⅳ』未来社、一九八五年。

14　『社会統計学論集（Ⅱ）』金沢大学法文学部経済学科統計学研究室、一九七四年、一―二八頁に掲載。

15　前掲注14、二一―二二頁。

16　この論考は小島勝治『統計文化論集Ⅲ』、五一―一〇〇頁に収められている。以下、参照は同書による。初出は小島のホームグラウンドともいうべき『浪華の鏡』の第二巻一〇号（一九三七年一〇月）、同一二号（同年一二月）、同第三巻二号（一九三八年二月）、同三号（同年三月）であった。

17 前掲注12「郷土調査論」、五四頁。
18 「統計と世相の学」一九三六年（『統計文化論集Ⅲ』、未来社、一〇一―一二〇頁、所収。）、一〇六―一〇九頁。
19 前掲注12、「郷土調査論」、五八―五九頁。
20 前掲注12、「郷土調査論」、八八頁。
21 桜田忠衛「小島勝治の統計論」（『統計学』三二号、一九七七年、五二―六八頁。）、五四頁。
22 伊藤廣之「小島勝治の民俗都市論」前掲注5、三七頁。
23 前掲注12、「郷土調査論」、九一頁。
24 小島勝治「日傭労働者調査手記」（一九四〇年、『統計文化論集Ⅱ』未来社、一九八三年、二六五―二八二頁）、二六五頁。
25 これらは全て『統計文化論集Ⅱ』（未来社、一九八三年）に収録されており、容易に参照できる。
26 前掲注25、「日傭労働者調査手記」『統計文化論集Ⅱ』、二六七頁。
27 前掲注25、「あんこうとなかま」『統計文化論集Ⅱ』、二五八頁。
28 前掲注25、「日傭労働者調査手記」『統計文化論集Ⅱ』、二六八頁。
29 前掲注25、「日傭労働者調査手記」『統計文化論集Ⅱ』、二七四―二八二頁。
30 前掲注25、「日傭労働者調査手記」『統計文化論集Ⅱ』、二六七頁。
31 小島勝治「貧窮現象定量化の議論」（一九四〇年、『統計文化論集Ⅱ』、一〇五―一三一頁）、一〇八―一〇九頁。
32 小島勝治「貧困と救済の民俗――調査項目解説」（一九四一年、『統計文化論集Ⅱ』、三〇四―三五四頁）。
33 前掲注32、「貧困と救済の民俗」『統計文化論集Ⅱ』、三〇五―三〇六頁。
34 山村調査およびその民俗学史上の意義については比嘉春潮ほか編『山村海村民俗の研究』（名著出版、一九八四年）の福田アジオによる解説および矢野敬一「「山村調査」の学史的再検討」（『日本民俗学』一九一号、一九九二年、日本民俗学会、一五五―一七七頁）等を参照。
35 前掲注32、「貧困と救済の民俗」『統計文化論集Ⅱ』、三五四頁。
36 その様相は、柳田に関しては当時の圧倒的な影響力に加えて「職人の町と農業――統計上より見たる布施町の農業」（一九三六年、『統計文化論集Ⅲ』一二一―一四五頁）、一二一頁で「道楽と学問との差はたんにそれによって衣食すると否との別ではなく…」と『民間伝承論』の序章の文章を意識した書きぶりを指摘しておきたい。また折口については戦地にあってもその著作を無条件に購入しておくように依頼していた（前掲注14、八頁）ことや小島の筆名のひとつである釈迢風が釈迢空を意識したものであったことなどが想起される。小島の民俗学関連の蔵書は散逸したらしい（桜田忠衛「京都大学経済学部所蔵の小島勝治旧蔵書――幻の「小島勝治文庫」」『経済論叢別冊 調査と研究』二二、二〇〇一年、七〇頁）が、彼の著作の内部徴証から読みとれることは少なくない筈である。

37 前掲注5。

38 小島勝治「商都大阪の葬式――特に僧の行列について」（『上方』九六＝続冠婚葬祭号、一九三八年、のちに東大阪市史編纂委員会編『小島勝治遺稿集』、東大阪市役所、一九七二年、四六―五二頁）、近年の研究としては、福持昌之「祭りと葬式を行き交う身体――奴振りを担う人々と葬祭業」（『国立歴史民俗博物館研究報告』一四二集、国立歴史民俗博物館、二〇〇八年、二一一―二三一頁）を挙げることができる。

39 小島勝治「福子」、一九三九年、釈迢風の筆名で発表（『統計文化論集 Ⅲ』、三〇九―三一二頁、「昔の異常児」、同前三二一―三二七頁）。福子に関する最新の研究としては山田厳子「民俗と世間」（本書所収）を参照。

40 小島勝治「髪結職由緒の伝説」（『旅と伝説』第一〇年二月、一九三七年、二二一―二二六頁）、最近の研究としては榎美香「「近世的」職人由緒書の形成と展開――髪結職由緒書を例として」（笹原亮二編『口頭伝承と文字文化――文字の民俗学 声の歴史学』思文閣出版、二〇〇九年、二七五―三〇〇頁）を参照。

「野」の学のかたち——昭和初期・小倉郷土会の実践から

重信幸彦

一　「野」の学という問い

民俗学は「「野」の学」である、としばしば言われ、また民俗学を学ぶ者自身もそう語ってきた。「野」とは何よりも在野の「野」を意味している。そしてこの「野」には、近代化を下支えしたアカデミズムという制度を前提にした近代の学知が、我々の日常をいかに規定してきたか、それを日常の側から問い質していくという態度とその可能性が、含意されている。

しかし現在、民俗学が大学で学ぶ「科目」の一つになり、アカデミズムの制度のなかで「専門家」が養成されている現実もある。もちろん、それが民俗学という学の進歩であると単純にいえるかは別である。むしろ、そうした情況のなかで、この学に「専門家」などあり得るのか、という根源的な問いが封じられているとしたら、危ういことですらある。

今、民俗学に関わる者を、自らの人生経験のなかで「生活実践」としてこの学に参加する「アマチュアのフォークロリスト」、大学などのアカデミズムの制度のなかで民俗学徒として飯を食う「アカデミック・フォークロリスト」、博物館や文化行政などにたずさわる「パブリック・フォークロリスト」、そして「民俗」を資源化するディヴェロッパー的な役割を果たす者を「アプライド・フォークロリスト」などと、四つに分類し、多様な実践を期待される民俗学の現在を問い直そうという試みもある［菅他、二〇〇五年一二―一三頁］。

確かにこれは、民俗学を学ぶものの場所がきれいに分類されている。しかし、その活動から生まれる成果に従った、多かれ少なかれ制度のなかで「民俗学で飯を食う」者の場所を前提に分類された案に見える。そのため「アマチュア」という範疇が突出してしまう。さらに、その「アマチュア」をカテゴリーの冒頭に置いたことが、ややあざとい。

どうせアメリカの民俗学を参考にするなら、「アマチュア」ではなく、彼の地でしばしば使われる「インディペンデント・フォークロリスト」という言葉のほうが、「「野」の学」という問いにはるかに合致する。「インディペンデント」は、専門家という存在に対する「素人」を意味するわけでも、ましてその活動の目的や成果を意味するわけでもなく、むしろ学に関わろうとする方法としての「態度」を含意し得るからだ。そしてその「態度」というところに、何を実践するかという以上に、「どのように」学に関与するかという「かたち」を問うことの重要性が浮かびあがる。

そもそも「「野」の学」としての民俗学という時、その歴史的リーダーであった柳田國男自身が、同好の士を募った同人的な「つながり」を生涯にわたり積み重ねていくなかで、その知の実践を展開し続けたことが思いうかぶ。その延長上で、昭和初期に大学という制度と距離をとりながら、民俗学の輪郭を作り上げていったのである。官僚としての柳田が、龍土会やイプセン会など文学領域の人々とのつながりや、郷土会など政治学領域の人々とのつながりを経て、官から「野」に下って後は、自ら談話会を主催し「民間伝承」を研究する「つながり」を全国に組織化していった。そして各地の実践が、それに応え民俗学という知へ誘われた……。確かにそれは「「野」

の学」民俗学の物語にふさわしい。

しかしここでは、こうした柳田國男を主人公とする学史の語りとは一線を画したい。柳田を主人公にすると、その求心力に地方が呼応していったという物語になりがちであり、さらにそれは、各地の郷土研究の実践が、柳田國男により筋道を与えられて民俗学へと啓発されるという発展と成長の物語か、また反対に各地の実践が、柳田國男が構築した集権的構造に収奪されたという告発の物語の、いずれかに落ち着く傾向がある。「野」の学」は難儀である。この柳田を主人公にして語り出される啓発の物語にしろ、収奪の物語にしろ、どちらも地方の実践を周縁化してしまうことに他ならない。

そこで今回は、柳田國男の周辺とも少なからず関わりを持っていた、昭和初期の北九州で結成された小倉郷土会を取り上げ、それがどのような背景のもとで、どのようなつながり方と場、すなわち「かたち」を具体化し得たのか、またしようとしたのかを検討し、そこから、柳田という中心に収斂するだけではなかった「野」の学」の「かたち」をとらえ、「野」の学としての民俗学」を具体的に問い直す学史研究の糸口の一つをつかみたい。

二　柳田國男、小倉へ

福岡県北九州市JR小倉駅から五分ほど歩いた繁華街、夜になると明け方まで酔客が絶えることのない堺町の一角に、まわりの喧騒から隔絶したエアポケットのような駐車場がある。「曽田」駐車場と名づけられたその場所に、昭和初期に小倉郷土会を主催した、耳鼻咽喉科の開業医・曽田共助の自宅があった。一九九〇年代の中ごろまで、その敷地には、人知れず三万冊を越える本を宿しながら、空き家状態の古い日本家屋が建っていた。

曽田共助は一八八五（明治一八）年に新潟県柏崎に生まれ、仙台の第二高等学校を経て九州帝国大学医学部にすすみ、耳鼻咽喉科教室の久保猪之吉に師事した。久保は歌人、俳人としても知られ、文芸同人誌『エニグマ』を主催していた。曽田は久保のもとで、医学を学ぶとともに『エニグマ』の編集にも関わる。そして一九一六（大正五）年に小倉市立病院の耳鼻咽喉科の医師として小倉に赴任し、一九二〇年に小倉市堺町に曽田耳鼻咽喉科を開業する。曽田は、俳人として公孫樹という雅号を持ち、小倉における短詩型文学などの文化活動の結節点の一つになる［馬渡、一九八九年］。

小倉郷土会は、昭和初期にこの曽田共助が中心となって結成された。正確に同会が何時から活動を始めたか詳細は明らかではない。同会は同人誌『豊前』を一九三五年九月に創刊しており、戦前期の福岡県における民俗学の展開を紹介した野間吉夫は、この『豊前』創刊の一九三五年九月をもって小倉郷土会が生まれた時としている［野間、一九五八年］。

しかし創刊号に掲載された「郷土会会報」によると、一九三五年六月二四日夜に、会員の一人が蒐集した切手を見る会を実施し二〇余名が集ったとされ、さらに同年七月二一日には、小倉市堺町の勝山高等女学校を会場に郷土資料展覧会を開催している。少なくとも、一九三五年六月前後には、同郷土会の活動が開始されていたと考えられる。

そしてちょうどこの頃、柳田國男の周辺では、同好の者を中心に結成された研究会・木曜会が柳田の還暦を記念して企画した日本民俗学講習会が、一九三五年七月三一日から八月五日にかけて日本青年館で開催され、それを契機に、「民間伝承の会」が発足し、柳田を中心とした民俗学の全国的な組織化が始まったところであった。

小倉郷土会と、この柳田國男周辺との最初の交錯の痕跡は、民間伝承の会が一九三五年九月に創刊した雑誌『民間伝承』の第一巻四号（一二月号）、「紹介と批評」欄に見える。

「『豊前』創刊号・第二号（一部五十銭）九月創刊。まだお国自慢の色彩が強く、資料の解釈に対しても兎角郷土的見解に捉われ過ぎた点が多く、概して文献による資料が重んぜられて居るが、創刊号には「現人神社と疱瘡俗信」須田元一郎氏「きのふのばん私考」青木直記氏、等の習作的論文があり、第二号には「豊前民謡」岩野氏「松ケ江吉志の亥の子行事」川崎氏「西谷行」等の資料が報告されている。小倉を知るにはむろん結構な存在ではあるが、同時にも少し資料に対する視野を広く豊富にし、且つ標準を早く高めて頂きたい。（橋浦）」

柳田のもとで『民間伝承』の編集にあたっていた橋浦泰雄が書いたやや辛口なこの紹介文は、「郷土を研究しようとしたのでなく、郷土であるものを研究していたのである」［柳田、一九三三年→一九九八年、一四五頁］という、柳田の「郷土」という問いに対する姿勢を忠実に反映したものであった。

『民間伝承』誌上で小倉郷土会が紹介されて約一ヶ月後、その紹介文を執筆した橋浦泰雄が小倉郷土会を訪れた。ちょうど当時柳田は、文部省学術振興会から援助を得て、木曜会のメンバーを使って全国山村調査を実施していた。橋浦は、その調査で長崎県、佐賀県とまわった帰路であった。一九三六年二月一日夜七時から、曽田邸で小倉郷土会の同人らと会合を持った。その時、橋浦は、民俗学という新たな学の意義を語っていった［「座談会・橋浦氏を迎えて」『豊前』四号、一九三六年四月］。従来の史学は文書資料に「膠着」するため、「文字とならざる生活、文字と交渉のなかった階級のこと」を省みないので、「民俗学は此の歴史の欠陥を補うために起った学問」とも言える。そして民俗学は、「同種類の事実を弘く多く集め比較綜合の研究によってその変遷に対する一定の法則」を発見し、「現在を知り更に将来を予見」することを目的とする。橋浦は、ことに「比較」の重要性を説き「郷土研究の目標は特異な事件ではなくて村人の日常生活でなくてはならない、そして深く且つ広く他と比較することが必要であります」とうったえた（以上、［同前］）。それは橋浦が『豊前』に対し「文献」重視、「お国自慢の色彩」を批判したことと呼応していた。

この時橋浦との座談会に出席したと記録されている草刈雄治、大原寛治、青木直記、須田元一郎、砂本一、岸本俊二、岩倉亀喜、岩野耕三、川崎栄一、曽田共助そして久留米から参加した峯元ら一一名が、「民間伝承の会」に入会する。『民間伝承』一巻六号（一九三六年二月）の「新入会員紹介欄」には、福岡県からの入会者としてこの一一名の名前が記され、「各地消息一束」には「小倉郷土会でも二月一日橋浦を迎えて座談会開催、民間伝承の会との連携を緊密にする事を決定し、同会中心の方々は一同直ちに入会された」とある。

橋浦は、地方の研究団体である小倉郷土会を、民間伝承の会へとオルグし、成功したということになろうか。一九三六年二月に発行された『豊前』三号の「同人偶語」に川崎栄一と思われる「E・K」というイニシャルで記された一文は「郷土研究の記録を読んで行くと豊前固有と思っていた伝説歌謡民俗などが存外各地に流布しているのに気がつく、そして独占の矜持を傷つけられた憂鬱に陥るのであるが実は各地に共通であればこそ貴重の資料として利用され得るのである」とし、柳田國男の『郷土生活の研究法』（一九三五年）に言及している。それは、橋浦の教えが小倉郷土会に一つの刺激を与えたことを示していた。

そして一九三六年四月一七日には、柳田國男本人が、長男為正との九州旅行の途上で小倉に立ち寄り、小倉の堺町小学校で「伝説とその研究法」と題し講演し、その後、小倉郷土会のメンバーと会食し小倉に一泊している。四月一五日印刷と記された『豊前』四号（昭和一一年四月）の「編集後記」は、「曩に橋浦氏を迎えたのが縁となって、今回柳田先生が親しくお立寄下さることになったのは大きな喜びである。今年は恰も小倉図書館の創立五十周年に当るので、先生を講師として記念講演会が開かれる。僅か一日一夜でも、吾々は少からず啓発されるものと信じている」と記していた。

この柳田の講演内容は『豊前』五号（一九三六年七月）に柳田國男の署名論説「豊前と伝説」というタイトルで掲載される。そこで柳田は伝説という問いを通して、「比較」の重要性とともに、「起源」ばかりを詮索するのではなく「それが我々の大いなる群島の内に、次々と新陳代謝し蔓延し錯綜して、終に今日の世相を構成するに到った、経緯」をこそ問わねばならないと論じた。近代化の過程で交通が進歩し、ひとの移動が頻繁になると、同種の伝説を抱えている土地同士が、しばしば互いを排撃し合う。この問題は、「郷土を」志向する郷土研究では対処できず、「郷土で」研究する郷土研究の出番であった。伝説は、「民間伝承研究」へと誘うために、柳田が周到に選んだ話題に違いなかった。

柳田が講演した一週間後、今度は木曜会同人の杉浦健一が小倉郷土会を訪れ、全国山村調査で使用している『採集手帖』を紹介した（「杉浦健一氏と歩く」『豊前』五号、一九三六年七月）。『採集手帖』もまた全国五〇の山村を、同一項目で調査し「比較」する仕掛けであった。そして一九三六年は、木曜会同人の山口貞夫が、小倉郷土会にも関わっていた小倉の画家・安広戌六（じゅつろく）をともない、山村調査の対象の一つであった福岡県京都郡伊良原村を訪れた。そして、安広のスケッチとともに山口の報告「山仕事　京都郡伊良原村」が『豊前』六号（一九三六年一〇月）に掲載された。それは民間伝承の会と小倉郷土会のささやかなコラボレーションであった。

一九三六年は、柳田國男と民間伝承の会の中核メンバーである木曜会の同人たちが、盛んに小倉郷土会に関わりを持った年であった。そして、同年一一月に亡くなった熊本県の能田太郎の後任として、曽田共助が民間伝承の会の世話人の一人として名前を連ねることになる［『民間伝承』二巻五号、一九三七年一月］。

柳田國男はその後も小倉を訪れる。一九三九年九月一八日、妻との旅の途上、曽田邸で座談会に参加し、一九四一年一一月一七日・一八日には小倉の朝日新聞西部本社講堂で講演する。

こうして見てくると、確かに小倉郷土会は柳田國男とその周辺と積極的に関わるなかで活動した会のようにも見え、「柳田國男の流れをくむ小倉の医師曽田共助を会長として、小倉郷土会が結成された」［星加、一九八六年、七一〇頁］とされることもある。しかし小倉郷土会という場と活動は、必ずしも柳田達の実践に触発されて展開したわけではなかった。

三　小倉郷土会という「かたち」

小倉郷土会は、どのような「つながり」を育み、どのような場たり得ていたのだろうか。

『豊前』誌上には、「会員」という言葉が出現し、『豊前』第二号（一九三五年一一月）の編集後記には「現在十五人ほどの会員をもっていますが」と記されている。しかし同誌にこの会員名簿はもとより、会則や会費の取り決めなども一切掲載されていない。したがって、その会員数を正確に把握することはできない。しかし会の発足時期、会則や会員の資格、会費そして会員数などが明確にできないこと自体が、昭和初期の小倉郷土会のあり方を示していると見ることもできるだろう。

一九五〇年前後に、中学生の頃から晩年の曽田共助のもとに出入りし、方言の研究などをすすめていた現・小倉郷土会世話人の馬渡博親によると、当時曽田の書斎は若い人々に開放されており、主が医院で診察をしていて不在でも出入り自由の場であり、食事や御茶の時間になると、そこに居る人々に飯や茶菓が振舞われたという。そして、書斎の書籍は閲覧、貸し出し自由。馬渡は、ある時、曽田に連れられ書店に行ったとき、「何か興味のある本はあるか」とたずねられ、棚の一冊を指差すと、曽田はその本が置かれていた棚一列の本を全て購入したという。曽田は、自らが読むためというよりむしろ、書斎に集う若い者たちが読むための本を、意識して集めていたことをうかがわせる。小倉郷土会が活動していた一九三五年当時も、曽田の書斎は同様に開放され、同好の人々が集うサロンのような場として機能していたという。小倉郷土会は、こうした開業医としての曽田共助の経済的な後ろ盾と、曽田のもとに出入りする人々がゆるやかに集まるつながりであり、したがって特に会則や会費の規定がなく、また会員名簿もなかったのではないだろうか。

曽田共助が小倉郷土会にどのような可能性を持たせようとしていたかは、『豊前』創刊号の、公孫樹という曽田の雅号の署名がある「編集後記」からうかがうことができる。

「此会はお互いに尊敬し信頼する独立人の一団でありたい。和して同ぜず、相侵す所は更に無くただ会員が進んで分担した責任を果たして行くだけで立派に協力が成立つものと信じます。水は低きに就く、歩みは遅くとも、やがて此会が悠々広野を往く日を期待します。」

「互いに尊敬し信頼する独立人」が「和して同ぜず」「相侵さぬ」という場は、まさに拘束の無い自らの意志による「つながり」を前提としていたことを示していた。そして、同会の目的とその達成については、次のように宣言されている。

「講演会や座談会を開いたり、現地見学、資料持寄、文献史蹟の調査や伝承行事の採訪などをして、郷土の歴史地理民俗文芸自然等に対する知識と興味とを探求しようとするのが此会の目的であるが、会員は気の向いた催しに参加して居れば、嘱目聴耳に示唆と刺激を受けて、何かしら思考勉強する機会が与えられるでしょう。かくて私たちの日常生活は多少でも豊かになり、会としての業績は次第に累積されるに相違ない、それで結構です。」

ここで着目すべきは、会員は、「気の向いた催しに参加」すれば、「嘱目聴耳」に「何かしら思考勉強する機会」が与えられ、それで私たちの日常生活が豊かになり、同時に「会としての業績が次第に累積される」という姿勢だろう。

そして、「それで結構です」という一言は、ゆるやかに集い自分ができることを出来る範囲でやる、ということに向けての強い意志の表明であり、会員の資格を問い勤勉な参加と業績の蓄積を前提とするような制度化されたつながりを拒否する意志の表明である。この「それで結構です」は、時間も余力も十分に無いながら、なお郷土会に少しでも関わろうとする者を招き入れるように発せられる言葉であると同時に、そんな生ぬるい姿勢でいいのかと詰問する者に、毅然と言い放つ言葉でもあったはずである。

こうした覚悟を、近代的地方都市として展開した小倉そして北九州にきざまれた地域的な「実践のリテラシー」とでも名づけるべき可能性のなかで醸成された姿勢の一つとして位置づけておきたい。地域的な「実践のリテラシー」とは、互いに日常的に顔を付き合わせることができる地域を根拠地に、旧制中学校や商業学校など中等教育以上を経て活字を読むことを習慣化するとともに、自ら調べ考え、文字で表現する能力を身につけた人々の可能性を意味するものとする。そうした人々が、自らの生業を維持しながら、同時に個人や集団で雑誌を発行するなど、媒体と場をつくり、つながりを創出していたのである。

小倉を中心に北九州では、大正時代以降、多数の文化団体や文芸同人が組織され離合集散を繰り返していた。北九州地域の同人誌の調査研究をすすめる赤塚正幸により、大正期から現在にいたるまでに発行された五〇〇を超えるタイトルの同人雑誌が確認されている［赤塚、二〇〇六年］。それらは、短歌、俳句、詩などの短詩型文学を始めとする文学領域、そして演劇や児童文化に至るまで多岐にわたり、それに考古学、歴史学など歴史領域の同人誌が加わる。

それら同人誌が創出した場のうち、ごく主なものを見ておこう（現時点での最も充実した北九州地域同人誌の一覧年表は［北九州市立文学館編、二〇〇六年］）。まず、その初期の例は、一九一三年に結成された「啓明会」の活動に見ることができる。福岡市立商業学校を卒業した小倉の町人の子が中心になって結成され、若い会員を中心に市政批判講演会、宗教講座、音楽界など総合的な文化活動を実践した。特に一九二〇年には、久米正雄、宇野浩二、里見弴らを迎えて県立小倉高等女学校の講堂で文芸講演会を主催している［劉、一九八三年］。そして、こうした地域の実践において、後に小倉郷土会を結成することになる曽田共助が果した役割は少なくない。一九一六年に小倉に赴任した曽田共助は、一九一八年に文芸総合誌『北九州』の創刊に関与する［阿南、一九六二年］。曽田は、さらにその後一九二五年に啓明会の機関誌『啓明』の発行に関わり、また一九二六年に白夜会という文芸系の団体を結成し、北九州各地から参加した同人を中心に文芸座談会や朗読会などを開催した［同前］。

この大正から昭和初期は、北九州で歴史・考古系の団体や、多くの文芸同人が組織される時期でもあった。歴史系の団体としては、後に『小倉市誌』（一九二一年）、『企求郡史』（一九三一年）、『八幡市史』（一九三六年）など北九州地域で多くの歴史編纂に携わることになる伊東尾四郎（東京帝大卒、当時・小倉中学校校長）らの呼びかけで一九一三（大正二）年に小倉史談会が活動を開始し、一九一七年には北九州地域の中等学校の歴史・地理の教員で組織する北九州史談会が結成される。そして一九二九年には、後に小倉郷土会にも深く関与する吉永卯太郎が門司郷土史研究会を、一九三六年には、同じく小倉郷土会の『豊前』第六号（一九三六年）に寄稿している在野の考古学者・名和洋一郎らが北九州郷土史研究会を発足させている（以上［小林、一九八六年］）。

一方、文芸同人では、請負業を営む橋本豊次郎、多佳子夫妻が住む洋館・櫓山荘が、高浜虚子や野口雨情が立ち寄り、杉田久女が出入りするなど、大正期の小倉における俳句を中心としたサロンの一つとなっていた。また一九二二年には詩の同人誌『揺籃』が阿南哲朗により発行され、後に火野葦平として芥川賞を受賞する玉井雅夫の小説が掲載される。この他、郷土玩具など民俗学の研究も行なった梅林新一らにより門司で短歌の同人誌『野火』が創刊され、一九二三年に劉寒吉らの詩誌『公孫樹』、一九二四年には、後に小倉郷土会に関わる田上耕作らの『郷人形』が発行されている。そして、一九三二年に、劉寒吉、岩下俊作らが詩誌『とらんしっと』を発行する（以上［星加、一九八六年］［北九州市立文学館編、二〇〇六年］）。

小倉郷土会は、大正から昭和初期にかけてのこのような地域的な実践のリテラシーのなかに生まれた場の一つだったのである。そして、曽田共助は、雑誌『啓明』や『北九州』という媒体をつくり、また白夜会という「つながり」をつくった実践の延長上で、小倉郷土会を立ち上げたといえるだろう。

さらに、こうした地域的な「実践のリテラシー」の特色の一つとして、一人が、複数の同人誌や団体に、ジャンルを越えて横断的に関わっている例が多いことに注目しておきたい。たとえば曽田共助のもとに出入りし小倉郷土会に参加していた阿南哲朗（一九〇三～一九七九）は、一九二〇年に小倉高等簿記学校を卒業し、九州電気軌道（現・西鉄）に入社。一九二一年の雑誌『啓明』の発行では曽田を手助けし、一方で同人誌『揺籃』を主催し、その後『街詩人』『詩と笛』などの同人誌にも関わっている。そして、昭和初期には「九州民謡協会」を発足させ、また児童舞踏の実践家であった黒田晴嵐とともに小倉児童藝術協会を立ち上げる。さらに阿南は、口演童話の久留島武彦とも関わり、戦後は児童文学の領域で活躍するとともに、一九五二年に復活する第二期小倉郷土会にも深く関与することになる（以上［星加、一九八六年］［中西、二〇〇七年］）。

もう一例挙げよう。劉寒吉こと浜田陸一（一九〇六～一九八六）は福岡県立小倉商業学校卒業後、家業のパン屋「濱田屋」を継ぐ一方で、一九二三年に岩下俊作と詩誌『公孫樹』を出し、また昭和初期には曽田共助が結成した白夜会に参加する。そして岩下俊作、火野葦平と詩誌『とらんしっと』に関わり、一九三八年に創刊された第二期『九州文学』では中心的な役割を果たし、また小倉郷土会にも関わっていた。浜田は、戦後に旺盛な創作活動を展開し多くの歴史小説を残すとともに、一九五二年に復活する第二期小倉郷土会においては中心的な役割を果たしている。さらに一九五五年からは福岡県文化財保護審議委員会委員を務め、第二期小倉郷土会による小倉市郊外「西谷」地域の合同調査を企画するなど地域の文化政策や地域史誌の作成に貢献している（以上［小倉郷土会、一九八六年］）。

このように見てくると昭和初期の小倉郷土会は、幅広く地域に展開し、豊かな横の「つながり」を育んだリテラシーの実践の結節点の一つであり、そうした地域の地盤があって、初めて柳田國男たちは小倉に降り立ち得たといいえる。そして、地域的な「リテラシーの実践」にとって、民俗学はあくまでも選択肢の一つであった。

四　リテラシーの実践としての「聞き書き」

小倉郷土会が発行した『豊前』の内容は、確かに「歴史地理民俗文芸自然等」と幅広い。『豊前』からうかがえる同郷土会は、決して「郷土史」のみを志向したものでも、ましてや民俗学を中心にすえた団体でもなかった。創刊号の記事を見渡すと、およそ三つの記事群にわけることができる。まず二号以後も連載され続ける黄檗宗研究家・吉永（雪堂）卯太郎による「広寿山編年史」を始めとする近世期の小倉を扱った記事群がある。第二は、須田元一郎「現人神社と秋祭り」、岩野耕造「祇園の祭神、護符、玩具」など、雑誌『民間伝承』が初めて『豊前』を取り上げたときに紹介していたような記事群である。そして第三が、「古老に聞く」「老樹調べ」「村の昔ばなし」など聞き書きや実地調査の報告と会員による「座談会記事」「郷土会会報」「同人偶語」など、郷土会の行事から生み出された記事群になる。

こうした構成は、『豊前』の一つの傾向としてこの後も継続する。しかし、しばしば『豊前』を取り上げるようになる『民間伝承』は、これら『豊前』の三つの記事群のうち直接に民間伝承を対象にした第二の記事群しか紹介せず、第一の記事群は「概して文献による資料が重んぜられ」たものとして退け、第三の記事群もことごとく無視し続けていた。

しかし、小倉郷土会が組織として継続して実践していたことは、古老への聞き書きと「老樹しらべ」そして会員の座談会など第三群に関わる活動なのである。

まず創刊号から第三号まで「座談会記事」(創刊号)、「座談会」(第二号)、「集談会」として掲載されている会員同士の座談会記録は、小倉郷土会の「かたち」を反映していた。いずれも、出席者は一五名から多くて二〇名前後、皆の発言と議論を重ねて一つの結論に収斂していく場というより、参加者の発言のやや断片的な話題を重ねながら、互いが記憶や関心を共有していく場として機能させていたことをうかがわせる。そして橋浦泰雄が小倉郷土会を訪れた際の記録も、他の座談会記録のように会員の発言が一つ一つ再現されているわけではないが、「座談会(橋浦氏を迎えて)」(第四号)として掲載されている。橋浦一人の講義のような場であったのかもしれないが、小倉郷土会の「座談会」は、そうした外部の言葉を受けとめていく窓口としての役割もはたしていたのである。

そして、この座談会というあつまりの「かたち」は、同会が継続して実践し、特に力をいれていたと考えられる古老への聞き書きにおいても、しばしば使われた場のありかたであった。古老への聞き書きの報告は、現在復刻され確認可能な創刊号から第九号のうち第七号以外の全てに掲載されている。このうち第五号の「古老に物を聴く」以降は、速記録を使用しており、聞き書きの場が、話者を含め一〇名前後で実施された「座談会」形式の場であったことがわかる。

　これら聞き書きの対象となった話者は、一八五〇年代後半から一八六〇年代生まれの、当時、七〇歳代から八〇歳代半ばの老人たちであり、彼らの〈声〉を通して焦点化された時代は、主にその話者たちの青年期にあたる幕末維新から明治初期であった。そしてこの時代には、しばしば小倉で「御変動」と呼ばれる歴史上の記憶がきざまれていた。一八六六（慶応二）年八月一日、幕府方として長州軍に攻められ敗退することになった小倉藩は、自ら小倉城と藩士の屋敷に火を放ち、城下は焦土となった。

　この「御変動」の焼失の経験は、小倉のリテラシー階層にとって、特に街の歴史の消失点として意識されることになった。たとえば『小倉市誌』（一九二一年）を編纂・執筆した伊東尾四郎は、慶応二年の「丙寅変動」は「我が小倉の一大惨禍」であり、「小倉の史料はこれが為に全く滅亡せりというも可なり」と指摘している［伊東、一九二一年、一頁］。伊東にとって、文献資料の発掘と同時に、「小倉の旧事に精しき」古老が「筆を執られしもの」や、「談話を聞きてこれを筆記」したものを史資料として使い、文書を中心とした史料から記憶を語る〈声〉へと史資料を拡大してゆくことが一つの課題となった［前掲、五頁］。

　そして伊東が記す「現在の小倉は畢竟慶応二年に破壊せられたる旧小倉の廃地に、新たに作られたる新開地にすぎず」（前掲、一頁）という断言は、歴史の消失点を抱え込んだ近代における小倉の歴史意識を示していた。

　この歴史の消失点という自覚のなかで、小倉における古老の「聞き書き」という実践が切実なものとなる。確認できる早い時期の「聞き書き」として、一九〇五（明治三八）年八月三〇日と、一九二六年（丙寅）九月七日に行われた丙寅記念会の記録が北九州市立図書館に残され、一九二六年の会の出席者のなかには伊東尾四郎の名前も記されている。

　そして維新六〇周年にあたる一九二八年に、その筆写記録を、歴史家・井出伊親が小倉市立図書館に寄贈している。その後、井出は、小倉郷土会の『豊前』創刊号に病床から「『豊前』刊行に際して」という緒言を贈っているが、そのなかで「由来小倉は郷土資料に乏しく、これが蒐集には一方ならぬ苦心を続けている」と記す。そこには明らかに、小倉における歴史の消失点に対する自覚があり、そして小倉郷土会もまたその意識を引き継ぎ、古老たちの〈声〉の断片を蒐集していくのである（小倉郷土会の「聞き書き」と、当時の民俗学の調査との違いについては［重信、二〇〇七年］）。

さらに、長州軍との戦いで敗走し小倉が焦土と化したことは、小倉が敗者として維新期をくぐったことを意味し、その敗者という立場が、歴史の消失という意識を拘束していた。たとえば、戦後の第二期小倉郷土会が一九六五年に「小倉藩と明治維新」という共同テーマをかかげた際の「これまでの小倉戦争は主として戦勝国である長州藩の史料によって説かれていて、それは必ずしも正当な評価ではなかった」（『記録』第十一冊、一九六五年十月「編集余録」）という言葉には、小倉の近代史が背負っていた維新期の敗者という立場の歴史意識がきざまれていた。敗者が、自らの歴史の消失点を語ろうとするときに、史料の不在は、「焼失／消失」の問題としてだけでなく、勝者により史料が選ばれて歴史が語られるという歴史語りがはらむ権力性の問題としてもたち現れ、別の史資料を発掘して、もう一つの歴史を語ることの意味が増すことになる。

昭和初期の小倉郷土会に参加し、戦後の第二期小倉郷土会の中心メンバーとして活躍するとともに、地域の文化政策と歴史叙述にも貢献した劉寒吉の代表作『山河の賦』（一九四一年）が、敗者である小倉側から叙述された「御変動」を題材にした歴史小説だったことは、決して偶然ではない［田代、二〇〇七年］。

柳田國男と民間伝承の会に無視されていた、小倉郷土会の「古老聞き書き」という実践は、「比較」により類型と系譜を析出しようという柳田たちの立場とは相容れないものであっただろう。しかしそれは、「小倉」という郷土の特質を安易にうたい上げる「お国自慢」とも異なっていた。郷土会の「古老聞き書き」は、記憶を語る古老の断片的な〈声〉を重ねていくことにより、自らの歴史の消失点を構築していく地域的な「リテラシーの実践」

の一つであり、柳田國男たちが繰り返し民俗学へとオルグしようと働きかけても、小倉郷土会が決して手放さなかった実践だったのである。

五　「地方」という自覚へ

北九州が、ことさらに「地方」という旗をかかげることになるのは、小倉郷土会が実質的に活動を止めた一九三九年を過ぎた一九四一年からであり、それは大政翼賛会が文化政策の一つとしてすすめた地方文化運動の振興と深く関わっていた。

一九四〇年一〇月に近衛文麿内閣のもと、政党でも軍部でもない、もう一つの挙国一致運動を具体化する仕組みとして大政翼賛会が結成される。そして、その大政翼賛運動を支えた「新体制」と呼ばれた動員の政治は、軍国主義という一色で塗りつぶすことができるほど単純な代物ではなかった。中央公論社の編集者を経て大政翼賛会の文化政策に関わった杉森久英は、大政翼賛会の理念を支えた「新体制」という言葉は、総じて「日本の政治、経済の建て直しをしよう」という、「革命と同じこと」を意味し、そこに「潜在的に革命への志向が隠されていた」ため、この「新体制」を目指す運動には「多分に左翼的要素が含まれていた」と指摘する［小杉、一九八八年、九四—九五頁］。

大政翼賛会に文化部が置かれ文化政策が重視されたのは、哲学者・三木清の提言によると言われ、それもそうした「新体制」の志向と無縁ではない。文化部長に迎えられた岸田國士は、道徳主義的に「日本精神」を宣揚する国民精神総動員方式の文化政策に批判的であり、特に地方文化の刷新を掲げ「地方文化新建設の根本理念と当面の方策」(一九四一年一月)を出して、地方文化運動の方向性を示していく〔北河、一九九三年、二〇九—二一一頁〕。

そこでは「新体制における文化の建設」は、「伝統の自覚」から出発すべきであるとされた。さらに、「日本文化の正しき伝統は外来文化の影響の下に発達した中央文化のうちよりも、特に今日においては地方文化の中」にあり、その「地方文化」の「健全なる発達」が、「新しき国民文化」を生み出すことになる、と「地方文化振興の意義」がうたわれた。そして、その地方文化運動を推進する機構として、それぞれの専門的能力を持った地方文化職能人の自発的な組織化をすすめて、それを大政翼賛会の地方支部の外郭団体するなどの方針が示された〔北河編、二〇〇〇年、六頁〕。

こうした地方文化運動推進の政策に呼応して、各地で文化団体が結成される。一九四一年一〇月段階で一二〇団体、一九四三年六月段階で二五〇団体余り、一九四四年一月には四〇七団体にのぼり、文化団体の結成は大都市部で遅く、人口二、三万から五、六万の地方都市で盛んに組織化が進んだという〔北河、一九九三年、二一一頁〕。この文化団体の結成は、一斉に強制的になされたというより、その地方ごとの動きの幅が生ずる余地があり、ある意味で下から盛り上がっていく動きが存在していたことが特色であった〔同前〕。

北九州で一九四一年三月三〇日に結成式を挙げ、火野葦平を会長にした北九州文化連盟も、そうした地方で盛り上がって結成された組織のひとつであった。

北九州文化連盟結成の経緯について、会長である火野葦平は次のように綴っている。

まず火野は、文化団体結成の機運が全国的に広がっていることについて、大政翼賛会文化部が「全国的に強力な文化運動を展開する具体的方針」を示せずにいたところ、「地方文化人は、もはや中央の指令を待っていることができず、独自の立場により、地方特殊の事情に立脚して、続々と、文化組織を形成しはじめた」のだという〔火

野、一九四一年→北河編、二〇〇〇年、三五〇頁〕。

「文化部の方針としては、一県一文化聯盟単位であるときかされている。それは当然であると思う。しかし福岡県は、最初からそのように簡単にはゆかぬだろうと考えた。殊に、北九州地方というのは特殊地域である。」〔同前〕

火野はその北九州の特殊性について、洞海湾を囲む隣接五市を中心に人口は一〇〇万に近く、「無数の工場、会社、年中煤煙によって掩いつくされている北九州の空、西日本の中心といわれて、この地方は、福岡県下に於いても、特殊な一画をなしている」、したがって北九州は県庁所在地の福岡市地方とは「全く異った発達のしかたをし、「経済的基盤」とともに「特殊な文化をも育成してきている」と主張する〔前掲、三五〇―三五一頁〕。それは、翼賛会文化部の一県一文化聯盟という文化団体設立の方針に抗うことになるのを自覚しながら、なお一つの「地方」という自意識を屹立させることを宣言していた。

北九州文化聯盟は、北九州美術協会、北九州文学者会、北九州詩人協会、北九州児童文化協会など一三の職能団体によって構成された。そして北九州文化聯盟の中核を担ったのは、火野葦平、岩下俊作、劉寒吉ら、当時の第二期『九州文学』に集った者たちであり、彼らは同時に、曽田共助のもとに出入りしていたものたちであった。会長の火野葦平は、北九州文化聯盟の仕事として、「イ・良き民俗の保護復興を図ること」を筆頭に、「ロ・隣組や町内会と緊密に結びつくこと、ハ・『文化聯盟の仕事を見て貰う会』を開くこと、ニ・隣組の歌改作の必要、ホ・衣食住についても改良研究、ヘ・文化についての特殊研究家、或は功労者先覚者の顕彰、ト・各種文化講演会および座談会の開催（以下略）」など二三項目を列挙した。

そしてこの「良き民俗の保護復興を図る」について火野は次のように説明する。

「伝説、民謡、習慣、行事、方言、などが、古いひとたちが死にたえてゆくとともに亡びてゆく。それを知っているのは源平衛爺さんぢゃというようなことがよくある。たづねて行くと、前の月に死んだという。そのまま、貴重な古事が源平衛さんの死とともに、永遠に葬られてしまう。そんなことが多いのだ。私たちが覚えているだけでも、小さいときの習慣、歌、あそび、などが、すたれつつあるのが相当にある。これを書き止めておきたい。」［火野前掲→北河編、三五四頁］

確かに「良き民俗の保護」は、大政翼賛会文化部の「伝統の自覚」から「新しき国民文化」を創出するという方針に沿っていた。その意味ではここで「民俗」が筆頭に掲げられていることは、「地方」を動員するという政治において機能した「民俗」という概念がはらんでいたイデオロギー性を示していることを指摘しておかねばならない［岩本、二〇〇八年］。

しかし一方で、この「民俗の保護」という発想の背後には、小倉郷土会の実践が基盤として存在していることは間違いないだろう。それは特に、「古いひとたちが死にたえてゆく」という消失の体験に根ざした語り方にうかがうことができる。人の死とともに知るべきことが「永遠に葬られてしまう」という意識は、史料の焼失を体験し「歴史の消失」という意識を抱えながら「古老」の記憶をたずね続けた地域的な「リテラシーの実践」の発想と背中合わせでもあったからだ。

また、「文化についての特殊研究家、或は功労者先覚者の顕彰」で具体的に挙げられている例は、小倉郷土会に参加していた田上耕作の森鷗外研究であった。

「小倉に田上耕作といって民俗研究に没頭している男がある。ところが、身体が全く自由を失い、現在では歩行も困難なありさまで、家庭も裕福でなく、気の毒のいたりである。彼は森鴎外について長年にわたって非常な研究をしているが、殊に鴎外が小倉に存在して居った軍医監時代のことについての特殊研究では恐らく、日本でも田上君の右に出づる者はあるまい。（中略）その外埋もれた人、知られざる人が、まだ沢山あるにちがいない」［火野前掲→北河編、三五五頁］

戦後、第二期小倉郷土会に一時期出入りしていた松本清張は、この田上の鴎外研究の過程を素材に「或る「小倉日記」伝」を執筆し、芥川賞作家として一歩を踏み出す。田上の鴎外研究は、小倉郷土会の同人たちの記憶に蓄積された仲間の仕事の一つだったのである。

北九州文化聯盟は、火野が列挙した事業案を具体化していったことがその一九四一年から一九四三年九月までの「事業記録」からうかがうことができる［北河編、二〇〇〇年、三六四―三七六頁］。それら座談会、講演会、展示会など一一三件にのぼる事業のなかには、一九四一年一一月一七日・一八日に柳田國男が小倉の朝日新聞社講堂で実施した講演会も含まれている。この講演会は「民俗学講座」と題され、主催・朝日新聞西部本社、後援・北九州文化聯盟、小倉郷土会として一一月一六日の『朝日新聞』北九州版に広告が出された。小倉郷土会が休会状態であったと考えられる時期であるが、曽田共助の影響力とともに、一つの信頼と効果のある名前として使われたとも考えられる。

福岡県では、北九州文化聯盟に遅れ、一九四一年五月に火野や劉らの指導のもと福岡地方文化聯盟が結成される。また一方で『九州文学』編集人の黒田静男が同年一月に九州文化協会を設立し、同協会が大政翼賛会福岡県支部とのつながりを強めたことから、火野らがそれに反発し、福岡地方文化聯盟と九州文化協会は拮抗しあったという［有馬、二〇〇五年］。しかし、一二月に両団体を統合し福博文化聯盟が結成され、それが一九四三年一〇月に福岡県文化報国会に改組される［同前］。それとともに北九州文化聯盟も解散し、県文化報国会の下位団体として北九州の五市にそれぞれ文化報国会が置かれていった。

我々は、この北九州文化聯盟を、単に動員の時代を下支えした翼賛団体としてのみ捉えるのではなく、大正期から多様に展開し小倉郷土会へ至る、小倉、北九州における地域的なリテラシーの実践の系譜のなかで理解する必要があるだろう。

こうした例は、もちろん小倉・北九州ばかりではない。たとえば、秋田の北方文化聯盟は、郷土研究組織・瑞木の会がベースになっていた。中心人物であった富木友治、武藤鉄城は柳田國男が具体化しようとしていた郷土研究に強い関心を寄せ、文化聯盟の活動のなかで自らの郷土の生活を、自らの力で知るための調査・研究を組織し、さらには「民間学会」の設立を期するという独自の構想を育んでいた（北方文化聯盟については［北河、一九九三年］［北河編、二〇〇〇年、二六三―二六九頁］を参照）。

我々は、この与えられた翼賛文化運動という枠組みのなかで、自前の道を模索しようとした実践があったことを見据えておく必要があるだろう。有馬学は「翼賛会成立後の地方文化運動は、単に自主的活動の抑圧・統制という観点から見るだけでは不十分」であり、そこに見出される「マルクス主義やモダニズムの影響と継承、諸団体の集団力学など」が、「日本における戦時体制の特徴」や「戦後の地方文化運動」を新たな視点で捉えなおす手がかりになると指摘している［有馬、二〇〇五年］。

戦後、公職追放になった劉寒吉と大隈岩雄は、ひまを見つけては小倉周辺の神楽や祭を訪れていた。そのときに劉から「ん、そうじゃ、郷土会を復活するかのう」という話が出たのだという［大隈、一九八〇年］。小倉郷土会は、戦前期から曽田共助のもとを出入りした劉や岩下俊作、阿南哲朗らによって、戦後、第二期小倉郷土会として復活する。彼等は、学会誌に論文を綴ることで民俗学の進歩に貢献することを目指したわけではない。しかし彼らは復活させた小倉郷土会を足場に、戦前期より培ってきた「実践のリテラシー」の「かたち」の延長上で、近世小倉藩の歴史を問い、小倉の漁村や農村の合同調査を実践し、また地域の文化財保護政策などに関与していくことになる。この「野」の学は、戦前、戦中そして戦後と、一つの系譜として一貫しているのである。

小倉そして北九州の近代史のなかで醸成された「リテラシーの実践」は、アカデミズムという制度の外側であることはもちろん、各自を拘束する職業などの制度をもしばしば越えて、同人というゆるやかな「つながり」として具体化された。各自は、自らの生業と暮らしを持ち、それを維持しながらそこに参集する。そして何より、彼らがそうしたつながりの場を、一つのジャンルに限られることなく、しばしば横断的に経験していたことが重要だろう。

民俗学は、あくまでも、そうした「リテラシーの実践」の展開のなかで選ばれる選択肢の一つとして存在していたのである。その事実は、改めて、民俗学の「専門家」などありうるのかを問い直すことを、我々につきつけてくるのである。

そしてまた、既存の制度の外側で具体化されたこうした「かたち」を基盤として、今度は大政翼賛会という、時代が与えた制度のただなかに、その意図に抗うように自分たちの場をつくり、「地方」という可能性の夢を見ようとした実践が宿ったことも事実であった。その事実は、「野」とは「かたち」の問題であり、既存の制度の外にあるか否か、という単純な問題ではないことをも示唆している。

地域でゆるやかに重なりながら自生的に形成された「つながり」も、大政翼賛会の文化運動のなかに巣食うようにつくられた「つながり」も、ともに同じ地域的な「実践のリテラシー」が切り拓く地平に育まれた「野」の知性のかたちだったのである。
「それで結構です」という、曽田共助が『豊前』創刊号にきざんだことばは、その「野」の学の覚悟のありかを、今も指し示し続けているにちがいない。

参考文献

赤塚正幸（二〇〇六年）「同人誌と北九州」北九州市立文学館編・発行、『北九州の文学』、所収
有馬学（二〇〇五年）「大政翼賛会と地方文化運動」『文学の記憶・福岡1945』福岡市文学館
岩本通弥（二〇〇八年）「戦後日本民俗学とドイツの影響――埋め込まれた連続性」上杉富之・松田睦彦編『戦後民族学／民俗学の理論的展開――ドイツと日本を視野に』成城大学大学院文学研究科・民俗学研究所
阿南哲朗（一九六二年）「小倉文化小史（大正初期から戦前まで）」『記録』第八冊、小倉郷土会
大隈岩雄（一九八三年）「戦前の郷土会」『記録』第二二冊、小倉郷土会
北河賢三（一九九三年）「戦時下の地方文化運動――北方文化連盟を中心に」赤澤・北河編『文化とファシズム』日本経済評論社、所収
北河賢三編（二〇〇〇年）『資料集　総力戦と文化　第1巻　大政翼賛会文化部と翼賛文化運動』大月書店
北九州市立文学館編・発行（二〇〇六年）『北九州の文学』
小倉郷土会（一九八七年）「劉寒吉先生について」『記録』第二四冊、小倉郷土会
重信幸彦（二〇〇七年）「採集する身体へ――「清張」、小倉そして民俗学」『松本清張研究』第八号、北九州市松本清張記念館
菅豊・岩本通称・中村淳（二〇〇五年）「野の学問とアカデミズム――民俗学の実践性を問う」日本民俗学会第五七回年会実行委員会編『日本民俗学会第五七回年会　研究発表要旨集』
杉森久英（一九八八年）『大政翼賛会前夜』文藝春秋

小林安司（一九八六年）「第二編第四章　郷土史」『北九州市史　近代・現代（教育・文化）』北九州市
田代ゆき（二〇〇七年）「「山河の賦」の立つ現在」『叙説Ⅲ』〇 - 一号、花書院
中西由紀子（二〇〇七年）「阿南哲朗」『叙説Ⅲ』〇 - 一号、花書院
野間吉夫（一九五八年）「福岡県」『日本民俗学体系』第一一巻、平凡社
火野葦平（一九四一年）「北九州文化聯盟について」［北河編、二〇〇〇年、三四九—三五九頁］
星加輝光（一九八六年）「第二編第一章　文芸」『北九州市史　近代・現代（教育・文化）』北九州市
馬渡博親（一九八九年）「先達はあらまほしきことなり（六）曽田共助」『パントマイム』第六号、自刊
柳田國男（一九三三年）「郷土研究と郷土教育」『柳田國男全集』第一四巻、筑摩書房、一九九八年
劉寒吉（一九八三年）「第八編　文化と文化運動」『北九州市史　五市合併以後』北九州市

敵の敵は味方か?――京大史学科と柳田民俗学

菊地 暁

一 はじめに――「人とズズダマ」をめぐって

『海上の道』(筑摩書房、一九六一年)。いわずと知れた柳田國男の遺著である。そのなかで晩年の柳田が情熱を傾けた日本民族南島起源説――宝貝を追い求めて島伝いに北上する稲作農耕民族のイメージ――が展開されていることも、表題作「海上の道」(一九五二年)のほか、「海神宮考」(一九六〇年)、「みろくの船」(一九五一年)、「根の国の話」(一九五五年)、「鼠の浄土」(一九六〇年)、「稲の産屋」(一九五三年)といった、柳田一流の詩的なイメージを喚起するタイトルが付せられた諸論考が収められていることも、民俗学プロパーにとっては常識に属することだろう。

とはいえ、その一つ「人とズズダマ」(一九五三年)の掲載誌『自然と文化』について知っている人は決して多くないに違いない。何を隠そう私自身がそうだった。あの「秘密の部屋」に入るまでは。

私の本務校・京都大学人文科学研究所(以下、京大人文研)には、かつて東一条(吉田牛ノ宮町)に「本館」所屋が存在し、ここにはドイツ文化センターより譲り受けた「西館」と呼ばれる建物が附属していた。通常は二階までしか使用されなかったので教職員すら知らない人も多かったのだが、この建物には「秘密の三階」があり、長きにわたる研究所の歴史のなかで積み重ねられた各種研究資料（＝ガラクタ）が収納（＝放置）されていた[1]。そこに積み上げられていたのが、ダンボール詰めされた『自然と文化』三号、「人とズダマ」の掲載誌だったわけである。

『自然と文化』は、自然史学会より刊行された学術雑誌。残念ながら三号雑誌である。出版社は「西の岩波」といわれた秋田屋（現存せず）。刊行母体の自然史学会は「自然科学と人文科学との接触領域における具体的研究の促進」を目的に掲げて一九四八年に設立されたもので[2]、事務局は京大人文研に置かれ、今西錦司、梅棹忠夫、藤枝晃といった、戦時中、中国・張家口に設置された西北研究所のスタッフたちが関わっている。梅棹によれば、「戦争中にたまっていた仕事の発表の場」であり、「自然科学と人文科学の両領域にまたがり」「おおいに役にたった」という[3]。その言葉通り、狭義の自然史にとどまらず、中尾佐助のヒラマヤ・レポート、磯野富士子のモンゴル説話研究、宮崎市定の中国史研究といったヴァラエティ豊かな論考が掲載されている。敗戦後、京都を中心とした文系理系の研究者が糾合した結果が『自然と文化』だったわけである。

ところで、『海上の道』を収める『柳田國男全集』二一巻の解説には、「人とズダマ」について「掲載誌が自然史学会発行という、理系の雑誌であったことにたいする配慮が感じられる」と指摘している[4]。この「理系の雑誌」という評価が正確でないことは上述したが、ただ、「配慮が感じられる」という指摘はその通りである。柳田にしては珍しいことに、「人とズダマ」の「附記」には執筆にあたって参照した先行研究が明示されている。宝貝について示唆を与えた京大理学部の動物学者・黒田徳米の名前が挙げられているのも気にかかるところだが、本稿の関心からとりわけ注目されるのは、「故浜田教授」すなわち考古学者・浜田耕作と東洋史家・貝塚茂樹、京大史学科に関わる二人の名前が挙げられていることである。しかも、「宝貝については、貝塚氏の『中国古代史学の発展』が大きな感化力で、それがこの一文の発足点にもなつて居る」とまでの持ち上げぶり[5]。たしかに「配慮が感じられる」のである。

柳田の「配慮」とは、とりもなおさず、京都を中心に活躍する学徒たちへの期待だろう。では、なにゆえ柳田は京都の学問に期待を寄せ、京都の学徒たちといかなる関係を取り結び、そしてそこからいかなる成果が産み出されていったのだろうか。本稿は、「京都帝国大学文学部史学科」をめぐる人々の動向を中心に、この消息に迫ってみたい。

二　京都帝大文化史学派

京大史学科について簡単に確認しておこう。[6]

京都帝国大学は一八九七年に開設される。日露戦争の余波を受けて文科大学（後の文学部）の設置は一九〇六年にずれ込み、史学科はその翌年に設置される。国史、東洋史、西洋史、人文地理学、考古学の五講座が開設され、[7]国史は内田銀蔵（一八七二～一九一九）、三浦周行（一八七一～一九三一）、東洋史は内藤湖南（一八六六～一九三四）、桑原隲蔵（一八七〇～一九三一）、矢野仁一（一八七二～一九七〇）、西洋史は原勝郎（一八七一～一九二四）、坂口昻（一八七二～一九二八）、人文地理学は小川琢治（一八七〇～一九四一）、石橋五郎（一八七六～一九四六）、考古学は浜田耕作（青陵）（一八八一～一九三八）がそれぞれ教授に着任、草創期の研究室をリードしていくことになる。

周知の通り、京大はそれまで本邦唯一の高等教育機関だった帝国大学（東大）への対抗を企図して設置されたものであり、いわばアンチ東大を宿命づけられていたわけだが、史学科もその例に漏れず、アンチ東大の意気込みが強かった。それは史学科五講座のうち東洋史、人文地理学、考古学の三講座が日本初という点からも、また、正規の学歴をもたない内藤湖南の大抜擢に象徴されるに柔軟な人材登用からもうかがえる。そして何より、当のスタッフ自身がその気概に満ち溢れていた。

その一つの帰結が「学問的相互乗り入れ」である。東洋史の内藤湖南が『日本文化史研究』（弘文堂書房、一九二四年）を著し、西洋史の原勝郎が『日本中世史』（冨山房、一九〇六年）、『東山時代に於ける一縉紳の生活』（創元社、一九四一年）を著すかと思えば[8]、国史の三浦周行は『過去より現在へ――欧米観察』（内外出版、一九二六年）を著して西欧における歴史学とその社会的背景を論じている[9]。人文地理学の小川琢治は地質学の知識とともに漢学の素養を併せ持っていたし、考古学の浜田青陵は日本、東洋、西洋を股にかけて業績を残している。学問分野が未分化だった時代のこととはいえ、その旺盛な学際性は特筆に値するだろう。

また、「陳列館」の存在も重要である。陳列館は、一九一四年に第一期分が竣成し、以後、三度にわたる増築を得て一九二九年、ようやく回廊状の全容が完成した。研究室、書庫、収蔵庫などを有する一棟が史学科五講座の専有となり、教官、学生たちは、史学の対象や方法や資料をめぐる交流を日常的に深めていたのである。とりわけ、交流の結節点となったのが浜田耕作が主催する考古学研究室、通称「カフェ・アルケオロジー」で、史学科スタッフではないにもかかわらずここに入り浸っていた国語学者・新村出（一八七六～一九六七）はその様子を次のように語っている。

青陵君は非常に接触面の広い人であつた。従つて考古学研究室は、よく人も云つた如く、クラブのやうな、サロンのやうな、楽しい親しましい一室であつた。窓の一部にステインドグラスがあり、壁上に高く裸婦像の油絵がかゝり、多くの場合においしいお菓子が尽きぬやうにお客に供せられ、或時には私はこゝで高僧に知遇し、或時は私はこゝで麗人に接した。この室で存じ上げるやうになつた方、この室で近づきになつた人々、思出でゝ一々録するに堪へない。曽ては米国丁国の女人もあつたし近くは伊国の女性学徒もあつた。異国の花も咲いてその室の折々の花やかさは他の研究室のとても及ぶ所ではなかつた。[10]

さらには、資料の収集にも熱心だった。スタッフが一丸となって「ひたすらに文科大学の宝庫を富まさうと思つてゐた」という。[11]史料編纂所や帝室博物館といった国家的資料収集機関から疎遠であるという事情もこれに拍車をかけただろう。海外から船便で送られる古書販売目録は関東（横浜）よりも関西（神戸）に数日早く届いたため、内藤湖南らの目利きによって紙一重の差で京大に取得された資料もあったという。[12]また、奈良付近で発見された小治田安麻万呂の墓誌銘が一旦京大に寄託され、喜んだのもつかの間、後日、帝室博物館に召し上げられるという「事件」もあり、東京（＝東大）へのライバル意識がトラウマのように刻印されるとともに、さらなる資料収集への原動力となったようである。

あるいは、殷墟甲骨が日本に将来されたのは一九〇九年の初め頃と推定されているが、これに対して東大東洋史の教授・白鳥庫吉が後世の製作という立場を固持したため、東大史学科では殷墟甲骨の利用や上古史の実在を前提した研究そのものが忌避されるに至ったのに対し、京大史学科は早くからその史料的価値を重視し、さらに辛亥革命の難を逃れて来日した羅振玉、王国維ら金石学のエキスパートが京都に居を定めたことも手伝って、京都は甲骨史料研究のセンターの趣を呈することとなった。[13]伝統的な文字史料にとらわれない多様な形態の史料への関心が、世界をリードする研究の展開へとつながったわけである。

こうした学風は、「政治史学」の東大に対して「文化史学」と称されることがある。[14]そしてそれを可能にしたのは、学問的な相互乗り入れ、それを支える人的・空間的・資料的基盤だった。こうして京大史学科では、狭義の文献史学にとどまらない新たな歴史学が模索され、それがやがて、柳田民俗学を受容する素地ともなるのである。

三　柳田國男との接点

では、柳田國男は京大史学科といかなる関係を取り結ぶのか。実は、両者の関係は意外に古くまでさかのぼる。柳田の最初の民俗学雑誌『郷土研究』は四巻一二号（一九一七年）で休刊されることとなるが、その最終号に収められた「寄稿者及通信者芳名」は京都から八名を数えており、うち三浦周行（国史）、今西龍（朝鮮史）、清原貞雄（国史）、梅原末治（考古学）の四名が史学科関係者である。なお、残りの四名には佐々木月樵、妻木直良など仏教関係者の名前が並んでおり、京都が「大学と寺の街」であることが実感される。さらに東京府の喜田貞吉（国史）、福井県の牧野信之助（国史）も当時は京大史学科スタッフであり、柳田民俗学にとって京大史学科は看過し得ない一大勢力だったわけである。

柳田が京大を訪れるのもかなり早い時期のことだ。『北国紀行』所収の「美濃越前往復　明治四十四年」には、旅行の帰途、関西に立ち寄ったことが記されている。「七月十八日　火よう［…］正午の汽車にて京都へ。桑木厳翼氏の家に行きて泊めてもらう。夜新村出君を訪う。藤井紫影君に逢えり」「七月十九日、水よう［…］内藤湖南氏と河上肇君とを訪ふ。桑木［厳翼］家に帰って見ると、新村君が来て待っていたり」「七月二十二日、土よう　きょうは一日休息、午後内藤氏来られ、ともに再び瓢亭へ行き夕食、南君も加はる。かえりに小川琢治氏を訪ふ不在」「七月二十三日、日よう　朝立たうとする所へ小川氏来らる」[15]。京大史学科の内藤、小川のほか、哲学科の桑木（一八七四〜一九四六）、文学科の新村、藤井（一八六八〜一九四五）、経済学者・河上（一八七九〜一九四六）と会ったことが確認できる。

また、『大正十一年日記』二月一三日の「新村君にゆき本をかへす　大学図書館にゆきて本を見る　中村直勝君来話　三浦博士の室にて本を見る　内藤［湖南］　原［勝郎］　喜田［貞吉］　梅原［末治］などの人々とあふ」という記事から、実際に陳列館を訪れていたことも確認できる。[16]

結局、柳田と京大史学科スタッフの接触はいつから始まるのかというと、「史学科設立以前から」というのがその答えになる。というのも、内藤湖南を除けば、スタッフの多くは京大設立以前唯一の高等教育機関である帝国大学、およびその帝大に最多の生徒を送り込んでいた第一高等学校の出身であり、なおかつ、これまた内藤湖南を除けばおおむね柳田との年齢差はプラスマイナス五才程度、同級生もしくは先輩・後輩として、直接の面識あるいは間接の認識があったからである。たとえば新村は一高の同級生であり、小川琢治は農商務省の先輩にあたる。こうした旧知の間柄が柳田に京大史学科を見守り、協力させる一因となったのだろう。

じっさい、両者の協同は早くから始められている。

その一つが『甲寅叢書』である。出版界の営利主義により学問的良書の出版が困難となったことを憂えた柳田が友人たちと謀った出版事業だが、[17]その発起人六名には新村出、石橋五郎（地理学）が加わっている。柳田『山島民譚集』のほか、金田一京助編『北蝦夷古謠遺篇』、白井光太郎『植物妖異考』上下、香取秀真『日本鑄工史稿』（以上、一九一四年）、斎藤励『王朝時代の陰陽道』（一九一五年）を世に送り出し（いずれも甲寅叢書刊行所刊、郷土研究社発売）、さらには、新村出『鷹狩考』、内藤湖南『韃靼漂流記』も加わる予定だった。

越前三国船の韃靼漂流記を校勘考証して、柳田國男氏や私たちが計画した甲寅叢書（大正三年以降）のうちに収めて刊行するつもりで居られたのであつたが、つひ其儘に経過してしまつた。その資料はなほ筐底に残つてゐるに違ひない。実はまとめることも書くことも迅速な柳田氏から私は度々内藤君に催促してくれと云はれ、同時に同じ叢書中に予告されてゐた鷹狩考をも頻に催促されたものだが、自分の方は仲々捗らない方であるので、博士をさう切に督促することも出来なかつた。自分の鷹狩考の如きは、葬り去つても惜むに当らないが、今でも韃靼漂流記の著述が現れずにしまつたことを遺憾に思ふ。それには私の責任もいくらかあつたかもしれない。[18]

この事業はわずか一年で終了したため、内藤、新村の著作が叢書に並ぶことはなかった。また、その内容は必ずしも民俗学に限定されたものではなかった。とはいえ、前代生活資料の発掘と紹介の重要性に対する認識が一致したからこそ、両者の協同は着手されたのだろう。

もう一点、柳田と京大史学科の関係で見過ごすことができないのは、柳田の『史林』誌への寄稿である。『史林』は、一九〇八年、京大史学科スタッフにより結成された「史学研究会」の機関誌（季刊）で、一九一六年一月の創刊である。この五巻三号（一九二〇年）に柳田は「流され王」を寄せ、日本各地に伝えられる皇族・貴人流離の口碑を取り上げ、そのような後世の付会が生じる原因としての固有信仰の問題を検討している。[19]この論文は後に『一つ目小僧その他』（小山書店、一九三四年）に再録される。[20]

興味深いのは、この寄稿が京大側からの働きかけによって実現した点だ。『大正七年日記』には、一〇月五日に「三浦周行君より手紙　史林に何か書かぬか云々」、一〇月一二日に「昨日京都の三浦博士より是非何かかくやうにと又すゝめらる」と、国史学教授・三浦周行から再三の要請があったことが記されている。[21]「流され王」は、柳田の民俗学的論考が文献史学のアカデミック・ジャーナルに掲載された最初の例だが、[22]その掲載には文献史学アカデミズムからの積極的な働きかけがあったわけである。

こうした出来事から浮かび上がるのは、京大史学科と柳田民俗学の、「野の学問」＝アンチ・アカデミズムというイメージからは程遠い親和的・協力的な関係である。柳田にとって京大史学科は、開設当初、あるいはそれ以前からの学問的援軍だったわけである。

四　京都帝大民俗学会

とはいえ、京大史学科と柳田民俗学の交流が本格化するのは、民俗学の組織化が進められるとともに、京大史学科にも「民俗学会」が結成された昭和戦前期のことになる。そしてその中心人物が国史学教授・西田直二郎（一八八六～一九六四）である。

西田の経歴を確認しておこう。[23] 一八八六年、大阪生まれ。天王寺中学では折口信夫、武田祐吉、岩橋小弥太らと同窓となり、ともに万葉の世界に没頭する。一九〇七年、三高を経て京大へ進学、開設されたばかりの史学科の一期生となり国史学を専攻すると、内田銀蔵、三浦周行の両国史学教授のみならず、東洋史・内藤湖南、西洋史・原勝郎からも指導を受ける。卒業後は大学院に在学しつつ京都府の史蹟名勝調査に従事。一九二一～二三年の欧米留学の際にはケンブリッジ大学でリヴァーズの人類学を受講、人類学の歴史学、とりわけ古代史への応用を思い立つ。帰国後、博論「王朝時代の庶民階級」により学位を取得するとともに教授に昇進（一九二四年）。ときに三九歳、京大史学科の「純粋培養」ともいうべき新進気鋭の少壮教授だった。この京大史学科第二世代の西田に魅了された学生たちが参集した結果、一九二七年、京大に民俗学談話会が結成される。これが後に京大民俗学会へと発展するわけである。[24]

京大民俗学会は、近畿地方を中心として現地調査を実施するとともに、民具・写真・図書など民俗学関連資料の収集に務め、さらに、隣接諸学を交えての研究会を開催した。とりわけ興味深いのが研究会で、京大に残された記録ノートから開催状況を復元すると、国史学を中心とした京大史学科の関係者のみならず、市井の研究家たちや京大を訪れた遠来のゲストなどが参加し、内容も狭義の民俗学にとどまらず、歴史学、考古学、地理学、国文学、言語学、形質人類学とヴァラエティに富んだ報告が入り乱れ、史学の革新を目論む血気盛んな梁山泊といった様相を呈していた。

この京大民俗学会に柳田も深くコミットする。[25] 柳田の出席は遠来のゲストとしては最多の六回を数え、うち五回で報告、「山村調査」(一九三四～三六年)や「海村調査」(一九三七～三八年)といった組織的民俗調査の実施状況をリアルタイムに伝え、[26] 一九三七年二月一七日には「盆と行器」を講演、そのモチーフは後に柳田祖霊神学の主著『先祖の話』(一九四六年)に結実する。

また、西田の奔走によって京都府神職会の寄付をとりつけて開設された神道史講座では、一九三四年に「民間の信仰」、一九三七年に「民間信仰と慣習」を集中講義している。[27] 柳田のほか、折口信夫、原田敏明、宇野円空、赤松智城といった当代一流の宗教研究者を招いたこの講座は、当時の学生に鮮烈な印象を与えたようで、その印象は後々まで語り継がれ、後輩たちを羨望させたようである。[28]

一方、この集中講義は柳田にとっても少なからぬ意味を持ったようだ。桑原武夫は次のように述べている。

柳田さんは「私は京大へ行って、京大の秀才連中に話ができて、よかったねえ」ということ私に二度までおっしゃった。先生は理由はよくわかりませんけれども、東京大学にたいへん深い反感をおもちになっていた。ことに平泉澄さんが教授になってからはもうめちゃくちゃにお嫌いになっていました。そのとき講義をきいたのが、貝塚茂樹や地理学者で人類学的なことも詳しい森鹿三、それから柴田実、平山敏治郎らで、そういう秀才連中に自分の民俗学をとっくりときかせたということがよほどうれしかったようで、京大に好意をもっていただいていた。[29]

この回想は、桑原の脚色や柳田のリップサービスが含まれている可能性はあるにせよ、それなりにポイントを突いたもののように思われる。じっさい、ここで柳田の謦咳に接した学生のなかから平山敏治郎、高谷重夫、横田健一、竹田聴洲、五来重などの民俗学者が現れ、やがて彼らが関西における民俗学の中核を担っていく。国史学講座の助手を務めながらこの講義を受講した柴田実は、「これは京都に於いて、正統な、と云いますか、日本に於いては正統と考えられます柳田國男先生の民俗学が移植されましたきっかけでございます」と述べている[30]。

体系を整えつつあった柳田民俗学は、京大国史、そして京大史学科に京都／関西における拠点を見出したのである。

五　日本民俗学廿五回連続講習会

一方、京大史学科スタッフも柳田民俗学のプロジェクトにしばしば協力している。その一つが、一九三六年九月一九日から翌年四月二四日にかけて大阪の懐徳堂で開催された「日本民俗学廿五回連続講習会」である（以下、連続講習会）。この講習会は、民俗学という運動にとって、単なる一地方イベントという以上の意義を持つもののように思われる。

というのも、講習会というイベント＝メディアは民俗学の普及にとって非常に大きな役割を担っていた。周知の通り、柳田還暦記念「日本民俗学講習会」（一九三五年七月三一日〜八月六日、於日本青年館）は「民間伝承の会」設立の契機となったし、その好評を受けて翌年には「第二回日本民俗学講習会」（八月三〜七日、於国学院大学院友会館）が開催されている。さらに一九三七年一月一九日より東京・丸ビルを会場として開催された「日本民俗学講座」は、それまでの年一回から毎週開催の常設講座に移行、「大学で民俗学の講義を開くことの少ない時代であったが、それを補って余りあるほどの内容と回数であった」と評されている。[31] この常設講座に五カ月ほど先行して毎週開催が試みられた懐徳堂講習会は、講習会の転換点、もしくは一種のテストケースと考えられるわけである。

じっさい、これに臨む柳田の意気込みは一方ならぬものだった。開講初日のあいさつは、『近畿民俗』一巻五号（一九三六）に「政治教育の為に」として掲載される。

この講習会は、日本としても最初の企てゞあります。将来多分は大阪の歴史の上に、記念せられる出来事の一つとなるであらうと思ひます。其会場には、他にも適当な場所を世話しやうと、親切に言つて下さつた方もありましたが、我々はなほ是非ともこの懐徳堂でなければならぬと存じまして、無理に願つて爰を拝借することになりました。懐徳堂の由来に就いては、皆様の方が私よりもよく知つて居られます。是はこの大都市に於ける、平民の学問の発祥地なのであります。国中有数の家庭の子を集めて、未来の学者を養成しやうという事業では無く弘く一般の市民に時世を見るの明を与え、単に字を識り書を読む能力以上に、物の道理のわかる人を、出来るだけ多く造ることが、創立者の意図でありました。

連続講習会に賭ける熱意、そして、懐徳堂を選んだ戦略が端的に述べられている。じじつ、講習会の実現に向けて柳田は大阪の沢田四郎作に詳細な指示を与えており、[32] また、意に添わない点があれば容赦ない叱責の言葉を浴びせている。[33] さらには、鳥取県における民俗学のリーダーである蓮仏重寿にハガキを送り、「大阪の毎土曜講演ハ盛んニなりました。御会員中あちらへ行つた人は傍聴するやうすゝめて下さい」と動員を促している。[34] 懐徳堂連続講習会は、ローカルな枠を超えたナショナルな民俗学運動のための布石なのだ。

さて、連続講習会に登壇した講師総計四〇名のなかには、西田直二郎、小牧實繁、新村出、肥後和男、柴田実、三品英彰、岡見正雄、玉岡松一郎と八名の京大関係者を見出すことができる。開催地が関西という事情も、懐徳堂が京大関係者にとって縁が深かったこともあろう。[35]とはいえ、民俗学がアンチ・アカデミズムを掲げた「野の学問」であったことを考えるなら、決して小さくはない数字である。

それればかりではない。内容においてもこの連続講習会はユニークだった。とりわけ注目に値するのは、柴田実「日本民俗学序説」である。当時弱冠三一歳、国史学講師になったばかりの柴田に、連続講習会の口火を切るという大任が与えられたのだ。じっさい、その論はきわめてブリリアントなものである。英仏独の民俗学を参照しつつ「常民」を定義し、英仏の人類学・民族学を参照しつつ自国民研究の意義を述べ、本居宣長から坪井正五郎を経て『郷土研究』に至る日本民俗学の流れを概観し、歴史学の革新運動たる「文化史学」が必然的に民俗学に逢着せざるをえないことを、柴田はきわめてクリアーに説き起こしている。

かくの如くおし拡げて考へますならば民俗学といふものは単に近代の歴史学がとり用ふべきところの史料の範囲を順次拡大することによつて、その周辺部に於て見出したところの一新領土といふが如きものではなくして、却つて近代歴史学のグルント［グランド］をいっそう深く掘り下げることによつて、達すべき地盤の如きものであるといひ得るでありませう、歴史学が人生有用の学問としてその意義を果たす為には常にかゝる基礎に立ちかへつて自らを新にする要があるのであります、われわれは常にたゞ自己の解きうる問題だけを問題にするといふ意味深い言葉は私は民俗学に於てその真は証しうると思ふのであります。[36]

ここには、それ自体が歴史的産物であるところの歴史意識を通じて歴史的対象の理解を図るという西田直二郎『日本文化史序説』(改造社、一九三二年)のモチーフが底流している。そこに、史料の拡張、史学の革新、自己の内省といった特徴をもつ柳田民俗学はきわめてなめらかに接合されている。柴田の講演は、方法論的なレベルにとどまるものの、京大史学科の「文化史学」の伝統と柳田民俗学が融合した最も幸福なケースといえるのかもしれない。[37]

六　柳田國男先生古稀記念事業

もう一点、「柳田國男先生古稀記念事業」への協力も注目される。[38]一九四三年、二年後に控えた柳田古稀の記念事業が計画されると、西田直二郎、新村出、梅原末治、肥後和男、金関丈夫といった京大関係者五名がその発起人に名を連ねている。研究集会の開催と記念論集の刊行を柱としたこの事業は、実際には戦局の悪化をうけ、大幅に規模を縮小することとなる。新京、台北、北京での研究集会は中止され、実現したのは大阪市で開催された「戦時生活と日本民俗学講演会」（一九四四年四月六日）のみ、これに尽力したのが西田だった。ちなみに、西田とともに宇野円空が南方民族に関する講演を行っているが、「現在大阪市に於ける市民の転業その他から来る精神的行詰を南方へ眼を向けさせる事によつて少しでも打開したいといふ大阪市の意図」によるものだったという。[39]

記念論集はさらに興味深い。戦後、『日本民俗学のために』全一〇輯（一九四七年）として刊行されるこの論集について、編集事務に当たった橋浦泰雄は渋沢敬三に宛てた書簡（一九四四年三月八日）で以下のように記している。

柳田先生の記念玉稿正に拝受致しました。並々ならぬ御繁忙中の御労作尊く忝く感謝仕ります。過日有賀［喜左衛門］兄よりも労作を拝受致しましたが今日までに集まつた分約四十稿余内五六稿はやや躊躇させられるものですが、概して仲々に充実した作品が多く甚だよろこんで居ります。特に第一巻は対外的にも立派な輯にしたいと念じ居りますが、題目の関係上巻頭を梅原博士、小寺廉吉氏、中央部を肥後、有賀両兄、最後の締りを貴学兄の「塩」できりゝつと結ぶつもりで居ります。慾を云へばこれに新村西田の両大家中の一人を加へたいのでありますが、御老人を余りせき立てるのも如何かと遠慮致して居る處であります。いづれにせよ大した輯が出来ると楽しんで居ります。[40]

日銀総裁を務めた渋沢を戴くのは当然として、梅原末治、肥後和男を並べ、さらに新村出、西田直二郎を加えようというのである。[41] 京大系のプレゼンスの大きさがうかがえよう。京大史学科は、柳田との個人的つながりを超えて、民俗学運動それ自体にとって「対外的にも立派」な存在だったのである。

七　京大史学科の「戦後」と柳田

だが、敗戦という現実は京大史学科に暗い影を落とすこととなる。[42]

戦後、真っ先に京大史学科を去ったのは小牧實繁率いる地理学教室のスタッフだった。戦時中に「大東亜地政学」を唱え、アジアの名主たる日本の地位を寿いだこの御用学者は、公職追放を待たずに一九四五年いっぱいで大学を後にする。その結果、主任教授を失った地理学教室は、国史の西田、および、東洋史の宮崎市定が兼担するところとなる。学問的相互乗り入れの精神はこうした非常時でも発揮されたわけである。

ところが、一九四六年、公職追放が実施されると、再建の担い手だったはずの西田も教授の席を追われることとなる。戦時中、国民精神文化研究所の研究員を兼担したというのがその追放事由となる。同年七月三一日、停年まで半年余りを残して西田は退官、このほか、国史の中村直勝（一八九〇～一九七六）、西洋史の鈴木成高（一九〇七～一九八八）も京大を去った。そして、紆余曲折を省略して結果だけ述べると、国史学教室は鉱山史・貿易史の小葉田淳（一九〇五～二〇〇一）、荘園史・仏教史の赤松俊秀（一九〇七～一九七九）が引き継ぐことで落着する。ともに堅実な学風で知られる二人だが、理論的な展開力や隣接諸科学に対するは柔軟性は乏しく、「文化史学」の継承者、民俗学の擁護者となることはなかった。こうして、京大史学科に根付きかけた民俗学は、その成長の途上で根を断たれたわけである。

ここで興味深いのは、こうした京大史学科の混乱にもかかわらず、柳田の期待は失われなかったらしいことである。

柳田は占領下にある沖縄への関心を喚起すべく、沖縄研究の同志と語らって『沖縄文化叢説』（中央公論社、一九四七年）を編んでいる。その第二輯を企画した際、新村など京大史学科の周辺にも協力を呼びかけ、さらに驚くべきことに公職追放中の小牧實繁にも気遣いをみせている。一九四八年二月二九日の平山敏治郎宛ハガキで次のように述べている。

小牧君上京、御近況を詳かに致候、どうか小生の達者なうちに少しでも仕事の出来るやう御努力被下度候、次に御願ハ沖縄文化叢書の第二輯に着手、新村・小牧實繁の二君ニ第一輯御目にかけ置候、御迷惑なから小生の熱意御伝被下、第二輯に何か思ひ出のやうのものを御寄稿被下候やう御頼被下度、五月一ぱいにて打切るつもりニ候、誰か外に沖縄関係の人々有之ましくや[43]

戦時中の神憑り的な皇国翼賛にもかかわらず、小牧はなお民俗学の同志として、柳田の眼に映っていたのである。

また、旧制郡山中学で宮本常一に学んだ岩井宏実が人づてに「民俗学を学ぶにはどこに進学すれば良いか」と尋ねた際、柳田は「東京へ来なくても関西で歴史学のいちばんよい大学へ行きなさい」と答えたという[44]。この勧めに従って岩井は立命館大学に進学するが、当時の立命館は、西田直二郎の薫陶を受けた林屋辰三郎、奈良本辰也など新進気鋭の研究者が後に「立命館史学」と呼ばれる新鮮な学風を展開させつつあった時期だった。伝聞のため正確なことはわからないが、立命館を勧めたのが事実だとすれば、柳田は関西における歴史学の動向を正確に認識していたということになる。

そうした柳田の京都、関西の史学に対する期待が端的に現れたのが、平山敏治郎に宛てた書簡（一九四九年一二月二二日）の一節「鎌倉以前ハ荒野であつた関東の一地点にこの学問の中心を置くことハ、既に自然に反せり」だろう[45]。誤解を恐れずにいえば、この一節の理解のカギはおそらく「自然」にある。日本の歴史には「自然」な「中心」があり、日本の文化はその「中心」から周辺へと流れており、そしてそこにこそ「この学問の中心」は置かれるべきだ。そう柳田は考えていたのではなかろうか。

いずれにせよ、京大史学科における民俗学への展開は消滅し、その学風は関西周辺の大学に散種されることとなった。そして柳田は、関西の史学の成長に変らぬ期待を抱き続けていたのである。

八　おわりに――「野の学問」再考

敵の敵は味方だった。これまで検討してきた柳田民俗学と京大史学科の関係をそのように表現することはさしあたり間違いではない。東大アカデミズムという強固な仮想敵を両者が共有していたことは事実だろう。

だが、より重要なのは、そこに単なるアンチ意識以上の方法的な連鎖が認められることである。史学の対象を拡大させ、史料の範囲を拡張し、そしてそれに相応しい方法論の精緻化を模索する。こうした課題を共有したからこそ、両者の連鎖は可能となった。であればこそ、柳田のもたらした民俗学は京大史学科に大いなる示唆を与えたし、また、その京大史学科の「文化史学」は柳田個人にとどまらず民俗学運動にとって重要な意義をもったのだ。戦後、京大史学科の再編によりこうした関係は終焉を迎える。だが、その方法の連鎖は、さまざまな回路に移植され、多くの豊かな実りをもたらしていくのである。

そして、京大史学科と柳田民俗学の関係は「野の学問」の再検討を促すものでもある。というのも、「野の学問」というイメージが多分に一人歩きしてしまった側面は否定しがたいからだ。高級文化＝洗練ではなく基層文化＝粗野を対象とする、テキスト＝文献ではなくフィールド＝野外を方法とする、アカデミズム＝大学ではなくアンチ・アカデミズム＝在野を担い手とする、民俗学はその対象、方法、主体の三点にわたって自らを「野」の学問と規定してきた。この理解は大筋として間違いではない。とはいえ、この対立を絶対的なものと捉えることは危険である。高級文化と基層文化の間に相互作用があることと同様、フィールドとテキストの間にも入り組んだ関係性が認められる。そして、アカデミズムの内部にも、「野の学問」に共鳴する主体は存在可能であり、じじつ、存在したのである。

その意味で、柳田國男が忌み嫌ったのはアカデミズム一般というよりも文献史学アカデミズムであり、さらにいえば、「民衆の歴史」を否定した昭和戦前期の東大歴史学など、時期的にも人脈的にも分野的にもかなり限定されたものと考えたほうが良さそうである。「野の学問」というイメージに引きずられて柳田民俗学とアカデミズムの関係にアプリオリな対抗図式を持ち込むのでなく、個々の状況において、いかなる協調と競合が存在し、そしてその帰結が何をもたらしたのか、文脈を踏まえた検討が要請される。その延長線上に、今日の民俗学とアカデミズムとの関係性を問い直す契機も浮かび上がってくるだろう。

最後に、「あまり品のいいことではない」「内輪話」を紹介してこの稿を閉じよう。「こういう内輪話を申し上げるのはあまり品のいいことではないのですけれども[46]」。そう前置きしつつ、桑原武夫はある人事の顛末について回想している。京大人文研が民俗学者の採用を真剣に画策したことがあったというのだ。

私はそのとき人文研究所の所長ではありませんが幹部でありまして、率直にいえば研究所のボスの一人でした。そこで、助教授のポストが一つあきましたので、どういう人を補おうかということを、貝塚茂樹や今西錦司などと相談しておりました。そのときに、学会ではまだあまり認められていないけれども、日本民俗学というものをやったらどうかという話が出まして、われわれも相当その気になって、それではどういう人がいるだろうか、という話をしていた。柳田先生は全国に三百の門弟をおもちになっておりますから、このことがどこかを通じて先生の耳に入ったらしい。私は柳田先生にはこの話を一言もしたことはありません。ところで、柳田先生はこのことをたいへん喜ばれたようです。先生は学会で日本民俗学の市民権を獲得したいという意思がたいへん強かった。そのためにいろいろ努力をしておられたのであります[47]。

そしてある日、京都を訪れた柳田は、桑原との雑談の際、桑原が山登りをしていることを聞き及び、かつて慶応の登高会の幹部を務めた東洋史家・松本信広の名前を切り出し、話し始めた。柳田が、慶応大学の非常勤講師を引き受けたのは、松本を自分の後釜とするためだった、と。

「私は民俗学の講座をつくってもらい、松本君をその初代の教授にしてもらうよう、慶応の幹部と相当話をすすめていた。ところが東洋史のポストが一つあいて、教授になってくれと言われると、松本君はこれを私に相談もせずに欣然として引き受けてしまった」とものすごくご不満でした。[48]

この出来事を、桑原は民俗学者人事に対するリアクションだったのではないかと回想している。その真意を柳田は語らなかったし、桑原も明言してはいない。察するに、しっかりした民俗学者を雇ってきっちりした日本民俗学の講座を作ってほしい、という激励だったのだろう。いずれにせよ、この人事案はどこかの段階で頓挫したようで、民俗学者が京大人文研の所員となることはなかった。そして、柳田の原稿「人とズズダマ」を掲載した『自然と文化』誌も、いつのまにか忘却の彼方へと追いやられ、人文研西館「秘密の三階」にダンボール積みにされ、埃をかぶることとなったのである。

注

1 二〇〇八年、本館（西館を含む）は吉田本町に移転し、これらの資料もそこに収められている。
2 「会の規約」『自然と文化』各号所載。
3 梅棹忠夫『行為と妄想』中公文庫、二〇〇二年、九四頁。
4 赤坂憲雄「解説」『全集』二一巻、一九九七年、六一五頁。なお、『定本柳田國男集』、ちくま文庫版『柳田國男全集』、筑摩書房版『柳田國男全集』よりの引用は、それぞれ『定本』、『文庫』、『全集』と略記し、巻、頁数のみ表記する。
5 『全集』二一巻、五五〇頁。
6 以下、京大文学部史学科についての記述は、京都帝国大学文学部編・発行『京都帝国大学文学部三十周年史』（一九三五年）および京都大学文学部編・発行『京都大学文学部五十年史』（一九五六年）に依る。
7 正確にいえば、五講座は一挙に開設されたわけでなく、スタッフの着任も順次進められたものである。また、人事制度としての「講座」と教育制度としての「専攻」と教育・研究施設としての「研究室」にはさまざまなズレがあるのだが、煩瑣になるのでここでは詳述しない。

8 「生活史」の先駆的研究であり名著として名高い『東山時代に於ける一郷紳の生活』は、もともと京大文学部の紀要『芸文』の八巻八―一二号（一九一七年）に発表され、ついで『日本中世史の研究』（同文館、一九二九年）に再録され、さらに創元社発行の「日本文化名著選」の一冊となり単著として刊行され、ひろく一般に知られるに至ったものである。なお、この「日本文化名著選」（一九三八～四七年、全四九タイトル）には、永らく東大の国史学教授を務めた三上参次と京大国史学教授・西田直二郎の二人が監修に当たっている。原勝郎の著作のほか、浜田青陵『東亜文明の黎明』、内田銀蔵『近世の日本』、三浦周行『国史上の社会問題』、内藤湖南『近世文学史論』など、京大史学科オープニング・スタッフの著作が多く含まれているのは西田のセレクションによるためかと思われるが、そのラインナップに柳田國男『石神問答』が含まれていることも注目される。同シリーズの巻末広告には、「人間の歴史は単に文献記録に残されたものに尽きるわけではない。否寧ろ文献は国民の過去の豊かな生活を表現するに九牛の一毛にも足らぬ。日本各地の土俗、民間信仰、伝説等を資料として文字に伝へられざる国民生活の発展を明らかにすること、これがわが柳田氏によつて建設された日本民俗学の目標である。透徹せる頭脳と広汎なる採訪に於て氏は此の石神問答により石神信仰研究の見事な範を示された」とある。

9 この三浦の欧米視察は一九二二年の洋行に基づくものであり、この年、国際連盟委任統治委員としてジュネーブに向かった柳田と箱根丸に同船している。『大正十一年日記』（『定本』別四、三八六頁）参照。

10 新村出「夕煙」（『宝雲』二四［浜田耕作博士追悼篇］、一九三九年）九七頁。

11 同前、九六頁。

12 吉川幸次郎編『東洋学の創始者たち』講談社、一九七六年、三三頁。

13 吉開将人「東亜考古学と近代中国」（『岩波講座「帝国」日本の学知　三　東洋学の磁場』岩波書店、二〇〇六年）一四三頁。なお、こうした京都における甲骨研究を集大成したのが貝塚茂樹であり、その主著の一つに『中国古代史学の発展』（弘文堂一九四六年）がある。これが冒頭で引用したように、柳田に「宝貝については、貝塚氏の『中国古代史学の発展』が大きな感化力で、それがこの一文の発足点にもなつて居る」と言わしめた一冊である。永田英正「貝塚茂樹」（江上波夫編『東洋学の系譜　第二集』大修館書店、一九九四年）および鶴見太郎『民俗学の熱き日々』（中公新書、二〇〇四年）参照。
14　貝塚茂樹「貝塚茂樹――東洋史学の開拓者」加藤秀俊・小松左京『学問の世界』講談社現代新書、一九八二年、七三頁。
15　『文庫』三巻、二六〇―二六四頁。
16　『定本』別四、三五九頁。
17　「甲寅叢書刊行趣意書」には「我々の見る所に依れば、出版界の現状には改良の余地がある。今日の営業組織では、出づべくして出でざる本、出る見込みが無い為に書かれない本が甚だ多いかと思ふ。甲寅叢書は微弱なる反動事業ではあるが、此の如き外部の障害を排除し、新しい学問の効果を少しでも多く世に及ぼしたいと云ふのである」とあり（『全集』二四巻、四二四頁）、後に「予が出版事業」において「この時の檄文は私が突嗟の間に筆を執ったもので、今日では人に読まれても顔を赤めるほどの高調子なものだった」と回想されている（『文庫』三二、五六九頁）。
18　新村出「内藤博士の思出」『歴史と地理』三四／四・五、一九三四年、五九三頁。
19　なお、同号には、国史学教授・三浦周行「或る戦国武士の自叙伝」、牧野信之助「荘園制度崩壊の一例としての越前国河口庄の研究」、米田庄太郎「輓近の歴史哲学と社会哲学」が掲載されている。
20　『一つ目小僧その他』の「序」において柳田は、「流され王の一文はあの当時いろいろの都合があって、すでに自分の胸に浮かんだだけの、事実のすべてを叙述することが許されなかった。それが次々に珍しい新例を追増して来て、しかも今日は素直にその委曲をつくすことが、一段と困難な世柄になっているのである」と述べている（『文庫』六、二一七頁）。皇室をめぐる伝承に言及することの困難を指すものと推察されるが、詳細は定かではない。
21　『定本』別四、三〇八、三一六頁。
22　何をもって「アカデミック・ジャーナル」と見なすかは微妙な問題であるが、ここでは大学や学会を発行母体とする学術雑誌のこととする。その意味で柳田が最初に寄稿した学会誌は『国家学会雑誌』の二〇〇―二〇六号（一九〇三～〇四年）に掲載された「日本産銅史略」だが、民俗学的主題ではないので本稿の考察からは除外する。民俗学的主題を扱ったものとしては、『考古界』（後の『考古学雑誌』）八巻一一号（一九一〇年）掲載の「十三塚」、『人類学雑誌』二六巻（一九一〇年）掲載の「アイヌの家の形」などが早期の例だが、文献史学の雑誌ではない。やや判断が難しいのは日本歴史地理研究会の『歴史地理』一五巻二号（一九一〇年）掲載の「地名雑考」だが、喜田貞吉を中心としたネットワークによる啓蒙雑誌という色彩が強いので、これを除いても差し支えないだろう。以上の検討からすれば、「流され王」は、柳田が本格的な史学アカデミズム雑誌に登場した最初の論考であり、その意義は決して小さくないものと思われる。

23　柴田実「西田直二郎」（柴田実・西村朝日太郎『日本民俗文化大系　一〇　西田直二郎　西村真次』講談社、一九七八年）および拙稿「京大国史の「民俗学」時代―西田直二郎、その〈文化史学〉の魅力と無力」（丸山宏他編『近代京都研究』思文閣出版、二〇〇八年）参照。

24　蘇理剛志「京都帝大民俗学会について」（『京都民俗』一九、二〇〇一年）および拙稿「主な登場人物―京都で柳田国男と民俗学を考えてみる―」（『柳田国男研究論集』四、二〇〇五年）参照。

25　柳田と西田の接触がいつ頃から始まるのかは不明だが、遅くとも大正初期まで遡る。『郷土研究』三巻三号（一九一五年）掲載「風呂の起源」には「西田直二郎氏話に、京都では近頃まで賤民の湯屋を業とする者があつた」と言及されている（『定本』一四、四〇六頁）。

26　一九三四年は五月二八日、一〇月二九日の二度にわたって山村調査について、一九三七年六月一五日は大藤時彦とともに海村調査について、それぞれ報告している。京大に残された記録ノートの一九三四年五月二八日の頁には、「土地の複雑性を山村と海岸とに区別する。海岸の村は未知の島等から調査する。山村は一県一ケ所、新文化の影響の少い所、国道、県道より離れた所、神社、仏閣、客商売のない所、前人未調査の場所等の条件を具備するもの。大体50、第一年度は20。全然関係ない場所から一つの問に対する答へを求める。その答へにより種々の問題が得られると思ふ」とある。また、調査マニュアル『採集手帖』の購入者名簿と思しき三〇名の名簿が残されており、その中には「今西錦司」の名前もある。

27　高谷重夫（一九三七年卒）による講義ノートが大江篤「資料紹介：高谷重夫収集民俗資料（その四）――柳田國男の講義ノート『民間信仰と慣習』（昭和十二年）」（『史園』六、二〇〇五年）に紹介されている。

28　直木孝次郎（一九四一年入学）は「二、三年前までは、柳田國男や折口信夫など名だたる大家の集中講義があったということを、先輩からよく聞かされたが、戦局がきびしくなった私たちの時にはもう望めなかった」と述べている（『わたしの歴史遍歴　人と書物』吉川弘文館、一九八八年、二一頁）。

29　桑原武夫『日本文化の活性化』岩波書店、一九九九年、九―一〇頁。

30　柴田実「京都の民俗学事はじめ」『京都民俗』一、一九八四年、八頁。
31　井之口章次「民間伝承の会」野村純一他編『柳田国男事典』勉誠社、一九九八年、四六〇頁。
32　昭和一一年六月二九日の沢田四郎作・水木直箭宛書簡には、連続講習会の事業主体、会計事務の担当者、会期、回数（二五回）、曜日（土曜日）、講演計画スケジュール作成のための委員の人選、金策、等々につき指示を与えている（『定本』別四、六三二―六三三頁）。
33　昭和一一年七月二〇日の沢田四郎作宛書簡には、講習会の規模縮小を匂わせた大阪側に対して、「連続講演を要件といたし候趣意は二つあり、一つは行く行く常設のものにいたし度こと、今一つは近年はしたの講演が多すぎ印象があまり薄き為にて、此点は最初より小生終始連続々々と申来りしこと人々の記憶する筈に候　しかし実現せぬうちからもう之に倦むやうな口気の人には何としても信頼いたしかね候に付此計画は中止断念仕るべく候　勿論自分が尤も苦々しく思ふはんぱな折々の少々の講演会には参加する考は少しも無之候　積善会の補助金も右の二十五回を条件として貰つたもの故　小生より別に返却いたすべく候」と吐き捨てている（『定本』別四、六三四頁）。また、一一月七日の講演者の目途が立たず、座談会形式を予定したことに対して、一〇月三一日の沢田四郎作宛書簡で「しかしこの前後日夜此講演会の有名無実乃至竜頭蛇尾に終り候を憂ひをり候　来年度は事によつては止めてもよろしく　とにかく今年だけは陰で人から笑はれぬやうに周到に御画策下され度改めて深く御依頼申し上げ候」と怒りをぶちまけている（『定本』別四、六三五頁）。この柳田の激怒ぶりから、逆に「連続」へのこだわり、そしてこの講習会の民俗学運動にとっての重要性が浮かび上がるように思われる。
34　蓮仏重寿編『柳田先生はがき栞』（久松文庫、一九六二年）所収。ハガキの日付は未詳。
35　内藤湖南が懐徳堂の理事を務めたほか、東洋学を中心とした多くの京大関係者が懐徳堂で講義・講演を行っている。
36　柴田実「日本民俗学序説」『近畿民俗』一／六、一九三六年、一八頁。
37　なお、柴田が柳田民俗学に深い関心を抱いていたことは、「私は当時国史研究室の助手をしていたが、その少し前から先生の『蝸牛考』や『明治大正史　世相篇』を読んで、そのあざやかな方言周圏論やユニークな歴史観に魅せられ、その後次々と出版される先生の著作をことごとく買い求めるほか、遡っては研究室書庫にあった「郷土研究」や初版の『石神問答』などを取り出して片っぱしから読破していた」という回想からも明らかである。付言すれば、「研究室書庫」に「郷土研究」や初版の『石神問答』が蔵されていたという環境も重要である。そして、柴田は『民間伝承論』

の書評を『史林』一九巻四号（一九三四年）に発表しており、これに眼を止めた柳田が学士会名簿で住所を調べ手紙を送ったところ、それは同姓同名の別人であり、結局その手紙は柴田の元には届かなかった、というエピソードを回想している。柴田実「失われた手紙」（沢田四郎作編『柳田國男先生』近畿民俗学会、一九六二年）八九頁。

38 鶴見太郎「戦時下の「モヤヒ」――「柳田国男先生古稀記念会」に見る」『人文学報』九一、二〇〇四年、参照。

39 宮本常一、渋沢敬三宛書簡（一九四四年二月一〇日）。渋沢史料館蔵。

40 渋沢史料館蔵。

41 じっさいには新村、西田は執筆せず、梅原、小寺、肥後、有賀の論文は他の巻に収録され、結局、和辻哲郎「日本民俗学の創始者」、渋沢敬三「塩」、山川菊栄「藤沢付近の農民生活」、折口信夫「追ひ書き」の四編が第一輯に収められている。

42 前掲拙稿「京大国史の「民俗学」時代」参照。

43 『定本』別四、六〇四頁。なお、第二輯は結局は刊行されなかった。

44 岩井宏実「林屋辰三郎先生を偲ぶ」『芸能史研究』一四一、一九九八年、一〇頁。

45 『定本』別四、六〇六頁。

46 桑原前掲『日本文化の活性化』一一頁。

47 同前一一頁。

48 同前一二―一三頁。

column

奄美研究への希求とその道程

——私的な回顧から

山下欣一
曙光

わが国の南方洋上に連なる島々への民俗研究の一里塚は、なんといっても柳田國男の『海南小記』であると思う。特に奄美大島については、沖縄、先島諸島への旅の帰途、徒歩による奄美大島縦断の旅を敢行し、その記録を叙情味あふれる文章にして残しているのである。

奄美諸島は、一六〇九（慶長一四）年の島津氏による侵攻の洗礼を受けて以来、琉球王国から分離され、薩摩藩の直接支配の苦杯をなめてきたが、明治御一新の新政などでも、鹿児島県の版図のまま現在に及んでいるという歴史的歩みがある。

薩摩藩は、奄美諸島を武力征圧の後、琉球王国から分離し、代官を任命し、島役人を登用して、支配体制を確立してきたのであった。そして、明治維新以後も、この体制は、平成の現在までも存続しているとみていいものである。

明治維新における近代日本の夜明けにおいて、中央では大政奉還（一八六七・慶応三年）、版籍奉還（一八六九・明治二年）、廃藩置県（一八七一・明治四年）と着々と国の根幹の変革が手がけられていったが、はるかなる南方海洋上に揺曳していた小なる島々では、その徴候さえ知ることもできなかった。『大島代官記』には、大略、次のような記載がある。

一八七〇（明治二）年春の記事に、「御在番　伊東大夫、御検事　汾陽中ニ、御筆者　三名」が名瀬仮屋に着任したという記載のみがある。

この代に、御国元役名が替って「御代官」→「御在番」、「御見聞役」→「御検事」、「御付役」→「御筆者」となった。

また次に、重要な記載は、名瀬方に高千穂神社の建立がなされたということがある。

この年の六月一九日に名瀬方に高千穂神社が鎮座、社守八名が任命されたという。そして間切横目格・幸謙がお国許の薩摩へ上国して、社司としての修行のため滞在し、翌年（一八七〇・明治三年）に下島、廃仏毀釈のため廻島したというのである。この時に仏壇の位牌などを焼却し、島の人々は悲嘆に暮れたという記録もある。

このような高千穂神社建立は、喜界島、徳之島、沖永良部島、与論島などにも強制的に実施されていくことになり、奄美大島と同じく一八六九（明治二）年から一八七〇（明治三）年にかけて建立が完成している。

これに対して、琉球王府の支配下にあった沖縄諸島、先島（宮古・八重山）諸島では、事情が相違していた。沖縄県では、支配階級の抵抗もあり、長らく旧慣が維持された事情があった。もともと、言語的にみても、日本の二大方言の区分からみても、琉球方言という大区分に、奄美諸島は属しているとされている。さらには、自然的、民俗的な条件も、沖縄諸島などとは親縁関係にあるのが奄美諸島であった。それが、薩摩藩・鹿児島県に行政的に属することになったのである。もともと薩摩藩の奄美支配は、少数の島津藩の代官、見聞役、付役などが当り、代官仮屋には、島役人を登用し、これらの島役人たちが、その実務をこなしたというのが実情であった。たとえば奄美大島のような山岳が険阻である地域では、その支配は、島役人の活躍なしには、到底無理であった。周知のように、薩摩藩は、主として喜界島・奄美大島・徳之島などで黒糖を生産させ、それらを大阪市場などで売却し、天文学的数字にふくれ上った藩の負債の償却に充当したのは著名である。幸いにも、黒糖の生産がある程度の水準に達するのであれば、島の人々の生活には、さほど干渉することはなかったのが実情であった。それが明治御一新になると、その施策の第一歩が廃仏毀釈であったのは皮肉という他はない。この時点で奄美の人々は、自らの生活が時の権力によって改変させられるという悲嘆を実感することになった。奄美大島南部の宇検村宇検の旧家に残された「先祖御卒去日記録」によると一八七〇（明治三）年御在番伊東仙太夫による仏法廃止、位牌等焼捨ての命令で名瀬方高千穂神社社司幸賢が全島を巡回し、諸仏をすべて廃棄し、先祖位牌も与人（島役人）役所へ集め下の浜で償却し、仏陀も火煙になった。それを見聞したシマ（集落）の人々は愁復焼眉の思いであり、悲嘆にくれ、その思いは言語に絶するものがあったと記している。この時、碇家の当主は位牌の文字を後世のためにと全部記録している。この時に名瀬方高千穂神社社司幸賢が仏像や位牌の代りに、配布したのが小形の神鏡と、薩摩藩国学局から木版摺で刊行された『神習草（かみならいぐさ）』であった。薩摩本国と同一の方法で廃仏毀釈を徹底していったのである。

このような薩摩藩・鹿児島県の動向に反して、沖縄に対する日本政府の施策は、廃藩置県は断行されたが、旧支配勢力の反抗と慰撫のため「旧慣保存」の処置をとり、驚くことには「旧慣」が廃止されるのには一九〇三（明治三六）年まで待たねばならなかった。

奄美諸島では、高千穂神社が勧請されると同時に、教育においても、本土化が推進されることになった。明治、大正時代をへて、昭和という時代は、皇民化教育の徹底していく時代として要約できる。それは、奄美出身者の師範学校入学とその卒業生が教師となり推進されるということになった。具体的には、方言使用の禁止を始めとする本土を模範とし、これに倣うという教育が推進されていくのである。従って、生活慣習なども、本土が「正」となり、見習うべきであり、奄美の生活習慣は「負」と考えられ否定すべきであるということになった。このようにして、奄美の人々へ植えつけられたのは自己の属する奄美への劣等意識であった。

黎明

一九一〇（明治四三）年八月一日沖縄県立図書館の開館式が那覇の南陽館で挙行された。沖縄県知事、沖縄県議会議長の祝辞のあと、伊波普猷館長嘱託の答辞があった。奇しくも、この時を同じくして、一人の若き歴史学者東恩納寛惇が奄美大島・名瀬に上陸し、若干の調査を試みている。伊波普猷三五歳、東恩納寛惇二八歳であった。東恩納寛惇は、この時に五冊のノートを残しており、大半は『南島雑話』からの抜書であるが、名瀬の長老麓甚養気と面談した記録などが残されている。恐らく大島島庁本と呼ばれている『南島雑話』

に接した最初の沖縄研究者であろうと思われる。

なんといっても、東恩納寛惇の奄美探訪の旅の八年後、一九一八(大正七)年一月、伊波普猷の奄美への講演旅行は、奄美研究への輝かしい第一歩となった。当時の大島郡教育会の招聘であり、第一回目は二部部会(古仁屋)と一部部会(名瀬)における奄美大島での講演であった。この時に、名瀬で『南島雑話』などをはじめとする奄美の文献に接した。そして、これらを借用し、沖縄県立図書館で筆写させたのであった。伊波普猷の奄美訪問は沖永良部島、徳之島、喜界島へと及び、それぞれの島々で、古文書の発見なども多く、その成果などを発表していった。第一回目の奄美旅行から帰って、三年後の一九二一(大正一〇)年の一月五日『海南小記』の旅の途上の柳田國男が「早朝那覇着、猶原館泊」と『南島旅行見聞記』に記しているように、那覇に到着した。そして、那覇滞在中は、伊波普猷を図書館に訪ねて歓談している。この時の話題に奄美大島がのぼったのは、ほぼ間違いないところである。文献に喜舎場朝賢『東汀随筆』、『王代記』、『陳侃使録』、『八重山由来記』、『ヒルギの一葉』などがある。つづいて『奄美史談』があり、次のような記事がある。

「奄美史談　一読了　写本図書館に在り。　明治三十二三年頃、島人の著、中世の研究　至って粗なり。」
また「大島でも古仁屋辺では那覇語が通ぢると伊波氏はいはれし由。島袋君の説にては、　今帰仁の土語と道之島とはよく似たる所あり。云々。」

その他『南島雑話』四冊も、よく読まれているようであり、メモが残されている。

考えてみると、伊波普猷の奄美訪問と柳田國男の『海南小記』の旅は、三年の間隔があったが、この時から奄美の研究は、遅まきながら着手されたのであるといえそうである。

しかし、奄美をとりまく体制は、漸次、皇民化教育の枠内における締付けを強化していくことをより加速させるようになっていくのである。しかし、その中で昭和初年には、伊波普猷の奄美訪問の契機となった大島郡教育会二部会長であり、古仁屋尋常高等小学校長であった永井竜一が伊波普猷が推奨した『南島雑話』の復刻・再版を試みている。それは永井竜一が伊波普猷と邂逅してから、二年後、大島島庁に職を奉じた時には確認した『南島雑話』が、一九三〇（昭和五）年には所在不明になっていたという事情があった。そこで鹿児島高等農林学校図書館にある写本を借用し、当時としては、瀟洒な謄写版で私費刊行したのである。現在、「永井竜一本」として知られる本である。さらに、永井竜一の令兄で生物学者であった永井亀彦は、この『南島雑話』の編者についての関心を持ち、これらの編者が名越左源太（島津藩の上士、お由羅騒動に関与・奄美大島へ五年間流罪）であることを確認し、『高崎崩の志士名越左源太翁』（嘉永年間著された郷土誌料南島雑話の解説）を刊行された。さらに、終戦後、『高崎くづれ大島遠島録』（名越左源太翁日記）をも刊行された。永井亀彦、永井竜一兄弟の活躍は、全て自費出版である点に特色がある。伊波普猷によって点火された奄美研究の火は、か細いながら継承されていったのである。

閃光

永井亀彦、竜一兄弟の生家は、名瀬の名家であった。父親の永井長昌善は漢学者で、教育者であった。永井兄弟の長姉のよしは萩原家に嫁し、萩原正徳、利用、厚生の兄弟を育てた。長男正徳は、長じて東京高等工業高校を卒業し、東京神楽坂に三元社という写真製版会社を興した。そして、戦前・昭和時代にあの『旅と伝説』を一九二八（昭和三）年から一九四四（昭和一九）年の一月号（終刊号）まで一六年間、刊行したのである。この雑誌は、終始柳田國男の指導のもとで刊行され、通巻一九三号に達していた。

この雑誌の執筆者には、岩倉市郎、泉芳朗、岩切登、昇曙夢、萩原厚生などの多くの奄美出身者がいた。萩原正徳の弟萩原厚生は東大文学部でフランス文学を専攻した俊才であったが、卒業後東大付属図書館にてフランス語文献担当として勤務していた。萩原厚生の同僚としてドイツ語担当をしていたのが関敬吾であった。関敬吾は、関東大震災のお見舞いとしてフィンランドから東大図書館に贈られたF.F.C（Folklore Fellows Communications）に接し、民間説話に関心を持ち始めていた。関敬吾は、同僚の萩原厚生を介して、実兄正徳から柳田國男への紹介を受けて、民間説話研究の長い道程への第一歩を踏み出すこととなったのである。

奄美研究へのか細い燈火は、少数の人々によって、静かに受け継がれることになっていく、しかし、その道程は、険阻な山道に似ていたが、細々と連なっていることは確実であった。しかし、あの第二次世界大戦が大きな影を落としていたことも確かであった。一九二〇（大正九）年には古仁屋に要塞地が定められ、砲台が設置され、一九三四（昭和九）年にはカトリック神父の追放、同年高千穂神社の県社への昇格などとともに皇国史観に基づく、教育の徹底がなされていた。ちょうど、この時代に私など小学校時代を過ごしたのであったから、奄美への関心といえば、激しい劣等感と日本本土への憧憬のみだといっても過言ではないといえる。

私などは、二〇歳に満たない年齢で日本は敗戦になった。学校教育の根幹は崩潰し、多くの生徒を戦場へと駆りたてた教師たちは、口をぬぐって、一夜のうちに民主主義者に変貌したのを眼前にしたのであった。そこで、私などに課せられたのは、何を信じていけばいいのかということであった。それまで、幾多の挫折、中断があり、結局のところ、自分が幼少の時代に過した奄美の風土、そして、なつかしい奄美の人々が話す方言への回帰が一番確実な自分の生の原点であるということになった。風邪をひくと母親は、奄美のユタの家へと連れていき、ススキの束を手にしたユタが、水を口に含み、低い声で呪詞を唱えながら、ススキの束で体をなで、祈りをこめた水を吹きかけるのが常であった。すると、不思議なことに、熱が下がり、気分が爽快になったものであった。幼い自分の体験は牢固として、心の底に在り、なつかしい回想になっていることを知った。

とにかく、奄美のユタについて知りたいというのが、まず、第一の課題になった。戦火のやっと納まり、すべてが灰になった焼跡にたたずむ一人の青年は、どうにか三年の学業を修了して、新制度の中学校の教師としての職を得た。若干一九歳であった。

奄美諸島は、はるかに遠く、それにアメリカ軍政下にあった。全ては、暗鬱なベールに覆われた時代であった。幸いにも、鹿児島県立図書館は戦火を免れ、その蔵書群は無事であった。それからの道程はきびしいものがあった。焼跡の鹿児島のバラックの本屋で、伊波普猷『琉球古今記』(刀江書院、一九二六年)と柳田國男『海南小記』(創元選書、一九四〇年)を入手し、少しづつであるが読み始めていた。大きな衝撃を受けたのは、『海南小記』に奄美大島の地図が掲載され、そこにくっきりと柳田國男の足跡が赤線で示されていたのを発見した時である。それから『海南小記』は机上の伴侶として、今も鎮座している。そして伊波普猷の本を少しずつ読み始めたのである。当時、奄美出身の有識者が鹿児島にいて、研究会を組織し、毎月定例会を開催していた。その中心に『沖永良部島民俗誌』の著者で柳田國男の直接指導を受けていた沖永良部島出身の柏常秋がいた。定例会の出会者は四、五名で私とか沖永良部出身の先田光演(現沖永良部郷土研究会長)が一番の若輩であった。

また、当時、鹿児島県立博物館には、あの永井亀彦が嘱託として勤務していて、時々、『南島雑話』の編著者名越左源太について話を聞くことができた。このささやかな研究会は機関誌『南島文化』を二号まで刊行した。そして、『徳之島民俗誌』などをまとめることができた。しかし、会員の老齢化などで、この会は活動を中止した。そして、また鹿児島民俗学会も活発な活動をしていて、この会にも所属し、勉学につとめた時代であった。そして、奄美諸島は、見事に日本復帰を果したので、異境にいる我々も、その感激にひたっていた。

それから、奄美への帰郷を考えたが、家庭の事情で、それを果たすのは不可能ということになった。しかし、私のテーマである「奄美のユタ」の調査は牢固とした希望として、胸の中で燃えさかっていた。そのため旅費を工面しては、奄美への調査・旅行を試みることになった。しかし、この調査・旅行には、大きな困難がたちはだかっていた。それらは、次のようにまとめることができよう。

①ユタを迷信として排撃すること。

官憲が弾圧してきた長い歴史があり、迷信であるという非難。
②島の知識人たちによる非難・弾劾。
奄美は、このような信仰のために、日本本土並にならないという誤った思いこみ。
③戦前にはこのためユタは、たびたび警察により苛酷な弾圧を受けてきた。
④しかし、ユタは、現在でも、再生し、その活躍をしている。
⑤奄美の人々は、多様な人生の危機においては、ユタの家を訪れ、その判断を乞い、ユタの指示に従っての儀礼をためらうことなく実践していることをも知った。
⑥奄美の公的社会でのユタ排撃と人々のユタの判断への依存関係は明白な矛盾であるが、この共存は成立していた。

少しずつではあるが、奄美のユタの存在の実態を感得することができた。それからは、ゆっくりと、ユタの家を訪問することにした。今から思えば、若気の至りだが、奄美大島の北部地域など舗装のされていない道路を自転車で踏破していったのを今でも忘れることはできない。もうもうたる砂ぼこりと灼熱の太陽のもと、坂を上り、下って、やっとユタの家へ辿り着き、一息つこうかと思うと、ユタは留守だという非情な答えが返ってきて、茫然と佇んだという思い出は、今でも鮮明で心が痛む思いでうずくのである。孤独感は、調査者たちもユタに対して冷淡であった。奄美の研究の継続を、何回も中断する思いを誘ったが、調査を進めると、ユタとの心の交流も少しずつできてきた。そのような時に知り合いに紹介された名瀬市郊外出身の男ユタが話を聞かせてくれるようになっていたが、ある時に、ユタのことは、この祈りのことばに全部含まれているから、よく聞いておくようにといわれた。まだ、今のような録音機もなく大きな機械を持ちこんでいたので録音に成功することができた。名瀬の町の細長い建物の二階、五、六人座わると一杯になる部屋で、神棚があり、もうもうたる線香の煙が立ちこめた中で。ユタのなつかしい声での祈りのことばが唱え上げられていった。これは「思松金」（おもいまつがね）という日光感精説話であった。そのまま録音機を持ち帰って、鹿児島での苦闘の日々が始まった。一言半句も理解できなかったが、一日一行ほどを二時間ぐらいかけて聞いて筆記していった。そして、リフレーンがあるのが理解できた。日の光に感精した思松金が生んだ日の御子が天上に上り、太陽に会い、人助けのために、この世にもどりユタになるという長篇の叙事詩であることを知ることができた。その時にはユタの調査に着手し、相当の年月がたっていた。そして、喜界島、奄美大島、徳之島、沖永良部島、与論島へとユタの調査を継続していった。その間にも、シャーマンの勉強もしてみたが、なにしろ辺境の地にいるので思うに任せなかった。そしてもっとも関心を持ったのがアメリカ・インディアンのシャーマンであった。機会があり、スティース・トンプスンの「民俗学研究の歩み」を訳出することができた。これは一九五二年に刊行された『現代の人類学』に発表された論文であった。『鹿児島民俗』一〇巻一一号（一九五六年、鹿児島民俗学会）に掲載された。ビ・エイ・ボトキンのアメリカ民俗学宝典の序文なども紹介しておいた（『鹿児島民俗』六の二三号・二七号・二八号、一九六二年、鹿児島民俗学会）に発表しておいた。この年から四年後、畏友荒木博之氏（当時鹿児島大学教授）の導きでアメリカ・インディアナ大学民俗学研究所で開催された第一回アジア民俗学会に参加を許され、研究発表（奄美シャーマン）をし、引きつづき研究所が開催している夏季セメスターを受講し、課題発表と指定図書のレポートに悲鳴をあげた。そして、付属図書館には主任教授であるリチャード・M・ドーソンが東大との交換教授として滞日中に購入した多くの日本の文献に目を通すことができた。皮肉なことに、アメリカで日本の文献に接することができたのである。まだ長身のスティース・トンプスン教授も壮健で、廊下にはスティース・トンプスンの胸像が飾られていた。奄美の研究は、口頭伝承の本格的研究によって、開始されるべきであるという方向が定まりつつあった時代であったと思う。まさに、不惑という年齢に達し、出発はまだ訪れずということを実感していたと思う。

Ⅲ　対象と認識

社会的なるものへの意志——柳田國男の〈郷土〉

姜竣

一　柳田國男と社会主義——序にかえて

柳田國男は、実践家にして常に学者であったが、学者でしかないことは一度もなかった。しかし、その思想ほど分かりにくいものもない。ほんの初期の例でいえば、農商務官僚、農政学者としての実践はやがて郷土研究に結実し、郷土会メンバーの牧口常三郎の郷土科教育に多大な影響を与えた。また、神社合祀を阻止しようとして投獄された南方熊楠を支援し、南方との出会いからヨーロッパのフォークロアについて多くを学んでいる。しかし、受け売りを嫌い、自前の方法に拘り、学問の素性について多くを語らない彼の思考のパターンや思想のあり方は非常にわかりにくい。ためしにナショナリズムとの距離からその思想の輪郭を捉えてみよう。

柳田に対する一九九〇年代のポスト・コロニアル批判は、総じて柳田が民俗という感性的なものを通して国民の過去を表象し、そのことがネーションの美学化に寄与したといっているように聞こえる（子安宣邦）。一国民俗学におけるポエティックスとポリティックスの表裏一体。しかし、これから本論で詳しく検討するように、柳田の鍵語の一つである〈郷土〉は、明治後期の地方改良運動への批判から生まれた、国家に抗する社会的なるものの概念であった。

もちろん、柳田は社会主義者ではない。昭和の初めのころ、マルクス主義歴史学者の羽仁五郎は、柳田を「郷土解放」に否定的な農本主義者と批判した。マルクス主義からすると、柳田はよっぽど社会変革には消極的とみえるらしい。しかし、柳田は、中農育成を自らの農政学のテーゼとし、横井時敬ら小農保護論が志向する地主的農本主義を痛烈に批判していたし、本論で詳しく取り上げるように、前田正名の町村是運動、平田東助の地方改良事業に代表される官僚的農本主義に至っては言を俟たない。したがって、柳田の思想をそういう意味で農本主義とよぶのはあたっていない。

ところで、羽仁五郎が「人口の十分の九は既に完全に郷土から放逐され、いずこにも郷土を有せない」といいつつ「郷土なき郷土科学」(昭和七・一九三二年)を論じた時代は、小林秀雄が「故郷という意味がわからぬと深く感じ」た「郷土喪失」「根柢喪失」(「故郷を失った文学」昭和八・一九三三年)の時代であった。かつて橋川文三は、それが「時代閉塞の現状」(石川啄木)の再現であり、その反射として「深い夢を宿した強い政治」への渇望が不吉な醗酵を開始するエポックだったといった。[1]

折しも昭和七(一九三二)年、昭和恐慌下の農村疲弊を背景に五・一五事件が発生して、海軍軍人による犬養毅首相の暗殺と、橘孝三郎ら愛郷塾のメンバー「農民決死隊」による帝都の配電システム破壊が企図された。この事件に多大な影響を与えたのが農本主義者、権藤成卿の「社稷」の思想であることはよく知られている。[2]そして、権藤の「社稷」は、国家と資本主義を排撃するアナーキズムが、真に自治的で相互扶助的なユートピアと見なした農村共同体=「無政府の事実」と結びついた。すなわち、農本主義的アナーキズムである。

それとほとんど同時期には、中野重治のような転向を余儀なくされたマルクス主義者が多く柳田民俗学に傾倒した。なかでも橋浦泰雄は民俗学の内部で柳田に師事し、昭和一〇年(一九三〇年代半ば)頃の民俗学の組織化を支えた。彼らが柳田に傾倒した動機にも農本主義的アナーキズムと似たところがある。すなわち、「郷土喪失」と裏腹な〈郷土回帰〉である。したがって、農本アナーキズムやマルクス主義者の郷土回帰を考えあわせると、本論で検討するように、柳田が〈郷土〉に傾けた思想と農本主義との区別には細心な注意が要る。

近代の国家＝ステートは、資本主義と結合しそれによって解体され、あるいは克服された共同体に替わって、ネーション＝国民という「想像の共同体」、あるいは回復された共同体を創出することになった。そうした国家や資本の動きに対抗して、アナーキズムやマルクス主義といった社会主義が試みたのは、いわば「ネーション」をめぐる社会原理の追究、社会的なるものの実験にほかならない。しかし、今日において、資本＝ネーション＝ステートは柔軟かつ強靭に結びついてしまった（柄谷行人）。

柳田が「郷土を研究するのではなく、郷土で或るものを研究しようとした」というとき、その〈郷土〉は、社会主義者たちの〈郷土回帰〉と同じく思想的な空間でもある。ならば、そこに込められた社会的なるものへの意志はどのようなものか。明治国家が共同体を再編制＝解体してネーションを創出しつつあるとき、そこで柳田が郷土研究を立ち上げた意味はどこにあるのか。それを再評価することが、すなわち本稿のテーマである。

二　「無政府の事実」としての村落共同体

明治四〇（一九〇七）年一二月、第八回イプセン会、柳田國男、長谷川天渓、岩野泡鳴、正宗白鳥、徳田秋江、秋田雨雀らが参加した席上で、『野鴨』をめぐって柳田と泡鳴が、ある攻防を繰り広げた。二人でイプセン会の立ち上げを決意したちょうど一年後のことだ。

「柳田氏　何遍も言ふ様だけれど、イブセンは斯様に破壊して置いて奈何する積りだう？　New World はないのであろうか？
岩野氏　ただ破壊だ？　空な形式なんて建てない方がいいと思ふ。
柳田氏　破壊したら破壊したでやはり何等かの形式が残らなくちゃならんと思ふ。
岩野氏　悟といふ事は既に一つの迷ひに入るんだ。どうせ弱い者は破壊される。唯だ力だ。
（…）
柳田氏　僕は然うは思はぬ。蟻や鳥、馬だの牛だのも皆其れ其れ生活の権利もあるし価値もある。ギイナの階級を皆へドキッヒにして了ってはならぬ。朝に道を聞いて夕に死しても可なりではならぬと思う、然うなると社会という大事実を否定しなければならぬ。
岩野氏　社会はいつでも出来る。
（…）
柳田氏　馬や鹿は自然に進む。然し人間は破壊された許りではならぬ。
（…）
柳田氏　官吏などで無政府主義の著述なぞを愛読している人がある。非常な矛盾ぢゃないか。
（…）
長谷川氏　理想なぞといっても一種の illusion だ。その illusion がなくなる頃は人間夢醒めて唯死だ。
（…）
柳田氏　然し現在に於ては少なくとも其 illusion が真面目なものでなければならぬ。
岩野氏　刹那の味が其処にあるのだ。[3]」

筆記者の秋田雨雀が特記するように、イプセンの「所謂無解決な態度」に関する議論のなかで、「特に柳田氏の穏健な建設主義と岩野氏の例の刹那主義的破壊説」がぶつかり合った。「例の刹那主義的破壊説」というのは、おそらく前年に泡鳴がものにし、その思想の根幹といわれる『神秘的半獣主義』の次のようなあたりを指すのだろう。

「僕の所謂表象は、ショーペンハウエルの云つた飢渇的で、頼るべきところもない、縋るところもない、さればとて一刹那の顯現で、――暗中を探つて救ひを呼べば、響き來たるものは自己の聲ばかり。止むを得ず、表象がその表象を食（は）んで、そのまた表象を苦産するのである。僕等はその苦産の兒であつて、またこの苦産を重ねなければ、活動といふ生命が承知をしない。僕等は精神上で社會の人と喰ひ合ふばかりではない、自分で自分の身を刹那毎に喰つて居るのである。これが内部から來る必然だから、無論、精神の安んずるところはない――僕等は實に悲痛の靈である。悲觀は到底僕等の免れ得られるものではない。如何に流轉はして居ても、これは生命と一緒につき纒つて居るのである。悲觀を脱したと思へば、また悲觀が來る，いツそ之を喰つて、之に堪へ、之を生命とするなら、表象はそこに活動の餘勢を振つて、自我の覺醒を來たすので――この覺醒の間が、文藝の慰藉に堪へ得られるのである。」[4]

泡鳴のいう「表象」は英語 symbol の訳語であって、言語は自然の、その自然は心霊の「表象」である。ところで、表象には、ひとつの表象がもう一つ別の表象へと無目的に変転流動する効果がある。表象の根源にある「心霊」は、「神秘」ないし「スピリチュアリズム」の同義に近く、既存の宗教や倫理における神や人に対する義務、あるいは、心的科学の物質的基盤の両方から距離を置くための装置である。「表象」をこのように捉えると、なるほど「刹那」の意味もなんとなく分かってくる。

ここまでくれば、泡鳴の思想が近代のオカルティズムと地続きであることは容易に想像できるが、しかし、それが「破壊」と結びつくのは、アナーキズムとの関係にある。近代日本においてアナーキズムが最も影響力を持ったのはこの少し後の大正時代であるが、当時の代表的アナーキスト、大杉栄は泡鳴を「偉大なる馬鹿」と呼ぶほど熱心な読者だった。[5] ところで、日本のアナーキズムは、近年「大正生命主義」の研究とともに再評価されるようになり、両者の結び付きによって、泡鳴の「社会」を止揚し、刹那的な破壊を指向する思想の別な読みが可能となった。

近代市民社会における個人の規定は、各人が利己的に利益を追求すること（レッセ・フェール＝自由放任）を肯定する市場経済主義の原理と、進化論の生存競争の原理が大いに影響した。さらに、利己心による自由競争が全体の福利を増大させるところに、市場原理と福祉国家が出会う。それに対して、自我の根源を自然と調和し、宇宙的意志による普遍的で神秘的な「生命」に求める思想が、富を追求し権力への欲望を抱く近代的「個」を超越しようとした。

つまり、資本をめぐる弱肉強食の争いと権力が強いる秩序を嫌うアナーキズムは、ならば解放された個々人がエゴイズムに陥らず調和を保っていく保障はあるのかというジレンマに逢着せざるを得ないが、そこで、自らの裡なる深みから湧き起るように実感される「生命」が、自分ひとりのものではなく、地下水脈でつながっているごとく普遍的な地球生命、宇宙生命の一部であると夢想するというわけだ。[6] だからこそ、アナーキズムは、資本制の発展により必然的に社会主義革命が起きるとするマルクス主義の経済決定論を嫌い、その知識人中心、理論重視、党組織尊重を特徴とする革命思想とは対極的に、直感によってのみ裡から実感される生命の跳躍《エラン・ヴィタル》に似た爆発的な蜂起の可能性を信じた。[7]

ところで、大正という時代の文壇や論壇を覆った一つの思潮を生命主義として捉えなおすことには、じつをいうと、アナーキズムとファシズムという、国家をめぐる正反対の思想的傾向のむすびつきを明らかにできる効果がある。大正生命主義を先駆けていた泡鳴は、独自の日本主義を経て『古神道大義』（一九一五年）では、古事記が描く大らかな生殖による生成の神話へ着目し、神道へ向かうのだが、そこで、個人が生命の拡充によって自由に存立する状態を「優強者」と呼び、国家の存立もまた自由な個人によって成立し、日本国家の中心なる優強者は天皇であるというのだ。[8]

生命の拡充に関する実感があくまで主観的なものである以上、それを資本や国家に対抗するストライキや蜂起に邁進した時に感じたといわれても、あるいは、国家のため天皇のため皇軍兵士として戦った時に感じたといわれても、ともに否定はできず、実感に即し、理論の支配を拒み、調和の幻想を投影しやすいゆえにアナーキズムとよく親和した生命主義は、また同じ理由で、ファシズムともよく親和したのだった。[9]

そもそもアナーキズムは、解放された個々人が生存競争に陥らずに調和を保つシステムとして、「生命」の一方で相互扶助に注目していた。日本アナーキズムに多大な影響を及ぼしたクロポトキンには『相互扶助論』（一九〇二年）という主著があるが、それを日本語に訳したのは大杉栄であり、その妻、伊藤野枝には、国家の権力と法による統制が及ばずとも自治と相互扶助が行われたユートピアとして自らの生まれ育った福岡近郊の漁村の実態を取り上げた「無政府の事実」（一九二一年）というエッセイがある。[10]

一九三〇年代に岩佐作太郎、萩原恭次郎ら転向したアナーキストたちが権藤成卿の農本主義に傾倒していった事情も同じである。つまり、古代の農耕および祭祀共同体をモデルにした権藤の「社稷」を近代国家批判の根拠ないしユートピアとして、言い換えれば、アナーキズムの泣きどころ＝権力の絶対否定の先にどんな社会が具体的に構想されうるかという根本的疑問に答えるべく、「社稷」を足下にある「無政府の事実」として取り込むことで、日本国家もしくは日本民族を天皇と有機的に一体化した共同体と捉え、そこには本来アナーキズムが否定するはずの近代的権力は存在しないと考えられるという転倒が生じるのである。

「近代的国家権力を絶対的に否定するというアナーキズムの鉄則がはらむ空想性を、前近代的な共同体を称揚する方向で越えようとした思想は、欧米アナーキズムの他方の特徴である「個我」の絶対自由を、どこか置き去りにして顧みない傾向を帯びた」[11]。アナーキズムとファシズムは、生命主義がはらむ双生児だったのである。

ならば、蟻にすら生活の権利や価値を認める柳田國男の社会的なものへの意志はどのようなものか。イプセン会は翌四一年二月の第九回をもって自然消滅し、そのあたりを境に柳田は文壇を離れた。それは、よくいわれるような青春の終わり、文学上のヴィジョンの挫折などという事態ではない。泡鳴とのズレは、柳田の社会的なるものをめぐる思想の極北を知るにふさわしい事象である。

三　明治末期の「地方」ブームと〈郷土〉

明治の終わり頃、日本では題名に「地方」ということばを掲げたおびただしい数の書物が刊行されていた[12]。じつは柳田國男の〈郷土〉概念もそうした動きと無関係ではない。

明治四三（一九一〇）年一二月、新渡戸稲造が『農業本論』（明治三一・一八九八年）で提唱した「地方学（Ruriology, Ruris 田舎 Logos 学問）」の理念と方法を一部の農商務官僚たちが支持し、その研究組織である「郷土会」（〜大正七・一九一八年）が立ちあげられた。三年前の明治四〇（一九〇七）年、柳田は第二回報徳会例会で新渡戸の講演「地方《ヂカタ》の研究」を聴き、感銘を受けたという。柳田は「郷土会」の幹事をつとめ、会と連動した雑誌『郷土研究』（大正二〜六・一九一三〜七年）の編集を自ら行い、大正七（一九一八）年には会員たちと神奈川県津久井郡内郷村で「我が国最初の『村落調査』」を試みた。

「郷土会」立ち上げの同年同月、柳田は全国各地で行った農政関係の講演を一冊にまとめた『時代ト農政』を出版した。柳田農政学の真髄とされるこの書の巻頭を飾ったのは、「農村経済と村是」という論考である。それは、前年七月に開かれた第一回地方改良事業講習会での講演に基づくものだが、ところで、講演の時の題名は「農業経済談」だった[13]。

それによれば[14]、村是調査書には一つの模型があって、「製図師のような専門家」が村々を頼まれて歩き、監督庁から様式を示して算盤と筆とで空欄に記入させたようなものが多い。細長い日本は地形と人口、土地利用、生産経営により村々の経済事情が千差万様であるから、農業経済の学問は中央集権には適していない。農民は目まぐるしく変化する外界の波に翻弄され、心掛けも悪くはなく正直でよく働きつつ折々損をする。だからこそ、自治経済の世の中では愚かな質問であるはずの「私は何ゆえに貧乏であるか」という問いが痛切な疑いとなった、というのである。

明治末期に推進された広汎かつラディカルな一連の地方統治は、この講習会の名にちなんで地方改良運動と呼ばれ、運動は町村是確立によって集大成された。柳田は地方改良運動の只中で、真っ向から村是を批判したというわけだ。単行本刊行に際して改題で村是批判を前面化し、しかもそれを巻頭に配したのには、郷土会に臨む柳田の気概が込められていた。〈郷土〉研究のはじまりは、極めて政治的な事態だったのである。

村是とは、明治日本における地方自治の最小単位である町村の経済状況を調べ、あるべき殖産方針を策定するというものである。村是調査は、明治一〇年代に大隈財政下で勧業政策を推進し、その後農商務省大書記官として殖産興業を指導した前田正名に端を発し、日清戦後の頃から本格化した。明治三〇年代には調査標準や調査指針が設けられ、全国各地の町村へ波及していった。ならば、村是と地方改良運動はどうかかわるのか。

町村是調査の標準や指針が設けられた明治三〇年代の初めは、明治政府が日清戦後経営の一環として財源育成のために地方財政の立て直しをはかった時期であった。府県制郡制を改正するなど、増大する財政負担に堪えうる地方自治体作りを目指す政府は、三〇年代半ばになると、内務省地方局が調査した各府県市町村の基本財産状況、ならびにその増殖・管理方法の事例を次々官報に掲載し、あわせて町村治績や町村是の模範例も登録していった。[15]

全国から集まった事例は、官報に登載される一方、「当局の覚悟」「有志の趨向」「納税準備」「事務整理」「造林事業」「農事改良」「基本財産」「部落有財産の統一」「町村是の実践」「勤倹貯蓄」「善行奨励」などの項目ごとにまとめられ、パンフレットとして全国に配布されたが、とりわけ、前田正名が推進する農会主導の町村是は、自治体強化に欠かせないカリキュラムとされ、例えば、当時町村改良の手本としてもてはやされた「日本三大模範村」の一つ、宮城県生出村は、明治三三年に村是調査に着手し、翌年に完了、三六年には第五回内国勧業博覧会にその村是を出品している。[16] これは最も早い時期の例である。

そして、官報に載った村是や村治績のあり方は、たとえば、明治三六年八月二七日の官報から「日本三大模範村」のうち最も短い千葉県山武郡源村（現在東金市と山武市に分割編入）の例でみると、戸数と人口、村長・助役の名前と働き、役場事務として帳簿文書の種類と整理状態、教育として学校の就学状況と基本財産の項目と金額、勧業として農事改良と副業の現況、財政として村費の総額とその内訳、基本財産造成の現状、勤倹貯蓄として郵便貯金の規約、などが記載されている。[17] ちなみに、勤倹貯蓄の欄には、村民が規約を設けて苗代本田とも苗稲の発育中は殺生を禁じ、また衣服は綿服を用い、冠婚葬祭その他兵士の送迎の際に贅費を省き、時間を厳守するなどのことを定めて勤倹に取り組んでいる様子も紹介されている。[18] この源村の村是・村治績は二ページ足らずだったが、生出村のそれは三〇ページにもおよぶ実に詳細なもので、もうひとつの「三大模範村」である静岡県稲取村のそれは、さらに立派のものだった。[19]

さて、こうした明治三〇年代半ばにおける村是・村治績の把握と模範的な事例の発掘および顕彰の上に成立し、「地方改良運動」という命名のきっかとなった地方改良事業講習会は、内務省地方局の主催で、改良事業を監督指導する府県や郡の担当者を対象に、第一回目の講習会が明治四二年七月一一〜三一日、東京飯田町國學院大學において開かれた。同年末にまとめられた講演集によると、[20]あらかじめ貴衆両院の許可を取り付け、地方長官会議に諮った上での開催だった。貴衆両院議員、前大臣前次官、地方行政を専門とする大学教授など、多数の来賓を迎えた開会式では、内務大臣平田東助が訓示演説を、出張中の次官一木喜徳郎を代理して内務省神社局長井上友一が開会のあいさつをした。

平田は訓示演説で、急務である一万三千町村の財務整理とその監督指導の任の重大さを強調し、講習会が「良町村」にするための監督指導者を育成する機会であると述べている。受講者は具体的には郡長、郡書記、府県の課長ら一〇〇余人であったが、秋には各地の町村長、篤志家や有志を対象とした講習会を企画するというから、当然ながら地方官吏をそれらに優先していたことがわかる。ちなみに、第二回地方改良事業講習会は同年一〇月に実施されている。

講師陣の顔触れをみると、官界からはやはり主催者の内務省関係者が最も多く、次いで農商務省、文部省のそれが多い。内務省からは、内務次官一木喜徳郎、神社局長井上友一、神社合祀を推進した前神社局長水野錬太郎、社会事業家ながら内務省嘱託として地方改良運動、報徳思想の普及に努めた留岡幸助らが出講していた。ちなみに、一木は『斯民』誌上で柳田國男と論争を繰り広げた報徳社主岡田良一郎の次男で、地方改良運動と報徳社をつないだ人物である。

次に農商務省の方面からは、公有林整理にかかわる山林局長、公有林専門の農学者が出講し、公有林への関心の高さが目立つほか、農事改良の専門家として横井時敬が出講している。当時法制局参事官だった柳田國男は、かつて農業経済を研究し内務省の依頼でよく地方へ出張した経験を買われて名を連ねることとなった。

文部省の方面からは文部官僚のほか、「低能児教育貧民教育子守教育」の専門家を含む数名の現場教育者が出講している。明治以降町村財政においては教育費が大きな比重を占め、たとえば、先ほどの源村の村是にも就学状況と教員数と教員費、校舎の建設、教育費など学校の基本財産が事細かく記載されていた。学校または教員は、地方改良の目的でも手段でもあった。ちなみに、当時の文部次官岡田良平は一木の実兄で岡田良一郎の長男である。

そこで、当時「地方改良の本尊」「地方自治の小イエス」と呼ばれた[21]井上友一の講演「自治訓練の方法」から、地方改良の中身を具体的に探ってみたい。まず、井上は帝国大学法科大学の出身で、一八九三(明治二六)年に内務省に入省、県治局市町村課長、地方局府県課長を歴任し、その間ヨーロッパに派遣され[22]、『列国ノ形成ト民生』(明治三四・一九〇一年)をはじめ多数におよぶ彼の著作は「自治のバイブル」と呼ばれた[23]。

井上の講演「自治訓練の方法」は次のような内容であった[24]。全国一万三千町村を整理し優良町村を増やすためには監督官庁の督励指導方法を整備し利用するのが最も有効で、監督指導は従来のように良い町村を表彰するに止まらず、不良村を見定め「病根を枯死させる」ところから着手して良い村の経営に至るまで段階的に行うべきで、そのためには自治の「訓練法」「訓育法」、すなわち、改良のカリキュラムの研究が欠かせない。

そこで、イギリス、ドイツ、アメリカ、フランス、ロシアなど欧米諸国の自治制の歴史、学説、行政を概観した上で、いよいよ自治訓練の方法として各国の自治組織およびその活動、それに似た日本各地の事例を紹介している。具体的に自治の組織と活動というのは、たとえば、アメリカのとある町で少年四千人を少年営林員として雇って害虫駆除をやらせるといったことを指すが、その他青年会、婦人会などによる自治活動の事例と、さらに家庭、宗教家（団体）、神社、郷土の歴史による自治教育、しまいに監督官庁の視察、法律、督促による督励の事例を挙げている。

二日にわたる井上の講演は、当然ながらボリュームが他の講演を圧倒しているが、その大半を占めるのが自治訓練の効果に関する話である。それは、例によって欧米諸国の事例をモデルにしながら、日本各地の町村の模範的な例を取り上げ、さらには、全国各地の篤志家の取り組みを実名入りで推奨するという体裁のものだった。内容は、その大項目だけを挙げても、風紀・娯楽・祭日休日などの風化行政、生活保護・職業紹介などの救済行政、防疫・清掃・公園・上下水道・住宅・墓地などの保健行政、交通行政、勧業行政、財務行政などに加え、選挙管理、矯弊方法、公立劇場・博物館などの教化施設におよぶ包括的かつ系統的なものであった。

井上が各地の篤志家を発掘し推奨したのは、当時の地方改良事業が報徳会と連携しながら二宮尊徳主義と消息を保っていたからだが[25]、彼が中心となって全国各地から上京して地方局を訪ねてくるおびただしい町村長、篤志家、社会事業家、神官、僧侶たちを改良事業に巻き込んでいったことと無関係ではない[26]。また、井上は、各地の町村の事例に触れるそうした場を新人内務官僚の見習教育にも活かしていたようで、明治四〇年代当時、内務省の新人官僚は井上の計らいで毎日お昼に全員が地方局に集まり昼食を取りながら、各地の実例を聞かされていたそうだ[27]。そうした井上の現場へのこだわりは、第一回地方改良講習会の終了後に、一〇〇余人の受講者が東京から最も近い「三大模範村」である千葉県山武郡源村や、埼玉県豊岡町の信用組合を視察していることからもうかがえる。

四 「貧困」と「魂」

よくいわれるように、明治日本における統一的な地方制度は、明治一一（一八七八）年公布の郡区町村編制法、府県会規則、地方税規則からなるいわゆる三新法にはじまる。一〇年後の二一年に市制・町村制、二三年には府県制・郡制が公布され、いちおう地方制度の確立を見たが、しかしそれは、明治政府が二二（一八八九）年の大日本帝国憲法公布、翌二三（一八九〇）年の教育勅語発布によりネーションの創出または国民の統合をはかったことと相前後するもので、実態からかけ離れた政治上の「傑作」とよばれるものであった。[28]

明治の町村制は、江戸時代の藩政村（明治の大字）のレベルでは国や府県の徴税、徴兵や公共の土木事業、学校教育費を財政的に賄うことが不可能なため、五つないし六つの町村を合併して全国七万四百くらいの村を一挙に一万三千ぐらいに統合するというものであった。合併の結果、それぞれの習俗の違いやつきあい関係により旧村どうしの争いと対立が続出した。たとえば、当時の村の財政では教育費が大体支出の三割以上を占めるほど大きな負担となっていたが、すると当然ながら、教育費の捻出や通学距離を左右する学校の設置場所をめぐって旧村間で対立が生じるわけである。[29]

そうした実体のない地方制度と自治行政が、明治三〇年代の町村是調査でようやく端緒につき、四〇年代の地方改良事業を通して内面化していったことはすでにみてきたが、ところで、明治末期の地方改良運動はじつは「社会改良」と呼ぶべき包括的なものであったと同時に、近代政治史上看過することのできない特徴をもっている。日露戦後、明治国家は財政破綻などの機能障害をきたし、ネーションの創出または国民統合をはかる政治空間の再編を企てる必要に迫られた。そこで、内政を一手に握る内務官僚たちが、自らのテクノクラシーを実現する政治領域として「地方」を再発見し、改良運動を推進した。[30]

そもそも地方改良事業は、講習会を実施した当時の内務大臣平田東助によって「社会改良事業」として構想されながら、折しも大逆事件などの社会主義運動が激化したために、「社会」ということばは、「昆虫の社会」という題目の本が取り締まりの対象になるような状況の下で、危険な用語として忌避されたのである。[31]すなわち、「地方」は「社会」の別の謂いであった。柳田たちの郷土会は、その「地方」を発見したテクノクラートの内部に胚胎したラディカルな批判の所産であり、「郷土」と「地方《ヂカタ》」、「地方《ヂカタ》」と「地方」、「地方」と「社会」の距離と関係を考え合わせると、「郷土」という概念が政治的に極めてアクチュアルで戦略的なものであったことがわかる。

ところで、それから柳田が郷土研究で着手したテーマ、民俗学で企てたスキームを考えた場合、柳田の地方行政への批判にとってもっとも重大な出来事は、町村の基本財産の造成を第一義とする地方改良運動が、いよいよ地方住民の生活心情を搦めとった神社合祀であることは、よく知られている。[32]

いわゆる神社合祀は、明治三九（一九〇六）年の勅令「神社寺院仏堂合併跡地譲与ニ関スル件」ならびに内務省訓令「府県社以下神饌幣帛料共進ノ件」を機に、内務省が府県に一町村一社を目指して基本財産のある有力神社を中心に主として無格社を統廃合した整理事業である。そして、明治初年、宮中祭祀と伊勢神宮を頂点に定められた神社の位階（社格）と祭祀（祭式・祭日）の体系が、大正三（一九一四年）年の官国幣社以下神社祭祀令、同神社祭式に至って完遂すると、神社合祀は、地方改良運動が推進した町村合併ならびに町村財産の一体化と、国家神道による信仰＝精神的一体化のまさに結節点に位置した。

その間、柳田は、郷里和歌山で神社合祀反対運動に奮闘していた南方熊楠と出会い（明治四三年）、文通（翌四四～大正五年）を通じて「ルーラル・エコノミー」論争を交えながらフォークロアを学んだ。そして、報徳会の会誌『斯民』に連載した「塚と森の話」（明治四五年一～五月）で、「自分の立場は甚だ苦しい。本職が官吏でありながら、政府が神社に対する近頃の政治振を批評せなければならない」と断った上で、神社と樹木、森との関係、神木や森にまつわるタブー、神社の森や土地それ自身が御神体であること、神社の地が無造作に引っ越すべき性質のものでないことを述べながら、「忌憚なく言えば、神社合祀の挙は、多くの場合において、此点に対する用意が足りない」と批判したのだった。[33]

「ルーラル・エコノミー」論争、つまり、柳田が雑誌『郷土研究』の主題として掲げた「ルーラル・エコノミー」をめぐって、それを「地方経済」ないし「地方制度」と解した南方が、ならば柳田は「巫女考」の連載（一巻一～一二号、大正二年三月～同三年二月）を即刻中止すべきだと論駁したのに対して、柳田は「ルーラル・エコノミー」は「農村生活誌」の意だと反論しつつ一年におよぶ連載――次に「毛坊主考」の連載――を止めなかったことは、柳田が民俗学に移行したのは農政学に挫折したからで、二つの学問は断絶している――ということは、「貧困」と「魂」という二つのテーマは矛盾している――と捉える従来の学説に対して、二つの領域の連続性を示唆するエピソードとして注目されてきた。

たとえば、「巫女考」は差別と貧困を扱った「社会問題」の研究でもあって、ミコを廃業して農業に専業化すれば、差別問題は消滅するという考えを示しているとして、消極的にせよ政策構想を体系的に提示した農政学とそうかけ離れていないというわけだ。[34] しかしその「社会問題」（あるいは「差別」）という概念の持ち込み方には、当時「社会」ということばがもっていた時代相への配慮も、あるいは、いわゆる民俗統制への目配りも欠けている。

もう一度くりかえすが、〈郷土〉は、地方改良でいう「地方」に対抗し、ということは明治国家に抗する「社会」的なるものの概念である。であればこそ柳田は、郷土を研究しようとしたのではなく、郷土で或るものを研究しようとしたといった。その或るものは、以上の議論を踏まえていうと、神社合祀がもたらした財産収奪と信仰生活の攪乱に対するアンチテーゼとして、「貧困」と「魂」の問題を同時に動機として抱え込まざるを得なかった何かである。問題は、なぜそれを考えるための最初の題目に「巫女」――次に「毛坊主」――という方法を選んだかである。

「巫女考」によれば[35]、アルキミコとは、たいていはどこの村民かわからず、少なくとも五里、八里の遠方からクライアントを求めてくる旅行者で、パートタイムで農業も営みながら音信の途絶えた者や死んだ親族など死者の声を口寄せして魂のやりとりをするものである。そして、「巫女という階級がなかったら、わが邦のフォクロアは淋しいものであったろう」という。

そもそも柳田は、すでに「塚と森の話」において、地方政治最難問題の一つは「村方退転」「ルーラル・エクソダス」といった農村人口の都市への流出であり、その理由は片田舎を本位としない教育や政治の不当な統一にあること、すなわち書記的教育の弊をなくすには自分の生活に数千年の根があるということを郷民として内部から研究せねばならないこと、そこで先述の森の話と神社合祀の批判をした後、とりわけ漂泊する巫女、山伏などは未だ「えたいのしれない民間信仰」「野卑なる風習」を伝えていて前代の信仰生活、平民の歴史を知る有力な手がかりであること、地方誌研究が盛んになった機会を利用して今こそ村々の居住者が自ら祖先の努力の跡を尋ね、これによって将来の方針を決めねばならないことなどを述べていた[36]。

そこには、柳田の郷土研究の主題がほぼ出そろっており、そのための方法論の萌芽もみられる。だが、漂白する民間の宗教者は単に「下層人民」の信仰生活や平民の歴史を内部、すなわち「無名無記号の大事実」から知る手がかりというだけではない。それは、イエ、ムラといった共同体と社会的な交通(交換=コミュニケーション)空間を媒介する存在であり、そのことによって、それに着目する柳田の〈郷土〉という概念が、共同体と社会的なるものの間に想定されることを考える上で重要な意味をもつのである。

柳田は、農政学から郷土研究を経て民俗学を意識し始めた一九三〇年の前後に、雑誌『農業経済研究』に「野の言葉」「農業と婦女児童」「行商と農村」という一連の論考を掲載し[37]、そこで、各地で小児、若者、貧民、賎民が仁輪加芝居などをやって餅や米をねだる慣習や、「祝（ほ）ぎ人」の予祝儀礼は、福音を売り買いする一種の交易であること、行商が物と言葉を合わせて売り買いし、その交易は社交の一方法であったこと、明治以前には貨幣にさえ相場があったことなどについて論じている。

こうした問題意識や方法は、あるいは、柳田が民俗学に先立って岡正雄ら若き民族学徒たちと共に発刊し、柳田の離脱が原因で休刊してしまった雑誌『民族』（一九二五〜九年）で、西欧人類学の贈与・交換論に触れた影響によるものかも知れないが、そこで柳田が、前代の交易と貨幣の用法における価値体系が社会的関係に基づいていることと、共同体内部の生活原理においてはことば、芸能、儀礼、財貨がパラレルな関係にあることに注目していることが認められる。

つまり、柳田が農政学で企図したのは、貨幣の流通により消費を中心として、農民自らが組合を経営しながら新たな社会的関係を築く可能性だったが、民俗学の口承文芸における言葉のやりとりの探求も、さらには祖霊信仰論における魂をめぐるそれさえも、いわば貨幣のような象徴的通標に媒介される交換＝コミュニケーションのアナロジーを、生活の古典から探ろうとしたのかも知れない。

五　共同体と社会——結びにかえて

共同体とは、家族にせよ村落にせよ社会的なもの（外部）に対して自らを閉ざし、あたかも自立した世界（内部）であるかのように在るシステムのことである。それに対して社会的とは、人やモノや貨幣などの交通（交換＝コミュニケーション）する空間に成立する関係の在り方である。都市はまさしくそうした交通空間であり、それが表象の上で海や砂漠と重なるわけも交通にある。ところで、社会的な交通空間が抽象的な空間であるように、共同体も相対的なものであり、そこに、あたかも共同体を自律ないし孤立したものとして扱ってはならない理由がある。[38]すなわち、共同体は内部の同一性を保持するために、それを脅かすものを外部に由来するものとみなし、外部に追放しようとするが、不気味《ウンハイムリッヒ》な外部が親密《ハイムリッヒ》な内部の自己疎外《ドッペルゲンガー》にすぎない（フロイト）ように、共同体にとって外部はその一部、内部に対して相対的なものなのである。外部としての異界やそこに属する異者《ストレンジャー》はすでに共同体から見られたものであり、不可欠な一環である。[39]

ところで、そういう中心と周縁の弁証法、あるいは、共同体の存続のメカニズムは、すでによく知られているが、ここで大事なことは、交通＝交換＝コミュニケーションの方である。柳田は「貧困」と「魂」の問題を切り離さず、漂泊の民間宗教者、小児、若者、貧民、賎民といった周縁部に媒介される、福音の売り買いを含めた前代の交易と財貨の用法における価値体系について考えていた。そのことと、共同体と社会の間に〈郷土〉を想像しようとした企図または手続きとのかかわりこそ、本稿を締めくくるにふさわしい問題だからだ。

共同体が最も斥けるのは社会的な交換である。なぜなら、共同体内交換は互酬性を原理とする贈与による不等価交換だが、社会的交換は売買（契約）関係により貨幣が媒介する等価交換だからだ。[40]ところで、互酬的交換は、交換でないものも互酬的交換の形態をとることで交換とみなされるという点ですべての交換の基礎であり、近代のネーションまでもが、商品交換の経済によって解体されていった共同体の「想像的」な回復にほかならないのである。[41]それは、社会的交換の諸タイプの歴史的な起源ではないが、歴史的な起源を論理的に遡行するのに役立つ。

共同体を起点として——進化論的な段階ではなく形態として——、交換のタイプによって社会原理を類型化すると、それぞれ互酬制による共同体、収奪と再分配による（封建）国家、商品交換による資本主義市場に分節されるが、とりもなおさず、それらは近代の国家やネーション（国民）を媒介する交換にほかならない。[42] たとえば、近代国家においても国民の納税の義務と福祉政策による分配というかたちで収奪‐再分配関係は残り、また、ネーションにおける同国民に対する共感や負い目という感情（アンダーソン「想像の共同体」）は、互酬的交換に由来するものである。[43]

商品交換と国家の関係はやや他と異なる。商品交換は共同体と共同体、国家と国家の間に成立する市場でなされる。ところで、共同体内部での互酬的交換には、贈与と返礼の実行を強制する力が働き、それは呪力として表象されるが、商品交換においては機能しない。共同体間の交換の契約を履行させるのは国家、国家間のそれを保証するのは世界帝国である。[44] そのために以上で共同体と社会的なもの、共同体内交換と社会的交換の違いを強調し、区別をしておいた。

ところで、ネーションが感情的な基盤をもつというのは、たんに商品交換とは異なるタイプの交換、すなわち互酬的交換に根ざすという意味である。ネーションは商品経済によって解体されていった共同体の「想像的」な回復である。それゆえ、ネーションは根本的に資本主義的市場経済や国家に対立する要素をもつのである。しかし、もはやネーションがエスニック的な民族、言語や宗教の共同性に還元されることはない。[45] 国家、共同体、市場経済の三つの交換タイプのいずれをもきっかけとしながら、いずれの社会原理にも還元されない性質をもつネーション――に見合う交換――について考えるためには新たな第四のタイプを想定しなければならない。すなわち、それは「アソシエーション」である。[46]

アソシエーションは、個々人が互酬制による共同体の拘束から解放されている点で、市場経済の商品交換に似ている。と同時に、資本主義的市場経済の競争や階級分解に対して、相互扶助的な交換を目指すという点では、共同体と似ている。さらに、この自発的で自立した相互的交換のネットワークは、収奪と再分配を行う政治的国家組織に対抗し、国家の原理と相容れないものである。それは共同体、国家、資本主義を超える唯一の原理であり、これが他の三つと異なるのは現実に存在したことがない——挫折を含め——ということ、その意味で「ユートピア」だということ、しかしながら、三つのタイプが執拗に残る限りこの交換原理も統制的理念として残り続けるということだ[47]。

今日においては、資本制経済、国家、ネーションは相互に補完し、補強しあっている。たとえば、個々人が経済活動において利己的に競争し、それが経済的な不平等と階級間の対立を生むと、国民=ネーションとしての相互扶助的な感情によって打ち消し、国家が資本の放縦を規制し福祉などで富を再分配するという具合に、近代において資本=ネーション=ステートという三位一体が形成された[48]。

この期に及んで、にもかかわらず、〈郷土〉を足掛かりとした柳田國男の社会的なるものへの意志を再確認することには一体どんな意義があるのか。その意義は、資本=ネーション=ステートが互いに強靭に結びつくことで潰えていった別の可能性を掘り起こし、柳田國男以降の思想状況や学史に持ち込むことにある。たとえば、サークル村運動（谷川雁・上野英信）や限界芸術論（鶴見俊輔）といった、戦後の民衆文化をめぐる思想的な実践を見渡せる、と同時に、より広い文脈で民俗学史を再構築できる道がそこから開かれるかもしれない。さらに、現在のアソシエーショニズムのイメージを作り出すこともできるかもしれない。

最後に、これからのヴィジョンを述べて稿を閉じたい。柳田の〈郷土〉という概念は、命名からして村落共同体から離れにくく、じじつ民俗学史ではほとんど同一視されてきた。しかし、本稿で議論してきた以上、それが社会的なるものであるかぎり、その空間は村落であっても都市であってもかまわない。さらには、たとえば全国仕立屋組合といった実践共同体さえも許容しうる。そうした学説史の再構築を民俗学側にもわかるように充実させる必要がある。

その上で、現場をおさえながら具体的に議論を進める方向がありうる。都市をも射程に入れた場合、筆者がアソシエーションとして具体的にイメージするものの一つに、フランスの空想的社会主義者フーリエが構想したファランステールがある。それは、生産・消費・生活の共同体で、三〇〇から四〇〇の家族で構成される。ベンヤミンは、近代都市において揺籃期の市民たちが市場経済へ身体的かつ美学的次元で絡めとられていく過程を、パサージュを遊歩しながらその商品と建築を通して考えたが、ベンヤミンによると、フーリエはファランステールの組織を機械とのアナロジーで人間から成る機械装置として作り、しかも、その空間をパサージュを反動的な方向に改造する方向で構想したらしい。[49] ベンヤミンのような研究を社会学が遣り過ごした郊外の団地研究に持ち込めないだろうか。

もうひとつ、概念そのものを引き延ばすやり方がある。たとえば、一九九〇年代に阿部謹也が展開した世間論は、日本には西欧のような「個人」と「社会」の関係などなく、その中間的領域として「世間」があるだけだというものである。たとえば、「私は無実だが、世間には申し訳ないと思っている」というよくある謝罪は西洋人には理解できない。[50] 阿部はそうした「世間」の行動原理として、「先日はありがとう」「今後ともよろしくお願いします」といった西欧の言葉に翻訳できない共通の時間観念、お中元やお歳暮や年賀状のやりとりのルールと範囲にみられる贈与と互酬の慣行、そして長幼の序を挙げている。[51] 阿部の「世間」という概念は、歴史的なものでも社会的なものでもあり、あるいは、構造主義的にも構築主義的にも捉えうる点で魅力的だが、しかし、阿部のように「世間」を非資本主義的、集団的、縁故的な人的ネットワークであるとしてしまうと、単なる伝統的共同体以上の意味ではなくなってしまう。したがって、その「世間」概念にはいっそうの精緻化が必要である。

注

1 橋川文三『日本浪曼派批判序説――耽美的パトリオティズムの系譜』講談社文芸文庫、一九九八年、三六頁。
2 例えば、浅羽通明『アナーキズム』ちくま新書、二〇〇四年、一〇一―三頁。
3 「新資料紹介　イブセン會・記録（第五回～第九回）」『季刊柳田國男研究』第二号、白鯨社、一九七三年六月、一四九―一五〇頁。
4 岩野泡鳴『神秘的半獣主義』左久良書房、一九〇六年、七一頁。
5 浅羽、前掲、九三頁。
6 浅羽、同前、八四、八六頁。
7 浅羽、同前、八四―五頁。
8 浅羽、同前、九三―四頁。
9 浅羽、同前、九三頁。
10 浅羽、同前、一〇七―八頁。
11 浅羽、同前、一一一頁。
12 橋川文三『柳田国男論集成』作品社、二〇〇二年、二七二頁。
13 内務省地方局編「第一回地方改良事業講演集上・下」一九〇九年一二月、内務省（神谷慶治監修『地方改良運動史資料集成』第四巻、一九八六年、柏書房）。
14 柳田國男「農業経済談」内務省地方局、同前、五三二―五五七頁。
15 三浦茂一「〝日本三大模範村〟の成立事情――地方改良運動と千葉県山武郡源村」『歴史手帳』六巻二号、名著出版、一九七八年、三三―四頁。
16 三浦、同前、三四頁。
17 官報、明治三六年八月二七日第六〇四七号（『官報』［明治篇第一〇巻二三］一九八七年、竜渓書舎）
18 注17に同じ。
19 宇野俊一「明治期の模範村、源村の成立とその背景」日本研究センター刊行物編集委員会『城西国際大学日本研究センター紀要』第一号、二〇〇七年一月、一四頁。

20 内務省地方局、前掲。
21 橋川文三『橋川文三著作集　九』筑摩書房、二〇〇一年、二五〇、二六〇頁。
22 副田義也『内務省の社会史』東京大学出版会、二〇〇七年、二九六―八、三五四頁。
23 橋川、二〇〇一年、二五〇頁。
24 井上友一「自治訓練の方法」内務省地方局、前掲、三三―一六六頁。
25 報徳会は、岡田良一郎の二人の息子、岡田良平と一木喜徳郎など文部・内務官僚の主導で明治三八（一九〇五）年に結成され、地方改良運動の推進母体となった団体である。斯民会を行政単位につくり、青年会と町村会の組織化にも力を注いだ。柳田が岡田良一郎と論争を繰り広げた『斯民』（明治三九・一九〇六年創刊）はその会誌である。
26 橋川、二〇〇一年、二六一頁。
27 副田、前掲、四〇六―七頁。
28 橋川、二〇〇一年、二六二頁。
29 宇野、前掲、一五―六頁。
30 橋川、二〇〇一年、二五五頁。
31 橋川、二〇〇一年、二四九―二五〇頁・二〇〇二年、二七二頁。
32 例えば、橋川文三「明治政治思想史の一断面――「地方」の擬制と実体をめぐって」『橋川文三著作集　三』筑摩書房、二〇〇〇年、二四四―二六四頁。
33 柳田國男「塚と森の話」『定本柳田國男集』第一二巻、一九六九年、四五九―四六五頁。
34 藤井隆至「柳田国男の社会問題研究」国立歴史民俗博物館編『共同研究/民俗誌の記述についての基礎研究』国立歴史民俗博物館研究報告第五一集、一九九三年、二五九―二八九頁。
35 柳田國男「巫女考」『柳田國男全集』一一巻、筑摩書房、一九九〇年、三〇五―四一五頁。
36 柳田國男、一九六九年、四五九―四六五頁。
37 柳田國男「野の言葉」『定本柳田國男集』第一五巻、一九六九。「農業と婦女児童」『定本柳田國男集』第一四巻、一九六九。「行商と農村」『定本柳田國男集』第一六巻、一九六九。柳田は、これらの論考を雑誌『農業経済研究』に連載時に「行商と農村」にも「野の言葉」という副題をつけており、いずれ「野の言葉」と題して一冊にまとめる予定だったが、一部を単行本に収録したために実現しなかった（「あとがき」『定本柳田國男集』第一六巻、一九六九年、四七九頁）。
38 柄谷行人『探究Ⅱ』講談社学術文庫、一九九四年、三二〇―八頁。
39 柄谷、同前、三四八―九頁。
40 柄谷、同前、三五〇―一頁。
41 柄谷行人『ネーションと美学』（定本柄谷行人集四）岩波書店、二〇〇四年、六、一三―四頁。
42 柄谷、同前、八頁。
43 柄谷、同前、八頁。
44 柄谷、同前、一〇頁。
45 柄谷、同前、一三―四頁。
46 柄谷、同前、一四―九頁。「アソシエーション」とは、プルードン派の理論に基づいてパリ・コミューンで目指された生産協同組合のことをいう。柄谷は「コミュニズム」との無用な誤解を避けるために「アソシエーション」と呼んでいる。晩年のマルクスはパリ・コミューンに垣間見られた「アソシエーション」に唯一の可能性を見ていた。
47 柄谷、同前、一四頁。
48 柄谷、同前、一八―二一頁。
49 ヴァルター・ベンヤミン『近代の意味』（ベンヤミン・コレクション1）浅井健二郎編訳・久保哲司訳、ちくま学芸文庫、二〇〇四年、三二七―三三二頁。
50 阿部謹也「「世間」とは何か」『阿部謹也著作集』第七巻、筑摩書房、二〇〇〇年、一四頁。
51 阿部謹也「世間と差別」同編『世間学への招待』青弓社、二〇〇二年、一〇―四一頁。同『日本人の歴史意識――「世間」という視点から』岩波新書、二〇〇四年、一―一五頁。

明文化・系統化される民俗——農山漁村経済更生運動初期における生活習俗の創造

和田 健

一 はじめに 「村」を意識した生活習俗はどのように創造され具体化されたのか?

私たちにとって生活習俗というものはいかようなものなのか。私たちは「昔からやってきた当たり前のものだから」という説明で「伝統」「言い伝え」ということばを使い何となくでも納得了解をする。しかしながら過去において連綿とまったく変わらず継承される生活習俗というものは存在するとはいえず、特に近代においてはさまざまな担い手によって創られたりあるいは公的施策の中で統一化されたりする側面もあろう。[1]

近代日本国家の形成過程において、公的施策との関わりで地方改良運動、民力涵養運動などと連続して農山漁村経済更生運動は、国民の生活習俗——「民俗」なるものをどう私たちが意識化していくかといいきってもよい——を創造する過程において時代の結節点的な意味を持ちあわせている。[2]これら一連の運動は、地方を中心とした農山漁村の経済復興を施策の中心とするが、その経済施策を担う人たちの生活習俗と関連させてより内面的態度の強化と結束も企図されたことはいうまでもない。結束という側面では家同士の協同体であるもともとの「村」を再認識し団結しうる存在に進めていくことが重要と考えられていたのである。経済復興のために必要な施策において、村の持つ協同性は重要な要素であり、そして協同性の紐帯となる生活習俗をどのように意識化するかは、肝要の課題でもあったのである。

そしてそのような施策の普及にとって重要な媒体が機関誌の存在である。メディアが広く生活習俗の創造に影響を与える要素も検討される必要があろう。

本稿では農山漁村経済更生運動のなかでも第一期五カ年（昭和七年〜一二年、以下この時期のことを特定する場合「第一期経済更生運動」と略す）における「生活習俗」の意識化がなされる過程を見ながら、いかに私たちの生活習俗が系統化されながらも現在に向かって伝承されていったのかを考えてみたい。ひいてはこの時代の生活習俗の創造を題材にしながら、「民俗学的想像力」とは私たちにとって（それは学問としての存在を意識した「民俗学」とは違う前提に立って）どのような想像力かをあわせて考えていきたい。[3]

二　農山漁村経済更生運動における組織と雑誌の成立

（一）制度が整う二年間（昭和七年から一〇年）

さて今回対象に絞ったのは一九三〇年代における農山漁村経済更生運動（以下「経済更生運動」と略して表記する）の第一期五カ年についてである。

農山漁村経済更生運動はこの時期における世界不況の余波による農村の経済不況をいかに打破するかというところから始まった官主導の施策である。その意味では「運動」ということばは、民間の主体的活動を印象づけるものに感じられ、直裁的に考えるとややことばに不思議な印象を与える。[4]しかしながら官である県郡市町村の経済政策部局が民間に対して系統立った関わりを持ちながらも、各地の農業団体や農業指導者、ひいては篤農家を巻き込みながらの実践的な活動であったことから、民が主体の「運動」という要素も含まれていると見ることもできる。

この運動の中心人物はかつての農商務省事務次官であり、農村更生協会初代会長であった石黒忠篤である。石黒は郷土会において柳田の勉強会に出席し、民間伝承との関わりに興味を持っていることは周知のことであり、この経済更生運動においても、いわゆる民間の慣習知識が働くメカニズムについて何かしらの関連性を持たせながら考えていたことは明らかである。

まず今回検討対象とした第一期五カ年について当時の状況を記したい。この経済更生運動が活動開始したのは一九三二（昭和七）年九月である。折しも前年の満州事変のあと満州国が強硬に建設された年である。経済更生運動は政府が公式に号令をかけた施策とはいえ、ここまで地方が農業復興に対して全く施策をとっていなかったわけではない。また地方改良運動の流れから「模範村」にあたる先導的立場にある模範例とされるところもあり、経済更生運動初年度は施策に着手する手探り状態の中から、まずは先導的な取り組みをしている村から始まったといえる。

また第一期経済更生運動当初に掲げられたスローガンは「自力更生」である。このことばは解釈にふくらみがあるもので「自分自身で回復する」というのは官が主導ではなく村の担い手が主体となる意味合いを含まれようが、日本全国均一すべての農山漁村がこのスローガンのもと「自力更生」できるはずはない。何はなくても経済復興であり何かしらの経済支援が官主導で行われる必要がある。いわゆる「自力更生」を目標に掲げてもそれを担う側の主体がどうあるべきかが鍵になってくる。石黒がこの第一期経済更生運動の中で大きな目標として掲げたのが、農民精神の作興と農村の中堅人物の養成であった。まずは自力更生の主体となる主導的人物の養成を、運動に取り組む手始めに考えていたと推察できるが、もう一点目標に掲げていたのが、隣保共助である。村の中の家々のつながりを再認識し、協同性を構築していく施策を経済支援とは別の柱立てで考えていた。後述するが農村更生協会のイデオロギーを伝える機関誌『農村更生時報』からは、これらの当初目標を達成させるべき啓発的要素を記事からうかがえる。この雑誌は一九三六（昭和一〇）年に公刊されたものであり、各町村役場、農会、青年学校、負債整理組合そしてこれらの活動に中心的役割を果たす個人に対して当初は無償配布され、運動を拡げる機関、組織そして中心的人物にとって重要なメディアの役割を果たしていたのである。この雑誌は一九三八（昭和一三）年一一月号より『村』と改題され、より組織的な家々の紐帯を意識する名称に変わったのである。時は国家総動員法が発布された年である。人々、家々そして村々の系統的統制が表立って見えるようになり、経済復興の旗印のもと、満州への移民施策の母体ともした村の経済復興が第二期経済更生運動の中心的課題となったといえるが、今回はそこまで立ち入らない。その運動の礎となった第一期経済更生運動初期における、村や実行組合の内面的な紐帯の創造について触れておくことを中心としたい。昭和七年の経済更生運動のはじまりから昭和一〇年の機関誌『農村更生時報』発刊までの当初二年間は、まだ系統立った施策が立つ準備段階であると位置づけるところはまず確認しておきたい。

（二）第一期経済更生運動における「生活改善」項目の位置づけ

まず第一期経済更生運動において各指定村単位で策定された「農山漁村経済更生計画書」について簡単に紹介したい。そのなかで立てられた具体的な施策項目の中から特に「教化事項」について注目してふれる。更生計画は指定された村の経済更生委員会における具体的な目標設定であり、数量的な到達度を示す面と理念的な面があげられる。本稿では茨城県経済部がまとめた「昭和七年度農山漁村経済更生計画書」を例として、各項目の特徴についてまとめておきたい。なおこの項目整理は拙稿にて紹介をしたので重複をするのだが、このあとの事例提示には必要となるので改めて要旨を示しておきたい。

指定村が提出した更生計画書はそれぞれ分量や具体的な目標設定はバラバラである。茨城県のみならずおそらく他の県でも同様であることが推測される。茨城県の場合、初年度に指定村となった三八のうち、昭和六年度および昭和七年度に農事集団指定地として一九カ所が県の施策により経済更生活動が着手されており、この一九の農事集団指定地に加えて各郡単位でひとつは指定するように策定され三八の指定村が決められた。

更生計画書の構成は三つの大項目が設定されている。「一　農山漁村ノ概要」「二　概況ニ則シテ経済更生計画ヲ必要トスル理由」「三　経済更生計画」である。いかにも公的書面のフォームであるが、これらの大項目の下に中項目が記されている。中項目は（一）（二）や（第一部）（第二部）など書き方はまだバラバラである。特に計画書の中心である「三　経済更生計画」は重要な柱である具体的な経済施策が示されているのだが、取り組みの具体性については深浅があることは否めない。ただし経済更生運動の重要な柱のひとつである精神的側面については、おおよそどの指定村においても共通項がある。精神的側面に関する記載の共通項は「精神の作興」「農民教育」とともに必ず「生活改善」の目標項目が立てられていることである。精神的な側面で重要視されたのが「隣保共助」と「勤倹」である。そのための生活習俗に関しての目標設定やその方法が明文化されているのである。

㈢　具体的な「生活改善項目」とは？——茨城県指定村の事例

では「生活改善」に関わる具体的な目標設定はどのようなものであったのだろうか。いくつか事例を見ていきたい。なお下記に記す事例はことわりが付されていない限り、「昭和七年度農山漁村経済更生計画書」からの引用である。

（事例二）節酒

「隣保共助」と「勤倹」の両側面が見えるのが節酒についての目標設定である。

たとえば葬儀に関わる茨城県行方郡津澄村の計画書では「手洗酒ト称スルモノ一升　忌中払イト称スルモノ一升限度トスルコト」[6]とあり、葬家に手伝いに来た人たちにいわば有償のお礼と考えられる酒の振る舞いである「手洗い酒」や葬儀後の会食である「忌中払い」での飲酒についても「一升」を目安にするという目標設定である。昭和七年度指定村の中では葬儀に関わる飲酒については「二升ヲ過ギナイ」（東茨城郡小川町）をのぞいては「一升」を目安に設定するか目標設定をせずに「質素に」という記述が大半である。

また入隊時における目標設定で「入営当日鎮守社殿社前ニ参集シ神酒一升程度ヲ以テ入営ヲ祝スルコト……（後略）」（行方郡津澄村）や「軍人ノ歓送迎ニ際シテ旗幟ノ類ヲ答セザルコト、振舞ハ為サザルコト……（後略）」（結城郡西豊田村）とあり、西豊田村にいたっては入営する家族のいる当家の負担をできるだけ避けることから餞別も含めて一切やらないところまで目標設定している。また「立振舞ハ全廃スル」（東茨城郡稲荷村）としたいわゆる祝い酒そのものを禁じる記述もあるが、入営時の振る舞い酒についても葬儀同様できるだけ質素にするといった目標設定が多い。

節酒の目標設定は、東茨城郡稲荷村の計画書で「二人以上集合シテ飲酒セザルコト」と記され「立振舞ハ全廃」と合わせてかなり具体的であるが、ほとんどの指定村では「質素」ということばのくくりである。

ただし飲酒のような日常習慣における目標設定の周知については、実行組合単位で連絡徹底するといった内容が各指定村更生計画書の随所に記されている。

（事例二）　**葬儀における共同膳椀の保有**

葬儀における出費抑制で強化徹底されたものに、村内あるいは実行組合単位で膳椀や葬具の所有管理をする目標設定を掲げているところが多い。葬儀に関する目標設定は冗費を行わないという視点で三八すべての指定村で触れられている。たとえば「村内実行組合ヲシテ儀式ニ要スル膳椀其ノ他ノ器具ヲ共同設備セシムルコト」（那珂郡前渡村）と記しているように実行組合単位での管理運営を実施することを記している。

また新治郡新治村はより具体的で「昭和二年ヨリ確実ニ実行シツツアルモ未ダ共同葬具ノ設備ナキ者アルヲ（中略）共同葬具ノ設備ヲナスコト」と記載しており、従前より取り組みが進めていた目標で今回の経済更生計画では徹底して進めていこうとするものである。新治村は一九二六（大正一五、昭和元）年に生活改善同盟会を設置し、様々な生活改善指導を行っている。時間の励行や自家製醤油の奨励など勤倹に関しての呼びかけはかなり具体的に進められていたようである。そのなかで実行組合単位による所有管理を進めてきたのが共同膳椀の管理である。もうすでにこの施策が村単位で進められていたのだが、指定村になったきっかけに、徹底して共同所有を進める目標設定を定めたのである。このように生活改善同盟会のような地域の実施団体によって生活改善規約が一九二〇年代より定め実行に移していた指定村は、更生計画書においても紙幅を割いて記載していたり生活改善規約をそのまま更生計画書末に添付していたりしている。第一期経済更生計画五カ年目である昭和一二年の更生計画書では、増産に向けた生産計画や農家簿記奨励の記載が目立ち、教化に関わる事項は生活改善事項よりも「精神の作興」に関わる事項が目立ってくる。[7]

その意味では更生計画初年度においては、徹底して葬儀に関わる慣習の整備や運営のあり方が扱われ、加えて実行組合単位での家々の連携や隣保共助が確立されていった時期であったといえるのである。

（事例三）時間の励行

もうひとつ非常に多くの指定村が掲げている生活改善事項に「時間の励行」があげられる。「時間の励行」を単に述べているだけのものもあるのだが、より具体的なものでは集合時間の遅れをただす指摘がある。たとえば「日常生活上最モ無駄ヲ感ジルモノハ各種ノ会合ニ於ケル時間ノ空費ナリ故ニ（中略）「時ハ金ナリ」理解シテ他人ニ迷惑カケザルコト」（東茨城郡小川町）や「通知ヲ発スル当事者ハ其時間ヲ通知スルコト」（西茨城郡岩瀬町）のように、会合を行うときに時間を守って集合して話し合いをするようにとする内容である。時間を守るという感覚については、時分単位の時間認識をより意識化する生活に改善しようとする目標設定である。このことはたとえば「経済更生上時間確守ノ励行ヲ為スハ勿論各般ノ事業遂行ニ極メテ肝要」（行方郡延方村）とあるように、経済更生運動を実践していく過程で会合の数が多くなったことや、実行組合の中で家同士の相互扶助、隣保共助を促進していく基盤として捉えられていたことが伺える。しかしながらすべての指定村更生計画書を見る限り、集合時間を守ることを努力目標に示しているだけである。ちなみに第一期経済更生運動五年目である昭和一二年の指定村では、より具体的な実践方法が記されているものが出てくる。たとえば努力目標として「時間の励行」と掲げた上で「一　時報機の設置　二　ナルベク時計ノ設置ヲ個別的ニ（時ノ正確）　三　開会ノ正確　四　訪問時ノ冗長ニ渡ラヌコト　五　欠席セントスル時ハソノ届ヲナスコト」[8]（東茨城郡下中妻村）と記しているように、時報機設置や時計の個別所持など具体的な目標達成の方法を設定している。

このように「陽が昇る、沈む」とか「潮の満ち引き」など、自然の変化で経験的に認識してきた「時間」と、時計などで時分により認識する「時間」の両方が、日常に立ち現れてきたのである。後者をより「近代的」――「欧米的」の方が正確な括りであろう――とされる感覚の中で、当時の農山漁村においては模範的な時間認識として捉えようとしていたのである。

以上三つの事例は、隣保共助や勤倹を実践する基盤として目標設定されたものであり、特に実践の徹底には、個々の家同士をつなぐ集合体としての実行組合そして村のあり方を問い直したものであると見ることも可能であろう。

初年度における更生計画は経済復興のための生産計画や経営計画もさることながら、それを実践するための村づきあいや村の規約をどう考えるかという内面的な実践を目標設定とされたものといえよう。[9]

三『農村更生時報』に見る具体的目標の設定――昭和一二年を事例に

(一) 大きな結節点となる昭和一二年

ここまでは茨城県における第一期経済更生運動初年度の取り組みを例にしながら、各町村経済更生委員会の施策により生活習俗の目標設定がされてきた事例を示した。生活改善事項の目標設定は、隣保共助と勤倹を具体的実践させる方向に導き、そして一体的なつながりとしての村のあり方を創ろうとした端緒のひとつであったと筆者は考えている。

さてこのような公的施策による生活習俗への介在とともにもうひとつ考えておきたいのが機関誌『農村更生時報』についてである。ここに記された内容がいわゆる当時の模範的な村のあり方を広げる文書媒体でもあったことを昭和一二年一月号から一二月号までの表紙と裏表紙のあり方を見ながら検討していくこととしたい。

まずなぜ一九三七(昭和一二)年の雑誌を対象にするのかを記しておきたい。前項では第一期経済更生運動初年度の活動を対象としてみたが、ちょうど五年目を迎える年にはある程度の具体的成果が出ていたことや様々なノウハウが蓄積され、それがテキスト化されつつある時期であるからである。もうひとつはこの年に日中戦争が始まり中国への対決姿勢が決定的となり、農山漁村経済更生運動は満州移民の養成、教育に本格的に関わる結節点となる年であると筆者は考えるからである。本稿では満州移民施策には深く立ち入らないが、この機関誌が昭和一二年に公刊された一二冊には経済更生運動における生活習俗の公的な施策との大きな関わりが看取できることを述べていきたい。

（二）表紙と裏表紙の役割（昭和一二年公刊からの考察）

昭和一二年に公刊された『農村更生時報』の表紙、裏表紙についてみていきたい。

まず表紙であるが、ここには各月に見られる農村での労働の風景が描かれている。たとえば一月号では「農具拵え」（写真1）、二月号では「田打ち」（写真2）、三月号では「苗代麦菜種育仕る」などである。特にこの年は六月号までは表紙の解説はないのであるが、七月号より表紙をめくって裏側のページに早川孝太郎の解説文が入ってくるのである。[10]早川は昭和一二年五月に農村更生協会の嘱託に採用されており、第一期経済更生運動五カ年がひと区切りつく段階での本格的な参与ということになる。

早川が表紙解説を付した七月号は「草刈り」（写真3）についてである。ここで記されていることを少し引用してみたい。[11]この絵は山形県置賜地方における編み笠、背中当てであることを解説している。解説冒頭で「山の草刈りは朝毎に続けられるのが以前からの慣例であった」とした上で、最近ではこの作業そのものがなくなりかつての草山は雑木林に変わり薪炭材の原料林となったと記している。近年の著しい農村における経済事情の変化をこの草刈りの絵を通して指摘しているのである。さらにこの絵に描かれてある背中当てについて「肩に着けたのは一般にセナカアテ又はネゴとも云い、荷を負う場合の一種の保護体であるが、之は民俗芸術的に特に勝れた技術を見る」と指摘し、民具としての芸術性、実用性について触れた解説となっている。

ここまで農村の労働風景が描かれていたが、明らかに違うものになったのは、一〇月号の「銃後の風景」(写真4)からである。さらに一一月号では機関誌の題が『農村更生時報』から『村』へと変わっていくのである。この年七月に起きた盧溝橋事件により中国との緊張状態が膨れあがり、戦時体制強化のため国民精神総動員運動が九月より展開した。対外戦争に対して国民精神を高揚させることと、国民の日常生活に対する統制を目的としたこの運動開始の中で、農村更生協会の活動もそれに連結した活動へと完全にシフトしていく流れが推定される。

そして早川の筆致は、農村の労働風景の解説から世相に呼応したものへと変わってくるのである。一二月号は「炉辺回顧」(写真5)ではそれが顕著に見られるのである。表紙を飾った囲炉裏の解説である冒頭で「村の生活の懐かしさと床しさと、あらゆる点に魅力を持った囲炉裏、これこそ吾々民族の文化の根幹であり希望を象徴せるものであった」と述べ、表紙の囲炉裏を通じて日本民族全体の象徴的風景であるような指摘をしている。そして囲炉裏は「団欒の中心」「共和の源泉」そして囲炉裏の火を「敬虔に守り続けてきた聖火」とその意義を評価している。これは囲炉裏が「非時代的な遺物」「原始的装置」などといわれる非難に対して「古風なものの持つ重大性を忘れてはならない」と指摘するなど旧来の文化を再評価する啓発の意味を込めた解説に変わってきている。

このように昭和一二年の世相と戦時体制強化の流れにおいて、いわゆる「民俗(民族)文化」なるものの捉える流れが、表紙を飾った絵と解説そして雑誌名の改題により読み取ることができる。そしてこののち続く農山漁村経済更生運動では満州への移民を柱とした教育運動に中心課題がシフトしていくのである。

さて裏表紙についても触れておきたい。昭和一三年以降の裏表紙は農村更生協会が刊行した書籍の広告記事が中心となるが、昭和一二年においては前後の年にない際だった特徴が見られる。裏表紙は日本地図上に各都道府県別のあらゆる普及率について統計化されマッピングされているのである。たとえば三月号では「昭和一〇年度販売肥料消費額中共同購入割合」(写真6)であり一〇月号では「農家簿記普及部数」である。経済更生運動の目標達成度数を日本地図上に図表化し、読者である農民の中堅指導者および各町村の経済更生委員会など施策に主体に関わるものたちに刺戟を与えるものとなっているのである。

(三) 模範事例の紹介や連載講話のテキスト化

機関誌の公刊とともに様々な刊行物がテキストとして公刊されていく。たとえば一九三五(昭和一〇)年一〇月一七日に農村更生協会主催による座談会が開かれその鼎談が公刊されている。『村長は語る』と題されたこの冊子は、当時産業組合中央金庫講堂において開かれたものである。全国の更生指定村の中から一九名の村長が参加しており、司会者は石黒忠篤である。講堂では更生指定村の概況や活動報告が展示紹介されており、第一期経済更生運動の中間報告的な意味合いが強い。鼎談の内容は更生計画の具体的なあり方よりも計画の具体的周知徹底の仕方や全村一体となる方法についての議論が中心である。つまり模範的な更生指定村における村の運営のあり方を示し、公刊により全国の農民指導者に具体的な組織運営のあり方を示したものといえる。

また機関誌の刊行が進むにつれて連載記事を集成したテキスト化、アーカイブ化が始まるのも第一期経済更生運動のさなかからである。たとえば村の運営に関わることに関しては経済更生運動に関わる総論的教科書『農村更生読本』につづいて『部落更生読本』が一九三八(昭和一三)年に刊行されている。ここにまとめられたものは『農村更生時報』が『村』に主題を変更した昭和一二年一一月号より始まり、翌昭和一三年七月号までつづいた連載講話である。

連載は一〇講[12]にわたり、執筆者は農業経済学関係の研究者および農商務省行政官によるものである。民間で実

写真1　農村更生時報　昭和一二年一月号「農具揃え」

写真2　農村更生時報　昭和一二年二月号「田打ち」

写真3　農村更生時報　昭和一二年七月号「草刈り」

写真4　農村更生時報　昭和一二年一〇月号「銃後の風景」

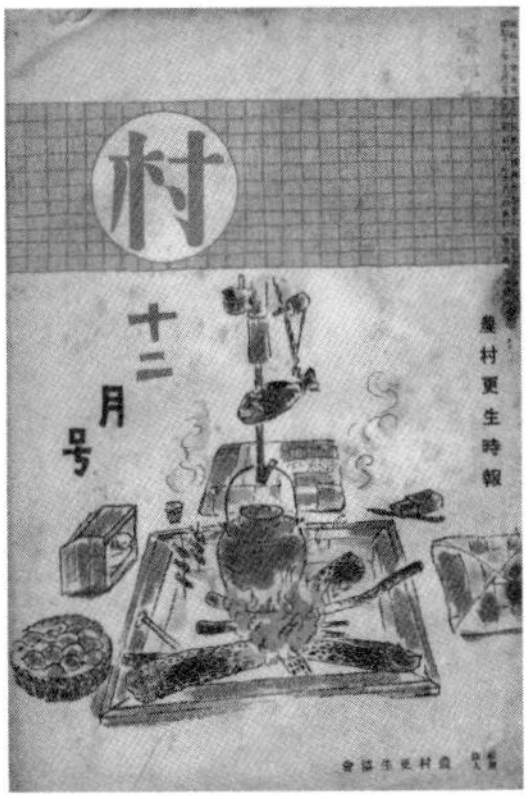

写真5　村　昭和一二年一二月号「炉辺回顧」

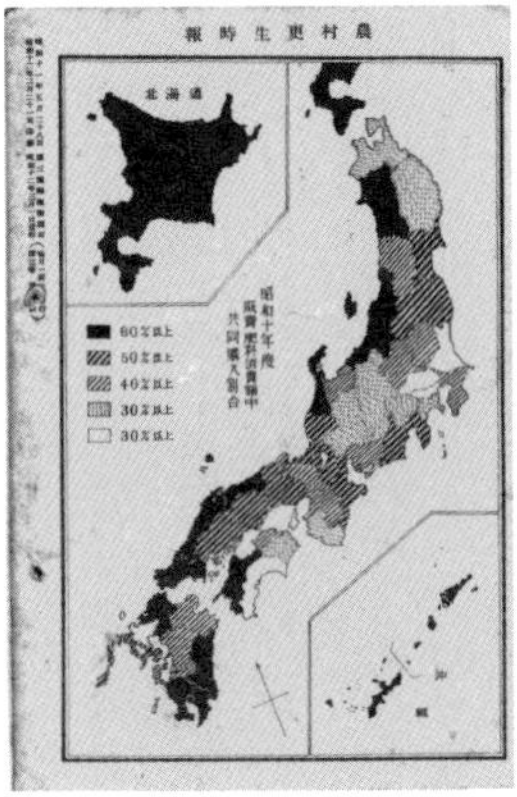

写真6　農村更生時報　昭和一二年三月号裏表紙「昭和一〇年度販売肥料消費額中共同購入割合」

践されている部落運営のあり方というよりも研究者、官僚による啓発を意識したものであり、戦時体制に入っていくこの年、各団体を系統化していく国民精神総動員運動の流れの中においても農山漁村の部落（村）のあり方が固定化していく流れの中での公刊といえる。

このように第一期経済更生運動において、メディアである機関誌と刊行物の果たした役割は、村における習俗の再認識そして村の一体感についての啓発であり、そして公的な施策のもとに行われた村の再組織化、系統化を画する媒体のひとつと見ることが可能なのである。

四　まとめ

本稿では、第一期経済更生運動という一九三〇年代の戦時体制に入る前段階を意識しながら、生活習俗のあり方が、「村」あるいは「実行組合」で、具体的な連携性を持たせる存在として形成されながら創られていく点を述べてみた。あわせてそれぞれの村や家々における多様な生活習俗が日本国民（民族）全体の生活習俗として啓発と再認識を施すために、機関誌を含めたメディアが果たす役割についても少なからずあることも述べてみた。筆者がここで考えたかったのは、農山漁村経済更生運動が始まる一九三〇年代においての生活習俗は様々な公的施策が入り込んだ中で動的に創り上げられてきた存在である、ということである。あわせて生活習俗の基盤となる存在として村や実行組合による隣保共助の奨励を目標に掲げながら、国民全体の伝統的とされる生活習俗が強化されていったのである。

以上の小括をもとにしながら、私たちは民俗学的想像力においてこの時期の生活習俗をどのように捉えうるのかについて筆者なりの解釈を記してみたい。

民俗学的想像力とは、直近の過去を現在時においてどう認識するかを身近な生活習俗などの中から考えていくことではなかろうか、と筆者は考える。通史から考える歴史的想像力とは若干色合いが違う――しかしながら別の存在とはいえない――のだが、経験知（身体知）として所与のものと考えがちな生活習俗が実はさほど静的な伝承の中でどの時代も捉えられないとする見方は重要であると考えている。たとえば「時間の奨励」は、現在の私たちが考える「何時何分に遅れずに集合する」は果たして所与のものであったのか、という問いと向き合いながら考えるべきであろう。時間の奨励が目標設定されるまでは緩やかな時間認識がそこに存在したのであり、決してそれは「いいかげんな時間認識」では括れないものである。「陽が落ちたときに寄合を行おう」や「川面が満ち潮であがってきたら集まって船を出そう」というのはそこに住まう人々にとっての時間認識は極めて幅が広く、時分とは別の便利さがあったろうと考えることは可能であろう。そして時計の個別所有や時報機の設置が奨励され、時分の時間認識と従来の経験知である時間認識と併存するものとなったのである。現在の私たちが所与のものとして考える時分の時間認識とは明らかに違うと捉え返すこともできよう。蛇足なのだが筆者が職務で関わる留学生教育の場で必ず耳にする「日本人は時間に正確です」という画一的ないわれ方がある。果たして何を以て時間に正確とされるのだろうか。本当にそうなのか？　画一的な日本人観を突き崩す想像力は私たちにとって必要なものである。

次に生活習俗が「改善」の名のもと目標化され規約化される流れを、現在の私たちはどう捉えるかである。つまり言語化された規約を作って生活習俗の規範作りが示され、統一化されていくことについてどう捉えるかである。マイケル・ポラニーは暗黙知――別の呼び方で経験知、身体知と訳される――と呼ばれる言語化された知識――言語知と記される――とは別の非言語的な知識の意義について着目している。[13] 言語知はことばや数式といった記号により普遍化と共有化させる性質があるところから、近代社会はこの言語知により普遍化された知識を基盤に科学技術そして日常社会が発展してきたとされる。しかしながら、暗黙知とされる知識は果たして言語化された知識より劣った存在として捉えられるのか。暗黙知は非近代的なものかという問いを常に民俗学的想像力の中で捉えて直してみると、私たちの生活習俗は広がりを持って考えられるのではないか。

たとえば葬式や入営時の振る舞い酒や冠婚葬祭が華美になることを戒める目標設定は、それらの行為に対して当事者たちの「何となく」や人間関係を見据えた勘どころあるいは「けちをしてはいけない」といった見栄など、個々人の尺度を村や実行組合などの組織全体で統一化する行為であろう。もともと生活習俗は、言語化されて共通見解を作っていたわけではないのである。その統一化した行為は、数量で認識できる基準（酒は一升までなど）を示し組織全体（村や実行組合）で強化させていこうとするものであり、村の習俗が当初から連綿とつづいていたというよりは、村の生活習俗が創られていく過程で規約による明文化が図られたのである。葬具膳椀の共同管理も勤倹の名の下の指導が始まりなのであり、特に生活改善同盟会の活動が盛んな村は一九二〇年代には着手された指導であることから、経験的に積み重ねてきた村の生活習俗と想定できないのである。

そして生活習俗の再創造にはメディアが果たした役割は大きく、早川孝太郎による表紙絵の解説文も、ある種伝統的とされる生活習俗とは何かを中堅農民層に示す役割を果たしたものであろう。早川の解説は、戦時体制における伝統文化の解釈であると一足飛びに捉えるのではなく、伝統的と認識しようとする生活習俗やそれを基盤となる村が次第に国家の枠組みの中で機能する時代の結節点において現れたものとして、まず捉えられるべきであろう。一九三七（昭和一二）年は国民の生活も戦時体制に入る境界の時期として捉え返されるものである。そしてこの年を前後とした農山漁村経済更生運動を民俗学史の中で捉えていく見方もまた必要であろう。しかしこれは今後の課題としたい。

注

1　E・ホブズボームらによる提示では、伝統は静的な連続性の中にあるものではなく、近代の歴史の中で創り出されるものであることが指摘されている。現在の歴史認識においても伝統的とされるものは、きわめて直近の過去において創られた側面が強いことは自明になってきている。本稿では生活習俗を公的施策との関わりにおいて「創られる」ということばで述べていきたい。また公的施策と習俗との関わりにおいては、国民儀礼が民力涵養運動においていかに全国的に創出されたかを検証する岩本通弥の精細な論考がある（岩本、二〇〇八年、一六五―二二二頁）。筆者の場合、一九三〇年代の農山漁村経済更生運動が戦時体制に入るまでの過程で論じたかったため、岩本の論考と連結した議論ができなかった。今後の課題としたい。

2　日露戦争後の地方改良運動や一九二〇年代の民力涵養運動においても農村生活における生活の改善指導には日常的な生活習俗に関わる内面的な指導が多い。例えば本稿でも例で示すが、時間や暦に関するものとして地方改良運動における祝祭日の変化や時の記念日の制定（民力涵養）も本稿で扱う経済更生運動における時間の奨励と関連させて検討する必要があろう。

3　民俗学は「学問」であるあり方よりも、問題意識を見つける「フィールド」であり「方法」でもあるとする前提で本稿は展開したい。民俗学が対象としてきたことは、どの学問領域からも相互乗り入れが可能なフィールドであり、また社会、生活、知識そして歴史などの問題発見が可能なフィールドでもあると筆者は考えている。

4　楠木雅弘は「行政補助金と低利財政資金を手段とした政府の農林＝地方行政である側面と、民間における社会運動としての複合的性格を持っている。行政施策でありながら、「運動」としてとらえられる二面性を持っている。」（楠木編、一九八三年、三頁）と述べている。公的な施策でありまた県市町村も大きく関わる公的政策でありながらも、実践しているのは農民層の指導者層であるところから、楠木の指摘するように「運動」ということばの括りによる側面は了解できる。しかしながら民間の自発性とは何かを考えた場合、果たして社会運動として極めて高い自発性があったのだろうか。このことは取り組む村や実行組合により大きな差が出ることはいうまでもなく、農山漁村経済更生運動の端緒においては少なくとも国家あげての系統立った取り組みがいっせいに実施されたとはいえない状況ではないかと筆者は考えている。

5　和田、二〇〇八年、七五―九〇頁

6　ロクドウなど墓穴掘りの助けをした人たちなどに振る舞われた酒であるが、この時期においては葬家外部の人たちに振る舞う酒をさす。ただし北相馬郡六郷村では手洗い酒に関してロクドウへの心付けとしては「ソノ限リデハナイ」として節酒の中でも例外事項であるところまで踏み込んだ書き方をしているものもある。

7　生活改善同盟会は文部省主導で一九二〇年にその外郭団体として設立されたものである。時の記念日を制定した団体としてよく知られているが、その活動については研究が十分に進展しているとはいえないだろう。少なくとも一九三〇年代の農山漁村経済更生運動とは呼応する形で活動が展開したことは明らかなのであるが、それぞれの指定村で活動実績があるところは更生計画書でも生活改善に関わる記述が厚く記されているようである。

8　昭和一二年の更生計画書は原典ではなく抄録されたものより引用した（茨城県農業史編さん委員会編、一九七八年、一七九頁。

9　ここであげた三つの事例以外で「紐解き行事の祝い方」「結婚式」に関しての記述ではできるだけ華美にならぬように具体的な指針を出していることと、一時的で日雇いなどの有償労働で農作業をすることよりも近隣の関係で無償労働の奨励を唱えている記述も多い。

10　『農村更生時報』創刊号（昭和一〇年一月号）は「二宮尊徳翁野洲桜町陣屋遺跡」の写真である。裏ページには「表紙写真解説」が付されている。第三巻一〇号（昭和一二年一月号）より表表紙の解説はなくなり裏ページは「更生行事」となり各月の更生協会関係の行事予定が記されている。そして第四巻第四号（昭和一二年七月号）より表紙の解説が早川の記名執筆で復活するのである。

11　早川の解説文の引用であるが、旧字体は新字体に、片仮名は平仮名にかえて本稿では表記した。

12　『農村更生読本』が経済更生運動のあり方について述べた総論テキスト的であるのに対して『部落更生読本』は村の運営についての各論的な内容になっている。各講は以下の通りである。第一講　部落概論　第二講五人組制度　第三講　部落有財産　第四講　部落事業　第五講　部落と上級団体　第六講　部落と団体統制　第七講　報徳仕法と部落　第八講　石川翁と部落　第九講　負債整理と部落　第一〇講　部落計画の樹て方（ママ）である。

13　マイケル・ポラニー、一九八〇年。

参考文献

茨城県経済部編・発行（一九三三年）『昭和七年度　農山漁村経済更生計画書』
茨城県農業史編さん委員会編・発行（一九七八年）『茨城県農業史料　農村生活編』
E・ホブズボーム、T・レインジャ編（一九九二年）『創られた伝統』前川啓治／梶原景昭他訳、紀伊國屋書店
岩本通弥（二〇〇八年）「可視化される習俗――民力涵養運動期における「国民儀礼」の創出」（『国立歴史民俗博物館研究報告』第一四一集
大空社編・発行（一九九三年）『農業関係雑誌目次総覧』第四巻
楠木雅弘編（一九八三年）『農山漁村経済更生運動と小平権一』不二出版
農村更生協会編・発行（一九三五年）『村長は語る　農村更生座談会』
農村更生協会編・発行（一九三六年）『農村更生読本』
農村更生協会編・発行（一九三八年）『部落更生読本』
マイケル・ポラニー（一九八〇年）『暗黙知の次元――言語から非言語へ』佐藤敬三訳、紀伊國屋書店
和田健（二〇〇八年）『農山漁村経済更生運動初年度における生活改善事項と民俗的慣行との関わり――昭和七年度茨城県指定村の事例より』茨城県立歴史館編・発行『茨城県史研究』第九二号

民俗芸術をめぐる想像力

真鍋昌賢

はじめに

近現代の生活文化あるいはポピュラーカルチャーを、多様な分野が精力的に論じており、しかもその分野の境界そのものがあいまいになりつつある現在において、民俗学的な想像力とはいかなる内実をもちえるのだろうか。「想像力」という言葉で指し示される力を、ここではひとまず生活史観を構想する力、学問を共同作業にしていくための見通しや方法を発案する力、またそれらのために学史を刷新する力としておこう。本稿では現在の学問間の交差を前提としつつ、民俗学の位置を模索するための参照点を学史に求めたうえで、想像力を更新していく道筋を、具体的な領域をもとに考えてみたい。

焦点を合わせるのは、柳田民俗学の制度化以前ともいうべき、一九二〇年代末から一九三〇年代初頭における「民俗芸術」である。[1]「民俗芸術」とは、一九二七年に設立された「民俗芸術の会」によって掲げられた概念を指している。会の主な活動は、『民俗芸術』（一九二八～一九三二）という定期刊行物の刊行であった。そこでは、文芸・美術・建築・音楽など様々な分野から参加者が加わるなかで、事例報告・研究論文の掲載が主たる目的とされた。対象となったのは芸能、祭礼、民謡、語り物、造形美術などである。なかには、いれずみ、案山子、闘犬、影絵、写し絵、指人形、絵看板、あるいは自然物や廃物を利用したおもちゃなども含まれており、様々な表現・遊び・行事がとりあげられた。

では民俗芸術は、これまでの先行研究においてどのように位置づけられてきたのか。『民俗芸術』は、まず第一に民俗芸能研究の草創期における重要な媒体として位置付けられてきた。「郷土舞踊と民謡の会」などによって開拓された大正期の下地をふまえて、民俗芸能研究が軌道に乗りだしてからの「推進の軸」とみなされてきたと言っていい。[2]それは民俗芸能研究の思想史を検討する際に、重要な位置づけを与えられてきたことを意味している。[3]

その一方で、民俗芸能研究史のなかに位置付けるだけでは、民俗芸術概念あるいは『民俗芸術』の全体をとらえるうえでは限界があることもまた確かである。小松和彦は、千葉徳爾の分類をふまえつつ、「芸術・娯楽」という設定を踏襲しつつも、「芸術」や「娯楽」が内実をともなった概念にまで高められていないことを指摘したのちに、「民俗芸術」に注目している。小松は、それが、「「民俗芸能」と名づけられる限定つきの「民俗芸術」へと整理されて」いったことを指摘して、柳田が構想した「民俗芸術」とは「「雑多な」民俗資料のほとんどすべて」であったとも述べている。「民俗芸能」と「民俗芸術」を同一視しないことを強調する視点は、おそらく、「民俗芸術」に含み込まれていた可能性を問い直す立場につながっていく。[4]

もちろん、いれずみ特集のように、読者の民俗芸術観にゆさぶりをかける仕掛けもなされていたし、見世物のように、編集部から投稿がうながされたテーマもあった。現に今和次郎らによる造形芸術の特集は、それまでに充実していなかった方面へのてこ入れという意図があった。さらには、採集方法についての問題提起や工夫もなされたりもしている。[5]しかしながら、総体として見れば、『民俗芸術』は、拡張を志向する誌面の魅力とうらはらに、それを肯定的に担保する仕掛け（認識論・方法論）を議論する場としてはなかなか成長していかなかったことも事実だろう。読者側からすると、研究ジャンルの輪郭が事例の堆積としてなんとなく自明化していく過程がそこにはあったのではないだろうか。現在の民俗学において「芸術・娯楽」というくくり方がなされる際にも、そうした過程は自覚的に受け止められるべきと思われる。その一方で、出発時点で柳田によって思想的根拠が提案されていたことも事実である。「創刊のことば」は、しばしば出発点を追認するために引用されてきた。

以下では、関心とネットワークのひろがりを柳田との関係のもとに確認し、それを同時代の思想のひろがりのなかで考察する。そのなかで民俗芸術についての研究が批評・創作という立場と拮抗するなかで立ち上がってくる営みであったことを明らかにしていきたい。なおかつ柳田の示した民俗芸術観の再読をおこなった後に、大衆芸術研究とのつながりを設定するために、民俗芸術論から限界芸術論（鶴見俊輔）に流れ込む思想的な脈絡を論じてみたい[6]。

本稿で取組む議論は、民俗学を他分野から差異化して、その独自性を鼓舞することには、残念ながらつながらないかもしれない。しかしながら、民俗芸術‐限界芸術の系譜を再確認する作業は、学問横断的な状況と積極的に向き合うための参照点を構成するうえでは、むしろ有効な示唆を与えてくれると考えている。そのような関心のもとに、民俗芸術の出発とその前提について、いま一度目を凝らしてみたいと思う。

一　関心とネットワーク

編集方針として、当初重視されていたのは、テーマ拡張への関心、多様な学問の許容による対抗・併存への関心、「古き日本の回顧研究」にとどまらない「現在の日本、未来の日本」を念頭においた研究への関心、国際比較への関心、などに基づいた新しい路線の開拓であった[7]。そうした方針を具現化するために写真・図版（楽譜を含む）を豊富に取り込んだ誌面の充実が雑誌の特徴となっていったのである。記録媒体として、キネマ・レコードなどの複製技術が記事のなかで言及されることもしばしばあった。そうした記録方法の試行が類似する同時代の雑誌との差異化をねらうための重要なポイントでもあったと考えられる。[8]まず何よりも、『民俗芸術』は身体運動・音声・造形をいかにして記録するかを試行する場であったのだ。

ただし、民俗芸術の会において、会誌の発行は、最重要でありながらも、事業のすべてではなかった。民俗芸術の会は、談話会（研究会）、展示、写真頒布、上演会などの多面的な活動をおこなった。民俗芸術の会に先んじて開始されていた「郷土舞踊と民謡の会」との協力関係は、その代表的な事業のひとつであった。あるいは、「諸国祭礼暦」は、投稿フォーマットを作成し、全国の祭礼情報を集積し、見学・採訪のツールを編もうとする構想に基づいていた。民俗芸術の会は、郷土舞踊と民謡の会と連動しつつ、さらに多面的に芸能・祭と出会う局面を独自につくり出していこうとしたのだ。誌上で上演会の批評が積極的になされたり、あるいは記録の一部は『日本民俗芸術大観』（第一輯）として出版されたりもした。[9]

民俗芸術の会の中心メンバーのひとりである永田衡吉の回想録をもとにして、「民俗芸術」のはじまりについて確認しておきたい。永田の文章はこれまでにも「民俗芸術」の事始めを確認するためにしばしば引用されてきた。[10]「民俗芸術の会」とは、中村吉蔵（劇作家・演劇研究）・日高只一（英文学）の意向を受けて小寺融吉・永田衡吉が柳田國男の協力を得て出発させた会であった。郷土の舞踊・芸能を見学したいという中村や日高の希求は特異な例ではなかったと思われる。小寺融吉は、自らが敬愛する坪内逍遙について次のようなエピソードを残している。坪内は、民謡や「郷土の舞踊や音楽」を劇作に用いる必要があると言いながら、それほど詳しいというわけではなかったという。「かういふものを私が調べようと思つた時代は、その便宜がなかつたものだ」と、坪内は小寺に言ったという。坪内は、郷土舞踊と民謡の会に熱心に出かけたとされる。[11]坪内のこうした希求は、小寺や永田とともに見学に出かけた中村・日高にも共有されていたのだろう。そうした「便宜」を可能にするための制度が民俗芸術の会であった。

命名については、「芸術」という言葉が先に決まっていて、それにつけ加える言葉として、中村が「土俗」をおしたが、その一方で小寺はそこに土くささを感じ取っており、「民族」を主張していたという。そこに永田が提案した「民俗」が採用されたのだという。橋本裕之は、民俗芸能研究において「民俗」と「芸能」がどのように関係づけられてきたのかを思想史的に検討するなかで、小寺らが、「[民俗」をあまり重視していなかった消息の一端」として紹介している。[12] たしかに永田自身が述べるように、他愛ない誕生秘話であるのだが、ちょっと立ち止まって、折口らによる『民俗学』や柳田の『民間伝承』以前におけるこの「民俗」という言葉の語感についてもう少しこだわっておきたい。

あとで知ったことだが、民俗学という言葉は明治中期に坪井正五郎がすでにつかっていて、決して新成語ではない。にも拘らず、「土」を去って「民」を用いたことは、フォルクス・ローアの直訳という理由よりも、一層大きな時代感覚の流れがあった。大正中期に澜頭を見せたデモクラ思想がそれである。[13]

永田は俚謡が民謡となり、土俗が民俗となったという実感を「主民の思想がさせたワザ」と述べている。小寺がハブマイアやフレイザーの研究に影響を受けて、舞踊研究に取り組もうとした点についても、永田の文章をもとにして、これまでくり返し指摘されてきた。[14] こうした日露戦後から大正期にかけて、欧米からの思想流入を前提として展開する広義のモダニズムにうらうちされた「民」という語彙が抱えた語感が強調されている。自然主義の勃興・新劇運動の台頭にともなう「外国への瞠目」と「国内の旧文化」への注目を象徴的に体現していたのが小寺で

表　初期の茶話会・談話会参加者

	1927年7月8日 第1回茶話会	同年9月9日 第1回談話会	同年10月15日 第2回談話会	同年11月12日 第3回談話会
柳田國男	○	○	○	○
今和次郎	○			
山崎樂堂	○			○
早川孝太郎	○	○	○	○
金田一京助	○			○
清水泰次	○			
日高只一	○		○	
町田博三	○		○	
中山晋平	○	○	○	
藤沢衛彦	○			
蔵田周忠	○	○		
上森健一郎	○			○
高木恭造	○			
小澤愛圀	○		○	
永田衡吉	○		○	○
小寺融吉	○	○	○	○
野口雨情		○		
熊谷辰治郎		○		
佐藤武夫		○		
北野博美		○	○	○
羽田義朗		○		
高野辰之			○	
黒木勘蔵			○	
折口信夫			○	○
中村吉蔵			○	
溝口貞治			○	
仲木貞一				○
西角井正慶				○

あった。またそれは永田に言わせれば、「民俗芸術の会の会員に名を列ねた三四十代の人」に程度の差こそあれ共有されていたのであった。[15] 笹原亮二がまとめているように、永田自身もまた、同時代の民衆芸術・民衆娯楽に代表される「民衆」論の渦中をくぐりぬけ、時代の夢を共有しつつ、劇作に取り組んできた一人であったのだ。[16]

　では、初期の参加者とはどのような人々だったのか（表参照）。これまでにも、中村・日高・小寺・永田らの「早稲田グループ」と柳田たちの南島談話会のグループの合流という特徴をもっていたことが指摘されている。[17]「早稲田グループ」とはもちろんここに挙げた演劇・文学のネットワークだが、実際にはもっとひろい方面の早稲田関係者に声がかけられたようである。建築学方面からは今和次郎・蔵田周忠・佐藤武夫、中国史からは清水泰次が参加していたことが記録からわかる。他には小寺と関わって、郷土舞踊と民謡の会からは熊谷辰次郎や高野辰之が参加している。日本放送協会からは町田博三、仲木貞一が参加した。直接的な上演・間接的な上演両方のチャンネルと深くつながる位置に民俗芸術の会はあったと言っていいだろう。あるいは作詞・作曲方面では、新民謡運動関連として、中山晋平・野口雨情が顔を列ねていた。

一方で注目しておきたいのは、変態研究・風俗研究とのかかわりである。『変態・資料』(文芸資料研究会、一九二六～二八年)の編集者であった上森健一郎やその主力執筆者のひとりであった藤沢衛彦らも参加している。その方向性は、結局のところ『民俗芸術』誌上では積極的には展開されていかなかった。あるいは大正期に『変態心理』(日本精神医学会、一九一七～二六年)の編集に関わっていた北野博美を通じて、『民俗芸術』は、性というテーマにも隣接する位置にあったとも考えられる。「民俗芸術」へと誘われる土壌は、エロス・グロテスクへの関心と部分的に隣接しており、ある個人の関心においては密接につながっていたと言っていいだろう。[18] おそらく誌上の明示的な結実のみならず、その広場へと誘われる個々人の探求心・思想の全体へと焦点を移すことによって、テーマの未発や不在を問うことが可能になり、こうしたテーマのへゲモニーを見極める過程において、民俗芸術の会の活動の可能性/限界が把握できるように思われる。

ここに挙げたネットワークを中心としつつも、それをさらにはみだすかたちで会が構成されていった。もちろん、ここに挙げた初期の参加者が、みな会員として持続的に関わっていったわけではないのだが、ネットワークは重層的にからまりあいながらひろがっていた。同時代の他の雑誌と競合・共存を想定するならば、執筆者・読者を媒介としながら雑誌という広場は、ゆるやかにリンクしていたとも言えるだろう。ただし、注意しておくべきは、柳田のカリスマ性により民俗芸術への興味が生まれたというよりは、むしろ柳田をこえて潜在していた需要が、柳田の肝いり、そしてコンセプトの言語化によって接触・編制されたということである。

小寺融吉をはじめ屋台骨を支えたメンバーには並々ならぬ情熱があったと察せられる。おそらくそれは、「民俗芸術」の発掘・記録に基づいた「研究」という営みを、会員（あるいは読者）に共有するプロセスでもあったように思える。「研究」は、ひとまずは可能な限り客観的に、対象となる「民俗芸術」を論じる行為であるといえる。一方で誌上には、価値判断を含み込んだ「批評」もしばしば掲載された。郷土舞踊と民謡の会の合評会では、演出の可否や再現のあり方などが評された。その批評空間は、適切な上演会とはどのようなものか、その上演会そのものの意義とはどのようなものか、ということについての見解が交錯する場であったと言っていいだろう。さらには終刊間際に、森口多里の展覧会批評の掲載に付随させるなかで、編集側から審美的評価から距離をおくことが述べられた。それは「研究」の側に身をおくという編集方針の追認であっただろう。[19]刊行・編集体制が変容しても、「民俗芸術」が研究対象として立ち上がっていく過程は、創刊から終焉まで重要とされていた。「批評」は不可欠でもありながら、ときに牽制される行為でもあったのだ。

また誌面には多くの創作者が寄稿している。たとえば永田や小寺は誌上では記録者・研究者として登場しつつ、他方では劇作家としての顔を合わせもっていた。また竹内勝太郎は、詩人としての創作活動に精力的に取組みながら、『民俗芸術』にも関わり、自ら民俗芸術理論を模索した。おそらく「創作」や「批評」を排他して「研究」を確定するための場に向かう方向性を『民俗芸術』がもっていたという理解はいささか安直である。むしろ記録・研究を支える感性が個人の深い部分で創作とつながっていたかもしれないという想定が必要だろう。個人の集積としての会全体において、さらには個人そのものにおいて、研究／批評／創作が混交したり分割されたりする、そうしたダイナミクスのもとに『民俗芸術』は生気を吹き込まれる広場たりえたのである。

二　想像力の共有にむけて――柳田によって提供された思想的根拠

先に述べたように、『民俗芸術』は、拡張を試行していく場でありながら、それを担保する仕掛けまでは用意できなかった。いや正確に言うならば、その種は蒔かれていたが、継続した議論が共有されていくことはなかったと言ったほうがよいだろうか。以下では、民俗芸術をめぐる想像力について考えるために、「創刊のことば」をとりあげてみたい。これは、「民俗芸術の会」という記名になっているが、柳田國男の文章である。[20]

肝いり役として民俗芸術の会の発足に関わった柳田にとって民俗芸術研究に取り組む意義というのはどのようなものであったのか。これまでにも「創刊のことば」は『民俗芸術』の出発時点での理念を確認するためにしばしば引用されてきた。収集・記録からひろく「比較」に開かれていき「此世の中の法則」を明らかにしたいという方向性が掲げられていた点、[21]あるいは「目の前の豊富なる事実」をもとに、あくまでも現在から議論をはじめようとしていた点[22]などが、まさに再確認されるべきモットーとして提示されてきた。ここでは民俗芸術とは何かを考え、なおかつのちの限界芸術論に流れ込んでいく水脈を同定する目的のもとに、「創刊のことば」を再読してみよう。

柳田は、「どれほどまで此世を美しく楽しくし得るかを考へて見ようとする者に回顧は何物よりも必要になって」きたと述べる。その回顧によって発見される例として、言語芸術や身体芸術の伝播を例に挙げている。柳田は「遠い奥山」と「海の果の小島」に偶然とばかりは考えられない「重要な一致」が見られることがあるという。その一方で歌物語・踊・流行歌を例に挙げて、それらが地域の特色を帯びていくと述べる。したがって「都」の事例にしても「最も自由なる一つの例に過ぎ」ないという。[23]異なる事例でも似ているという類似の発見（裏を返せば、似ている事例でも異なっているという差異の発見）というのは、柳田民俗学におけるバリエーション比較の基本的な見方であるだろう。しかしながらここで注目したいのは、それに続く部分である。

それ故に手を把つて共に昔をなつかしみ、また清らにたけ高く成長した姿を、私心なく見上げて居る迄は情愛でありますが、省みて自分たちの褻の衣を卑下するに至つては、由無き物恥ぢと申さねばなりませぬ。我々の旅の生涯の中には、互ひに包んで人に示さない思ひ出といふものがあります。その一番子供らしく、又有りふれた事柄として、忘れてしまはうとして成功しなかつた部分に、この数千年来の民間芸術が、説明し得ない力強さを以て、こびり付いて居るのであります。それが年とつて後までの夢の原料となり、或は無意識に我々の趣味を支配しました。斯うして新たにこの島国に繁り栄えて居たものを、蔓をたぐり根を辿つて尋ね比べて見ようとするときに、始めて我々は心緩かに、隠してあつた私の半分を、語り合ふことが出来るのであります。[24]

この部分は、後に続く部分に比べて、解釈及び現在的な位置づけがあまりされてこなかった部分である。比喩的な文章であるが、この部分に柳田の民俗芸術観が表現されている。民俗芸術について語りあうなかで、「旅の生涯」つまり人生においては、普段は話題にするまでもない「思ひ出」がある。その「思ひ出」というのは、無邪気に楽しまれ、ありふれた事柄であるからこそ、他人にあえて言うまでもないとみなされがちである。それは個人のレベルでもそうなのだが、集合的な記憶のレベルでもなかなか忘却されない。それは、「夢の原料」になったり無意識のうちに「我々の趣味を支配」したりすることにもなるのだという。お互いに日本各地の事例を、歴史的な文脈のもとに比較してみれば、「始めて我々は心緩かに」あたりまえと思っている意識していなかった自分の経験・記憶・感性を語り合うことが出来るようになるのだという。

この文章で注意しておきたいのは、コミュニケーションの資源として民俗芸術が発見され比較されていくという局面が、読者を誘引するためにそっとさし入れられていることである。上等・高尚な経験とは思えないために隠してしまいかねない、そしてきわめて私的な好みと判断してしまうような、美しさや楽しさに関わる経験を語り始めるきっかけとして、民俗芸術は位置づけられている。他者との対話のなかで結果として自己を知る仕掛けを生み出してくれるものとして民俗芸術が想定されているのである。それは、夢や趣味と深く関わりがあるのだが、その一方で自分にこびりついていて相対化しにくい生活のスタイルに根ざす審美感にも根深く関わっている。さらに柳田は「子供らし」い部分に「数千年来の民間芸術」がこびりついているとも述べる。さらにはそれが「年とつてのちまでの」夢や趣味を拘束するとも言う。隠喩的な表現が多用されているために、それが含蓄ともなり曖昧さともなっているのだが、重要と思われるのは、人生史と文明史が重ね合わされて、民俗芸術の意義が示唆されている点である。

三　棲み分けの場としての雑誌

現存する会員募集の呼び掛け文からは、一九三〇年頃の時点で、会員は七九名（幹事含む）であったことが分かる。[25]その後発行システムを変更するにあたって会員の大幅増を目指した模様で、一九三二年頃には三五〇名にのぼっていたという。[26]しかしながら資金面での困難がつきまとい、会の活動は停滞気味になっていく。『民俗芸術』は、報告・論文掲載がなされるなかで、各種の特集も精力的に編まれたが、一九三二年で終刊を迎える。しかしそこで育まれた関心は消え去ったわけではなかった。民俗芸術の会のネットワークが最も色濃く流れ込んだ雑誌としては、日本民俗協会から刊行された『日本民俗』（一九三五～一九三八）が挙げられる。[27]日本民俗協会は、日本文化聯盟の肝いりで成立し、折口、北野、小寺らによって牽引された。一九三六年には『日本祭礼暦』（小寺・北野編）がこの協会から発行されている。ちなみに、『民俗芸術』廃刊後、北野は一時期『年中行事』（一九三三～一九三五）

の刊行を手がけていた。『民俗芸術』での発案が、その後の情報の充足を経て、ひとつのかたちに編まれていく具体例と言えるだろう。

折口は、「民俗学系統の雑誌が随分」刊行されているなかで、『日本民俗』がとるべき方向性について次のように述べている。

最初、此の会で雑誌を出さうといふ相談があつた時、大体此会の幹事になつた人が、昔の「民俗芸術」系統の人が多かつたので、吾々は民俗芸術の方へ行きたい、さうすれば柳田先生の「民間伝承」とも衝突しないし、又細い経緯もなく、心持ち良く学問が出来ると、さういふ気持ちで「日本民俗」を出し、大体民俗芸術をめどに進んで来た。実際、柳田先生が緊張してやつてをられるのに、吾々が「日本民俗」で昔話を書くのも恥しいし、又、先生の為事の邪魔になるやうなことは、礼儀として控えるのが本当である。[28]

さらには、芸能・造型以外の方面にも目を向けてほしいといったような、学問的・運営上の方針あるいは研究に取り組む際の姿勢などが述べられた。その一方で「邪魔」にならないようにという柳田への最大限の気遣いが述べられて、「昔話」に踏み込まないという領域の腑分けが注意喚起されている。おそらくこの発言から導き出すべきポイントとは、「民俗芸術」というジャンルが、折口を中心として継承されつつも、柳田民俗学の「民間伝承」と住み分けるための格好の領域として意味づけられてしまったという点である。『民俗芸術』の記録・解釈の蓄積が活かされつつ、その一方で学問の分割・細分化のポリティクスが強く作動していたことをうかがわせる。

先に述べたように、本稿の関心は、民俗芸能研究の系譜をたどることにはない。では、民俗芸術の会における生活と芸術を関わらせようとする想像力の系譜を、現在に引き込むうえで参照すべき経由点とは、どのようなものになるだろうか。以下では、鶴見俊輔の限界芸術論をとりあげてみたい。

四　限界芸術論への接続

限界芸術論は、一九五〇年代後半から六〇年頃までにおける大衆社会論争のなかで、「大衆」イメージと対峙する立場から提示された議論のひとつであった。それは、当時の「大衆文化・芸術研究の視点を集約的に示す論考」であったと言っていいだろう。[29] 本稿の関心に即して、限界芸術論への着目点を述べるとすれば、まさに限界芸術へのまなざしが、研究・批評・創作の三面から想定されていることにある。鶴見は、限界芸術論を構成するうえで比類されるべき欧米の思想家を挙げつつも、日本の文脈における代表者を挙げることにより、より議論に具体性を与えている。その代表者とは、研究においては、柳田であり、批評では柳宗悦、創作では宮沢賢治である。いまさらの感もあるのだが、限界芸術の概要とそのなかでの柳田の位置づけを確認しておこう。

生活経験全体には広い意味での「美的経験」の可能性が潜在しており、その広大な美的経験がもっと限定的なものへとまとまりをもったものとして「芸術」がある。さらに、そのなかのごく一部がいわゆる「芸術作品」なのだと鶴見は言う。つまり「美が経験一般の中に深く根をもっていることと対応して、芸術もまた、生活そのもののなかに深く根をもっている」のである。鶴見はいわゆる芸術作品を「純粋芸術」(Pure Art) とよび、「俗悪なもの、非芸術的なもの、ニセモノ芸術」と考えられているものを「大衆芸術」(Popular Art) とよび、この両者に比して広大な裾野をもった領域として「限界芸術」(Marginal Art) を設定している。限界芸術とは生活の様式でありながら芸術の様式でもあるような、芸術か生活か判断しかねるような境界線上の芸術を指している。大雑把に言えば、純粋芸術は「専門的芸術家」によってつくられて、「専門的享受者」をもつ。大衆芸術は、「専門的芸術家」によってつくられるが、むしろ「企業家と専門的芸術家の合作」となり、享受者としては「大衆」をもつ。限界芸術は「非専門的芸術家」によってつくられ「非専門的享受者」に受入れられると鶴見は述べる。[30]

また限界芸術とは、「芸術の発展」を「系統発生」と「個体発生」の両面においてとらえる際の根源としてとらえられている。つまり、「芸術の根源が人間の歴史よりはるかに前からある遊びに発するもの」ととらえて、「純粋芸術・大衆芸術を生む力」こそが限界芸術として名指されている。幼少期にふれる「新聞紙でつくったカブトだとか、奴ダコやコマ、あめ屋の色どったしんこ細工など」が、その個人の芸術意識の芽生えに作用するという考え方である。[31] それはどのような芸術家・名人上手でも最初は素人であったという事実を言い当てている。こうした視点は、人生史と文明史という両極の時間軸をオーバーラップさせて民俗芸術を位置づけようとした柳田の視点と類似した構造をもっていると言っていい。もちろん、近代史・現代史といった中間的な時間軸の設定によってこそ可視化しうるタイプの美的経験もあるわけだが、ここで確認しておきたいのは、流動的かつ根底的に経験を媒介する「芸術」によって、個人が歴史的な深度をかかえた共同性につながっていることの示唆である。

そのうえで鶴見は、柳田民俗学を「限界芸術の考察に基礎をおいた一種の芸術論の体系」という見方をしている。柳田民俗学と限界芸術論のあいだにある思想の系譜として、折口信夫『日本芸能史六講』や竹内勝太郎『芸術民俗学研究』、さらには雑誌『民俗芸術』が挙げられている。鶴見は限界芸術への接近が「好事家的興味、こっとう趣味」に支えられてきたと述べつつ、それと差異化するなかで柳田の仕事を位置づけようとする。民謡や盆踊りといった諸様式を「一つの体系」としてとらえようとして、「共通の地下道」として「具体的な集団生活の様式」を位置づけたことに柳田の研究の意義があると鶴見は言う。ここで鶴見が批判するのは、諸様式が細分化され、孤立化・断片化されて固定的に扱われてしまうアプローチである。鶴見は「芸術様式の底から集団生活の実態」をうきあがらせることが柳田の目的であったと考えているのである。鶴見自身は、民謡、新語、ゴシップ、祭を例として、その視点の有効性を提示している。[32]

このように見てみると鶴見は柳田の民俗芸術観を評価する立場にあったと思われるが、むしろ重要と思われるのは、限界芸術論によって民俗芸術概念の限界が明確になる点である。限界芸術論は、一九五〇年代後半という高度経済成長を歩み始めた頃に、生活の側から立ち上げられた芸術理論であった。しかし大衆消費社会を念頭において民俗芸術概念は設定されてはいない。つまり、限界芸術論の有効性は、大衆芸術・純粋芸術との連続性のもとに民俗芸術的な領域が論じられている点にある。

そのうえで、限界芸術論が、現在の生活における遊びや表現のアクチュアリティをとらえるうえで必要十分とは決して言えないことも了解しておく必要があるだろう。吉見俊哉は「大衆文化」を「大衆自身の身体性に根づいたコミュニケーション」として内側からとらえようとしてきた系譜をまとめる道程のなかで、限界芸術論をとりあげている。吉見が問題にするのは、「文化生成の場が高度化した資本主義のもとで巧みに擬制されていく状況」である。「大衆の身体性」が「民俗的記憶を溶解させながら消費社会的に再生産される」状況のなかで、「大衆の想像力と資本の想像力の境界」が曖昧になりつつある状況を指摘している。[33]つまり、それは大衆文化が限界芸術レベルの想像力・感受性に浸透して、そのあり方を変容させてきたという前提の確認である。限界芸術が大衆芸術にとりこまれていく流れがある一方で、大衆芸術が限界芸術をめぐる想像力や感受性を根底から変えた可能性を考慮することこそが、出発点として意識されるべきなのである。[34]

おわりに

以上では、生活実践（生活技術）の痕跡を発見しようとする同時代的な関心をゆるやかに共有した者たちを惹きつけたテーマとして民俗芸術を位置づけ、その関心が出会う場として民俗芸術の会もしくは『民俗芸術』をとらえてきた。そこでみいだされる民俗芸術の「研究」という立場は、それ以外の生活文化へのかかわり方——批評・創作——と交錯するなかで具体化されようとした。いわばそうした緊張感のなかで、記録・保存・議論という一連の研究プロセスが立ち上がってきたのだと言えるだろうか。領域横断的な関心のもとに、研究の方向性が模索されるという点において、「民俗芸術」が持ち得た可能性／限界への興味は尽きない。また民俗芸術への関心が流入している限界芸術論の検討から了解できるのは、資本の想像力の浸潤、商品の大量生産、複製の網の目などを前提とした生活芸術論へとつながっていく必要性であった。生活という言葉と芸術という言葉を関わらせながら、人間の表現や遊びなどのなかで、物・言葉・身体の複雑な絡み合いが、人々によってどのように、美しいとか楽しいとか、さらには不気味であるとか意味づけられているのか、あるいは心の支えになっているのかを論じる位置を確保する出発点として、民俗芸術・限界芸術への系譜は位置付けられるだろう。この系譜を論じ直すなかで発案されるテーマは様々であるだろうが、ここでは三つの方向性を研究例とともに、ひとまず記しておきたい。

　一つ目は、現在における生活にねざした表現活動のほりおこしという方向性があるだろう。水越伸らによるメディア・プラクティスの実践はその代表例である。グローバルな状況下で隅々までメディア化された現在の生活環境のなかで、メディア状況を組み替えていく運動は、まさに研究・批評・創作にまたがる営みである[35]。メディア・プラクティスは、生活批評とも言えるきっかけから、メディアリテラシーなどの教育の文脈にもつながっている。おそらくは、考現学的な視点を公共空間、私的空間にもちこみ、慣習的実践あるいは創発的な工夫を、生活様式全体のなかで位置づける視点とも連動していく。

　二つ目は、近現代の大衆芸術史を、大衆芸術と民俗芸術／限界芸術の往還から考察する視点の方向性である。大衆芸術とふれあうなかで、人生史のなかで生活表現、価値観や感性が獲得され、そのなかの一部の者がプロフエッショナルな表現者となっていく。そうした流れの積み重ねのなかで、大衆芸術のジャンルがアクチュアルに展開（盛衰）しうる。いわば大衆芸術の受容史的転換ともいえる見通しから、文化の再生産をとらえる歴史観を構想する視点と言えようか。たとえば金水敏（言語学）が「役割語」というテーマのもとに、マンガなどの大衆芸術によって与えられる表現のステレオタイプを検討しているのは示唆的である。[36] ミクロな言語行為から、受容の局面を検証する方向性の一端を示しているように思える。一方では、鶴見の述べた専門的／非専門的という境界設定そのものを検討しなおすなかで、大衆芸術と限界芸術の流動性を多様に議論することも可能だろう。語り物などのプロフェッショナルな声・身体がつくられていく（とみなされていく）過程への関心を、観客論・聴衆論とメディア論あるいは複製技術論の交差のなかで論じる作業が必要になってくるだろう。[37]

三つ目は、さらなる学史の書き換えである。民俗芸能・口承文芸・造形芸術への思想・実践への関心が深化しつつも分断される局面を理解するうえで、学史の検討は重要な意味をもつ。本稿で論じたことは、そうした検討のうちのごく一部である。おそらくは、民俗芸術をはるかにはみだしている「生活」と「芸術」を関わらせていく欲望（生活の芸術化／芸術の生活化）をめぐる言説編制の外延を明確にしていくなかで、民俗への関心が立ち上がる局面を、さらに実証的に確認していく作業が今後も必要となるだろう。[38] おそらくその際には、趣味／研究の差異化そのものを追尾し相対化する作業も含まれている。柳田の「創刊のことば」ではコミュニケーションの資源として、記憶・趣味がとりあげられていた。そこでは、言語化しがたいまなざしの身体性が表面化しうる瞬間に注意が向けられようとしていたと言っていいだろう。趣味とは、鶴見の言葉をふまえれば、資料のストックをもたらす一方で、議論のたこつぼ化をまねく立場でもある。魅力と限界が表裏一体となっている側面を自覚的に理解するためには、「民俗（土俗）」[39] を分節化し、趣味／研究の臨界を了解させていく力学がどのように駆動するのかを明らかにしていく必要がある。おそらくその道程は、民俗学史をよりひろい近代の学知のなかに位置づけるための方法の一つとも言えるだろう。

すなわち、生活技術をテクスト化する際の対象と主体の関係性の一つとして「研究」をとらえて、生活技術を対象化する欲望のあり方に目を凝らす作業が必要である。[40] だとすれば、民俗芸術論は、民俗学全体のデザインに根幹で関わる問題意識でもあるだろう。より一般的な言説空間のひろがりのなかで、民俗芸術研究史（思想史・実践史）を書き換える作業そのものが、民俗学的想像力の錬磨であるとも言えようか。

注

1 『民俗芸術』の基本的な性格についてはすでに、拙稿「経験としての「民俗芸術」——認識を構造化する仕掛けとしての「雑誌」」（『日本思想史研究会会報』二一、二〇〇三年）で記している。また本稿の関心を、同時代の雑誌あるいは研究分野を横断する問題として設定した「特集「民俗」と「芸術」の節合と相克——一九二〇—三〇年代」（『日本学報』二五、二〇〇六年）のコンセプトについては、拙稿「民俗学史における問題としての「芸術」——特集にあたっての序言」同右掲載）を参照。

2 三隅治雄「民俗芸能研究の歴史と展望」『民俗芸能研究』一、一九八五年、七頁。

3 橋本裕之による一連の研究史批判を参照のこと。橋本裕之「これは「民俗芸能」ではない」『民俗芸能研究という神話』森話社、二〇〇六年、（初出一九八九年）。「文化としての民俗芸能研究」（同右所収、初出一九八九年）「「民俗」と「芸能」——いわゆる「民俗芸能」を記述する方法・序説」（同右所収、初出一九九三年）

4 小松和彦「総説　芸術と娯楽の民俗」『芸術と娯楽の民俗』講座日本の民俗学八、雄山閣、一九九九年、六—七頁。

5 読者からの採集方法の問い合わせがきっかけで執筆された文章としては、博美生「民俗芸術採集方法について」（『民俗芸術』二—一〇、一九二九年）、また工夫としては諸国祭礼暦の報告用紙の発案が挙げられる（無記名「祭礼暦に就いて」同右掲載、六〇頁）。

6　香川雅信「遊びと娯楽」（『芸術と娯楽の民俗』講座日本の民俗学八、雄山閣、一九九九年、一八八頁）、小池淳一「世間話研究の可能性」（『世間話研究』一〇、二〇〇〇年、二―三頁）のように、これまでにも柳田が引用されたことに注目しつつ、限界芸術論と民俗学の接点に注目した論考がある。

7　一会員「さゝやかな希望」『民俗芸術』一―一、一九二八年、四頁。

8　前掲拙稿「経験としての「民俗芸術」」、九―一〇頁。

9　郷土舞踊と民謡の会の実践とその社会的背景については笹原亮二「引き剥がされた現実――「郷土舞踊と民謡の会」を巡る諸相」（『共同生活と人間形成』三・四合併号、一九九二年）参照。なお、笹原論文では、舞踊と民謡の評価基準についてかわされた議論から、各参加者の立場性を論じている。あるいは笹原論文をふまえて、『民俗芸術』誌上に焦点をしぼり、言説配置の分節化を試みた論考としては、川村清志「「民俗芸能」を分節化するまなざし」――『民俗芸術』誌上における「郷土舞踊と民謡の会」批評をめぐって」（『日本学報』二五、二〇〇六年）参照。こうした実演会は、対面空間において「民俗芸術」についての認識をつくりあげていく実践のベクトルの一部であった。『日本民俗芸術大観』に掲載された記録については、笹原亮二「演じられる現実に注いだ眼差し――「郷土舞踊と民謡の会」と研究社たち」（『民博通信』一二〇、二〇〇八年）を参照のこと。

10　前掲橋本論文「「民俗」と「芸能」」、二六九頁など。

11　小寺融吉「坪内先生と舞踊と」『早稲田学報』四八三、一九三五年。

12　前掲橋本論文「「民俗」と「芸能」」、二六九頁。

13　永田衡吉「回想の民俗芸術――言葉の流れ・新しい研究機運・小寺融吉・学としての民俗芸能」『民俗芸能・明治大正昭和』錦正社、一九八二年（初出一九五八年）、一六五頁。

14　同右、一六八―一六九頁。

15　同右、一六七頁。

16　笹原亮二「ある民俗芸能家の肖像」『三匹獅子舞の研究』思文閣出版、二〇〇三年（初出一九九二年）。

17　前掲三隅論文「民俗芸能研究の歴史と展望」、七頁。

18　グロテスクなものの例としては、見世物が挙げられる。先に述べたように見世物は編集側が投稿をうながしたテーマであった。だが見世物についての事例は思いの外集まらなかったのか、結局特集は組まれなかった。これらは『民俗芸術』誌上では開花したとは言い難いテーマだったと言えるだろう（前掲拙稿「経験としての「民俗芸術」」、一三頁）。
19　森口多里「民俗美術工芸展覧会概評」『民俗芸術』五―六、一九三二年。H「一つの観方」『民俗芸術』五―六、一九三二年。
20　永田衡吉「柳田國男の言葉――「民俗芸術」創刊・最初の学術雑誌」『民俗芸能・明治大正昭和』錦正社、一九八二年（初出一九五五年）、一七八頁。
21　池田弥三郎「民俗芸能とは何か」（『民俗芸能』、淡交新社、一九六八年、九六頁）。前掲三隅論文「民俗芸能研究の歴史と展望」、前掲小松論文「総説　芸術と娯楽の民俗」など。
22　前掲橋本論文「これは「民俗芸能ではない」」、二七頁。
23　民俗芸術の会（柳田國男）「創刊のことば」『民俗芸術』一―一、一九二八年、二頁。
24　同右、二―三頁。
25　富士正晴記念館所蔵の竹内勝太郎関係の資料のなかに残されている会員募集文書による（資料番号E〇六―一四九七三）。
26　同右（資料番号E〇六―二〇二三四）。
27　大藤時彦「日本民俗学史話」『日本民俗学史話』三一書房、一九九〇年、一五六頁。
28　折口信夫・北野博美「談話会記事」『日本民俗』二―四、一九三六年、一頁。
29　吉見俊哉「コミュニケーションとしての大衆文化」『メディア時代の文化社会学』新曜社、一九九四年（初出一九九〇年）、一二三四頁。
30　鶴見俊輔「芸術の発展」『鶴見俊輔集六　限界芸術論』筑摩書房、一九九一年（初出一九六〇年）、三―七頁。
31　同右、七頁。
32　同右、八―一三頁。なお、鶴見は柳田の仕事を全面的に肯定しているわけではない。プラグマティックな生活実態への「処方箋」の提示の仕方については疑念を呈している。
33　前掲吉見論文「コミュニケーションとしての大衆文化」、二二一九頁。
34　同右、二二四四頁。
35　水越伸・吉見俊哉「序　メディア・プラクティスとは何か」『メディア・プラクティス――媒体を創って世界を変え

る』せりか書房、二〇〇三年。

36 金水敏『ヴァーチャル日本語 役割語の謎』岩波書店、二〇〇三年。マンガのビジュアル表現のステレオタイプに注目した論考としては、たとえば吉村和真「近代日本マンガの身体」（金水敏編『役割語研究の地平』くろしお出版、二〇〇七年）を参照。

37 芸能史に記述されないプロ顔負けの「ニセ者」についての拙稿は、そのささやかな一例である（拙稿「寛容な〈客〉――ニセ者の芸能史にむけて」『月刊みんぱく』三〇―六、二〇〇五年）。

38 前掲特集「「民俗」と「芸術」の節合と相克――一九二〇―三〇年代」参照。たとえば畑中小百合は、中村星湖・飯塚友一郎が関わった第一次『農民』（一九二七～二八年）をとりあげ、そこに胚胎されていた『民俗芸術』とのゆるやかなリンクの仕方が、階級闘争を目的とした誌面構成へと転換していくなかで変質していくことを指摘している（畑中小百合「農村演劇の誕生――一九二〇年代の農民文学とのかかわりから」『日本学報』二五、二〇〇六年）。

39 伝説趣味についての野村典彦の論考（野村典彦「旅と蒐集と伝説――一九三〇年前後、伝説趣味の周辺」『日本学報』二五、二〇〇六年）、郷土玩具についての香川雅信の論考（香川雅信「〈郷土／玩具〉考――二〇世紀初頭における〈イノセンス〉の発見」（同誌掲載）が同様の問題関心の例として示唆的である。

40 おそらく、身近な表現活動をまなざす視線そのものをどのように意識化して可能性／限界を論じていくのかという問題ともつながってくるであろう。民俗芸術論周辺との関わりから現在までを視野に入れていて主体の方法意識を検討している例として、伊藤遊の論考を挙げておきたい。伊藤は、考現学にはじまる野外観察・路上観察の系譜を検討するなかで、「研究」に取り組む主体の主観そのものを、方法論的な視野のもとに論じ直そうとしている（伊藤遊「考現学で民俗学するということ――今和次郎・路上観察学会・野外活動研究会の「〈日常生活〉研究」作法」川村邦光編『文化の語りと実践、そして批評』文化／批評［cultures/critiques］編集委員会、二〇〇三年）。

＊ 本稿作成にあたって富士正晴記念館所蔵資料を参照した。安光奎祐（学芸顧問）には、閲覧にあたってお世話になった。この場をかりてお礼申し上げます。なお、本稿は科学研究費補助金平成一六―一八年度若手研究（B）「「民俗芸術」概念の再検討による芸術・娯楽の民俗学の可能性」による成果の一部である。

展望

方法としての民俗学／運動としての民俗学／構想力としての民俗学

佐藤健二

一 「現在化」の実践としての民俗学史

夭折した小川徹太郎のしごとを集めて『越境と抵抗』(新評論、二〇〇六年)という一冊を編み、執拗に忍びこむ感傷を蹴飛ばしながら解説を書いていたとき、そうか「都市のフォークロアの会」の立ち上げからもうすこしで四半世紀の時が過ぎようとしているのかと思った。

四半世紀すなわち二五年とは、どんな長さの時間なのだろうか。

柳田國男の著作の刻みで測るならば、明治四三(一九一〇)年の初版私刊本『遠野物語』から、昭和一〇(一九三五)年の郷土研究社版『増補版 遠野物語』までのあいだである。それはまた研究者同士の往復書簡体を選んだ『石神問答』(一九一〇年)から、口述ながら広範囲の資料論を含む『郷土生活の研究法』(一九三五年)まで、あるいは全国の同志を集めて初めて開かれた日本民俗学講習会の記録『日本民俗学研究』(一九三五年)の刊行までと同じ長さで、その途中には村の研究方法論としての『郷土誌論』(一九二二年)や重出立証法の『蝸牛考』(一九三〇年)が挟まっている。この四半世紀を学の制度化ととらえるか、専門化や固有の方法論の確立ととらえるか、統合あるいは動員、さらには転向、挫折ととらえてみるかは別にして、やがて民俗学と呼ばれるようになる民間伝承研究が、「民俗学史」として語れるほどの変容を経験したことは確かだろう。

「僅か一世紀の四分の一の間にも、進むべきものは必然に進んだ」と記す『増補版 遠野物語』で、「さう大したもので無かつた」最初の『遠野物語』にもりこんだ「是だけの事物すら」、当時は知られず、さらに「是を問題にしようとする或一人の態度を、奇異とし好事と評して居た」(全集二巻、六九頁)とあらためて書いたのは、成功と評価されるようになった時期からの謙遜韜晦というだけではあるまい。日常ふつうの習わしや聞き覚えの当たり前を、あえて問い「問題」にする研究行為を待ちうける、いつの世でも変わらない冷たい応対を、むしろ後進に覚悟させたかったのだともいえよう。この「再版覚書」では、一方で昭和初期の追い風をうけた同時代の「郷土教育」の流行を、表向きは祝福し、「口碑」という事物が「学業の対象として、大切なものだといふことも亦認められて来た」と、その認知を喜ぶ。その一方で、しかし次のように憂えたのは、民俗学の現在が引き受けざるをえない未成熟と孤立とを、静かに見つめていたからである。

「少なくとも遠野の一渓谷ぐらゐは、今少しく説明しやすくなつて居てもよい筈であつたが、伊能翁は先ず世を謝し、佐々木君は異郷に客死し、当時の同志は四散して消息相通ぜず、自分も亦年頃企てゝ居た広遠野譚の完成を、断念しなければならなくなって居る」(全集2巻、六九頁)

やがて日本民俗学の創始者と呼ばれるこの思想家は、郷土教育のスローガンの蔓延と郷土研究への期待の高まりにもかかわらず、「方法としての民俗学」がなおさまざまな困難に囲まれ、試練のただ中にあることを忘れていない。しかしながら「運動としての民俗学」の将来に希望を託すこともまた、組織者あるいは未成の学の幻視者として、引き受けざるをえない重要な役割であった。であればこそ、民俗の学をこの後に「嗣いで起るべき少壮の学徒」が、知識の蓄積や参照ネットワークの未成熟な環境にはばまれ、機会や時代のなりゆきに縛られざるをえなかった自分たちの達成をひもとくことで、「相戒めて更に切実なる進路を見出さうとするであらう」（全集二巻、七〇頁）と結んだのである。

わが「都市のフォークロアの会」は、さらに半世紀のちの読者であった。そのように「戒め」とともに呼びかけられていたことを不勉強にして知らないまま、自分自身が向かい合う研究調査の困難から進路を見いだそうと、それぞれに立ち上がっていた。

そこに集った研究者の卵のすべてが「都市」を専攻していたわけではない。それなのに「都市の」という形容句を冠して気にもとめなかったのは、このことばが少なくとも一九八〇年代においては、民俗学の革新とその必要を象徴し、集約する役割を果たしていたからではないかと思う。たぶん都市には、「新しい」や「現代」という形容詞にない物質感があった。「対象」認識に内在して現れる学問の方法や想像力の課題を、具体的に問おうとする立場からは、その事物としての存在感は魅力的であったともいえる。まず調査やフィールドワークという観察実践の場において作用する力を問い始めたのも、それゆえである。

一九八七年の第三九回日本民俗学会年会へのいわば「殴り込み報告」の、どこか楽しかった高揚とやりどころがない空振りぶりは、その会場にでもいあわせた誰かがいつか、雑多な記憶の湖底から掻いだして語ってくれるのを待とう。この小さくて気まぐれな研究会の運動は、やがて佐倉の国立歴史民俗博物館を場とした共同研究「民族誌の記述についての基礎的研究」へと活動の中心を移し、民俗学がいかなる認識を生産してきたのかを、自分たちの頭で、そして可能なかぎり自分たちの目と耳で確かめる作業へとつながっていった。長野や福島などの各地を訪ねて、すでに故老といってよい郷土の研究者に、それぞれの民俗学が歩んできた道について教えてもらったことを、なつかしく楽しく思い出す。『〈口承〉研究の「現在」』（筑波大学歴史・人類学系日本民俗学研究室、一九九一年六月発行）と『〈口承〉研究の地平』（「口承」研究の会、二〇〇一年六月発行）という二冊のシンポジウム予稿集を生み出した動きも、また私自身は傍らからの関与にとどまったが『正しい民俗芸能研究〈第0号〉』（民俗芸能研究の会／第一民俗芸能学会、一九九一年一二月発行）に代表される芸能研究の新しい機運も、民俗学的想像力の復権という一連の活動に叙するべき共同作業であった。

「都市」と「口承文芸」と「民俗芸能」とでは、想定されるべき学の目的も課題も異なるのではないかと、場の意味を区別する向きもあろうが、私のなかでは一九八〇年代半ばから民俗学の可能性を考えてきた、ひとつの「未完のプロジェクト」としてつながっている。そしてわれわれは二〇〇五年に、歴史民俗博物館の共同研究として「日本における民俗研究の形成と発展に関する基礎研究」を掲げ、ふたたび共有すべき学史の可能性を検討し、「郷土」や「民俗」や「伝承」や「談話会」の名のもとに蓄積してきた、経験と方法に光をあてようとした。

小川徹太郎の軌跡をたぐりながら、かすかな意外とともに再確認したのは、進行途上にあると思っていたわれわれの試みすら、もうすでに歴史の領域に追いやられかねない時間をはらんでいることである。すなわち、私たちが民俗学に学び、期待し、それゆえに考えてゆきたいと願った初発の問題提起そのものが、すでにそこからの達成や未成の功罪を語られてしまうかもしれない、距離の向こうにある。

しかしながら学史を描くという作業は、その「史」の文字の厳めしい印象に反し、ある意味で「過去化」への抵抗である。顕彰し祭り上げるために、あるいは喪失や忘却を嘆くために、有名無名の研究者の事績が文字に起こされ確かめられるわけではないだろう。学史とは、先行者の実践を来歴として切り捨て、記録に封じ込め、記憶に埋葬するための墓碑銘ではない。むしろ、たとえば失敗という結果において隠され、ときに不運という偶然にその実現が妨げられ、無念にも許された時間の不十分さゆえに未完にとどまった、方法と運動の冒険を想像力においてたどり蘇らせる、いわば「現在化」の実践である。

そこにこそ、民俗学史の本願がある。

二　民俗学史としての『現代日本民俗学』

そのように「民俗学史」の実践の現在性をとらえる立場から、これまであまり論じられていない呼応を指摘しておきたい。それは一九七〇年代にあらわれた『現代日本民俗学』（Ⅰ・Ⅱ、三一書房、一九七四・一九七五年）の試みが、じつはその本質において、ある世代の民俗学史研究の実践でもあったという事実である。

野口武徳・宮田登・福田アジオという三人の編者の、連名で書かれた「序」を読むと、一九七〇年代の「民俗学」に対する深い危機感が、この「民俗学の課題や方法」を再審査しようとする試みの動機としてあったことがわかる。その危機感は、いまから考えると、二重の独立が必要であるという意識に縁取られていた。ひとつは、「柳田國男からの独立」[2]である。そしてもうひとつは、「隣接科学からの独立」[3]である。そして柳田國男の死後、民俗学の名を担う研究者たちが「主体性」を失っているのではないだろうかという診断が、この本の根底にある。だから、編者は次のように、それぞれが歴史と向かい合うことを呼びかけるのである。

「各人が民俗学のあり方を考えつつ自分の課題の研究を進めねばならない。そして相互にきびしい批判をくり返し、その中から柳田を継承しつつ、民俗学の新しい段階を切り拓く可能性を追求することが早急になされる必要がある。」（Ⅰ巻、一―二頁）

「先学によっておこなわれた議論や論争がいかなる問題を提起し、その中で解決されたものは何で、未決着のものは何か、またその議論で抜け落ちていたのは何か、ということを整理し、それらとの関連で自己の新たな研究を開始することが要求される。この研究史的整理という作業は他人がおこなったものに依存したのでは意味がない。やはり研究者としての主体性に基づいて自ら先行論文を読んでおこなう以外はないのである。」（I巻、二頁）

しかしながら、編者たちによれば民俗学の後進世代は、研究史と向かいあおうにも固有の困難を抱え込んでいる。第一の苦労は「論文の多くが発行部数の少ない専門雑誌や研究書に発表されたものであり、現在となってはその入手が相当むずかしいこと」であり、第二の困難は「柳田を中心とした集団内部で研究が進められてきたので、活字にされることなく重要な考えや議論が展開したことがあり、その当時のことを知らない者には充分に理解できない点があること」（I巻、二頁）だという。[4]

たしかに民俗や郷土の研究報告は、流通範囲が限られた謄写版や私刊本で発行されることもめずらしくなかった。重要な意見や論点が、同人雑誌の性格が強い少部数の雑誌や、畑違いの刊行物に載せられて、後からの探索や参照が簡単でなかった。それもある意味では「運動としての民俗学」が残した遺産であった。入手参照の困難をまずは解決すべく、民俗学のあり方に関連する論考の蓄積を共有しようと企画されたのが、『現代日本民俗学』というアンソロジーの二冊だったのである。

テクストの収集と参照と解読は、しばしば二次的で、間接的で、準備的なものと位置づけられてしまうが、じつは採訪やフィールドワークと同じく、直接の参与と一定の習熟とが求められる観察の実践である。その意義は、ただ読んで主体的で独創的な解釈が出せればいいのだという、達成の有無だけには還元されない。なぜかしばしば見落とされてしまうが、テクストを共有することは、さらに根本的で、前提的な意味をもつ。テクストをデータとして比較し、批判や再読を可能にする仕組み、すなわち資料集成（コーパス）あるいはテクスト空間の共有とは、それぞれの思考の土台を作りあげると同時に、その思考に対する批判や反批判が共有される根拠を築く。

それゆえ見えにくい論議・論争の蓄積を、多くの人びとが同時に手にして読める印刷物にして、共通に参照しやすい知識の状況を作り出すこと自体が、個々の研究者の「研究史的整理」の環境の革新として作用するだろう。一般的な意味での「学史」とは、論文・論考をささえる個別の「研究史的整理」の実践の総体、いわば積分だと考えることができるのだから、この試み自体が民俗学史の構築に連接する。

しかも『現代日本民俗学』は、民俗学の特質や方法をめぐる「論争」に焦点をあてた。その点は他にさきがけて戦略的であったと思う。その企図の意義を高く評価し、手段としての概念と方法とに光をあてた、新たな民俗学史の模索でもあったと私が考えるのは、それゆえである。

しかし『現代日本民俗学』は成果として、新しい民俗学を生み出したのだろうか。学の理念と方法をめぐる、この書物の「研究史的整理」は、残念なことに、新たな構想力や方法意識をかもしえず、主体的に更新された新たな「研究史的整理」としての学史を積極的には媒介しなかったように思う。[5] その失敗もまた明晰かつ自覚的に、総括されてよい時期にきている。

無視できないひとつの弱点として残されたのは、「ニセの論点」あるいは「疑似問題」の容認である。すなわち編者もまた、無意味な概念設定ゆえの「問題」の疑似性に気づいていながら、かつての「論争」が生み出してしまった視点の固定を、踏み込んで解除しようとしなかった。

総括の座談会を読み直してみると、若き日の福田アジオも、新進気鋭の宮田登もまた、民俗学のあり方をめぐっての論争に、すでに納得できない感覚を抱いていることがわかる。たとえば福田は「平山敏治郎氏に始まる一連の論争」すなわち第一部の「民俗学の歴史性と現代性」について、「あまりよくわからなくて、何ともはや困る」と評価し、「そうたいして大きな役割りを果たすような論争でもないような気がする」（Ⅱ巻、三〇七頁）とつぶやく。これに宮田もまた「同感ですね」と応じ、「過去科学」か「現在科学」かという単純化がどうも「ピンとこない」と唱和している。すでに意義不鮮明な論争を、はたして載せて共有すべきかどうかは、議論がわかれるところかもしれない。[6] 論述それ自体の意義の判定はもちろん最終的には読者の主体性にゆだねるべきだとしても、たいして意味がないと判断する「問題」の意味のなさ、すなわち疑似性について、編者は介入してその所以をできうるかぎり明示する解説責任を分担している。論者の多くがまだ存命であり再録することとの関係において、鮮明な評価や断定は難しかったとはいえ、同様の及び腰は、歴史学や民族学（文化人類学）との関係のあり方を主題化した第二部や第三部でもうかがえる。

意味があるか有効かどうかの評価とは別に、なぜこうした形で民俗学の意義と課題とが、論争の争点となったかについても、突き放した分析が必要であった。それについて、宮田は「ちょうど日本民俗学会として成立して、隣接諸科学との間に伍して市民権を獲得していく時期ですから、内部固めをやる必要があった」のだろうと推測し、福田が「一種の独立運動みたいなもの」（Ⅱ巻、三〇八頁）と要約しているのは、おそらく機能的説明として正しいだろう。そうだとすれば、このような論点を生み出した諸概念の力能、すなわち「伝承」や「時代性」や「地方史」や「歴史学」や「民族学」等々のやや大きなカテゴリーに対する、意義や課題の配置それ自体が、いわば学会の独立というアカデミック・ナショナリズムの発動のために「創造された伝統」である。[7]

そしてわれわれは、そのような概念の配置において「運動としての民俗学」に加えられた政治性の審査を、「方法としての民俗学」の可能性の診断と取り違えてはならない。

『現代日本民俗学』は、Ⅰ巻が「意義と課題」を掲げて、主に隣接科学からの独立をテーマとし、Ⅱ巻は「概念と方法」を副題にすえて、基礎概念と資料操作法と民俗調査論とをクローズアップしている。ここには、柳田國男からの独立という課題が色濃くあらわれる。

「疑似問題」とは異なるもうひとつの重要な弱点は、この「概念と方法」を考えるために集められた素材の歴史的射程の短さである。これもまた、じつは結果としてであり、一つ一つのテクストの功罪という以上に、それらが「基礎概念」「資料操作法」「調査法」の括りにおいて重ねあわせられた、集合的な効果として生み出されていたと思う。

たとえば、Ⅱ巻の第一部「民俗学の基礎概念」では、「常民」が民俗を研究するうえで重要な基礎概念とされている。一九七〇年代においては、たぶんその明確化が課題として強く意識されていたのであろう。しかし、詳細な証明ははぶくが、私がたどって検討してみたかぎり、「常民」は民俗学の研究の歴史的実践を貫くような「基礎概念」ではなかった。[8]「国民」や「階級」と同等の位置にならぶ特別な主体概念あるいは人間類型というより、「日常」や「常識」や「通常」「普通」と互換的に使いまわしてもかまわないような位相の形容句であり、専門用語としての役割を期待された造語ではなかった。

不幸不運なことにというべきであろうか、他の人文社会科学の論議ではほとんど使われなかったために、これが民俗学の固有の対象として一人立ちさせられ、ディシプリンの存立にまでかかわるとフレームアップされた。しかしその時期は存外に新しく、[9]むしろキーワード化が本格的になったのは、前述のような学会の独立運動の機運のなかでではなかっただろうか。

「重出立証法」も「周圏論」も、同じような重要性の誤認が刻印されている。その後の研究史を丹念に押さえていないので、あるいは言い過ぎてしまうかもしれないが、これらの方法こそが、民俗学のディシプリンの独立を支える固有の資料操作法であるかのごとき論議があったとしたら、そもそもが無理な背伸びの敷衍であった。

「重出立証法」は、一つの例を記録文書から引用しただけでは社会的事実の提示としては不十分だという意味での「単独立証法」の批判から、それに見合うよう工夫された表現である。『民間伝承論』で説明の譬えに出された「重ね取り写真」は、坪井正五郎がガルトンに学びつつ試みた犯罪者の顔写真の重ね焼きという操作によって得られた視覚イメージだが、言語や習俗の領域に持ち出されたときには、事例を重ねて考えるという以上に踏み込んだ含意はなかった。「重出」も「立証」[10]も、資料を比較して説明を組みたてるという実践の必要を、念を入れ、力をこめて伝えようとしたレトリックにすぎない。あえて独立固有の資料操作法の名称でなければならないのかについて、私は疑問に思う。

「周圏論」の地図による分布の図解は、なるほど一つのデータ処理操作の技法ではあるが、これも比較を進め、知識を積み重ねていくアイデアの一つであって、図示や表作成のような可視化の技法とならぶ工夫の一例でしかない。周圏論を象徴する同心円の使い方には、たしかに伝播のメカニズムに踏み込んだ説明モデルが混じっているが、分布を可視化する技法と伝播の説明モデルの役割の違いをも区別せずに、独立した一つの方法論として「周圏論」の名称を使っているなら、その粗雑な用法に寄りかかって書かれた論文それ自体が批判されてよい。

そして、私はもういちど、民俗学の学としての「一種の独立運動」が、比較による説明を意味しただけの「重出立証法」や、検証すべき具体的で小さな仮説にすぎなかった「周圏論」を、主要なる方法論にまでフレームアップしてしまったのではないかを検討しなおすべきだと考える。学の意義と方法の課題に焦点をあてて論争を一覧し整理をはかるという一点突破の戦略は、独立運動の時代の対外的・対内的緊張のなかで、方法論コンプレックスも災いして、編者たちもまた願っていたような民俗学としての「居直り」「開き直り」（Ⅱ巻、三二九―三三六頁）の自由な境地に着地することができなかった。野口武徳の「ここにいるわたしたちが、使っている方法は、昔の民俗学が正調民俗学とすれば、民俗学でなくなってくる」（Ⅱ巻、三三六頁）という、自己否定に結びつきかねない歴史意識は、その不安の率直な表出形態であったと思う。

にもかかわらず、私は一九七〇年代の『現代日本民俗学』が、新たな民俗学的想像力の構築をめざした、真摯な試みであったことを疑っていない。そしてその試みが端緒を拓こうとした、テクスト空間の共有は、いまも民俗学史を構築する基礎をなす技法である。

一九六〇年代に完成した「定本」のいわば摘み読みによって世に流布した「柳田國男」が、一九九〇年代に始まった『柳田國男全集』の刊行において脱構築されはじめた今ならば、もっと自由そして丹念に、たとえば『日本民俗学研究』が言及している諸地方の研究ネットワークや会誌・個人誌の広がりを重ねあわせて、研究実践の多様な記録を参照する枠組みを作れるだろう。そうした枠組みの構築が、そのまま自然に、かつ自動的に、民俗学史の認識を立ち上げるわけではけっしてない。しかしながらいま、あえてそうした基礎をなす「視野」、すなわち知識を見渡す範囲の共有から、学史を構築しなおさなければならないことを、『現代日本民俗学』の実験は教えてくれている。

三「野の学問」の方法／運動／構想力

「隣接科学からの独立」と「柳田國男からの独立」は、あまりに一九七〇年代的な定式化であったけれども、民俗学がいかに学問としての自立・独立を獲得するかは、今においてなお問われる課題であり続けている。そして、今日のわれわれが、かつての研究者たちよりも適切に、あるいは巧みに、また率直に、この学問の固有性と存在意義に迫りえているかは、はなはだ心許ない。

しかし故人を含めた他人が説く「民俗学」のありがたい功徳の託宣にそのまま依存するつもりがないなら、それぞれが自分で選んだ研究の可能性を感じ、発見の力の信じるところを出し合って、競い合い重ねあわせていく以外に、この基本的な問いに答えを出す道はない。さらにいうならば、じつは答える努力以上に問いかたそのものが、問われなければならない。問いは答え以上に「問題」を発展させる大きな原動力だからである。

先に「疑似問題」ということを論じたが、それをなぜ私がことさらに批判し否定するかも、じつはこのメカニズムと深く関わっている。「疑似問題」は、けっして二項対立図式への抽象化に限定されるわけではないが、その隠蔽力を簡単に説明するのには、論文でよく使われる「AかBか」の対立的な定式化は便利だろう。

たとえば、常民は「実体概念」か「抽象概念」か、遠野物語は「文学」か「民俗学」か、あるいはこの論文は「口承文芸」論であって「社会伝承」論ではない、等々。そのように問いを定式化すれば、ひとは実体の表象か抽象された特質かを決められる証拠を探そうとし、遠野物語に柳田の創作がまじっていないかを考え、あるいはたしかに社会組織の考察まで手が回らなかったと反省するかもしれない。しかし、「実体概念／抽象概念」という対の奇妙さや、「文学／民俗学」の対照の不均等性や非排他性はあらためて検討されず、「社会伝承」とはそもそも何かは問われないままに残されてしまう。つまり、ひょっとしたら無意味で無茶な組み合わせかもしれない問いかけの構成要素それ自体がもつ問題は問われず、そもそもそうした概念の配置において問うことでいったい何が明らかになるのかの考察は、論議の対象から遠ざけられてしまう。

もちろん、そうした道具立ての概念が、あえて答えないほうがよいような疑似問題に陥っていないかどうかの検討は、問いを定式化する以前の問題である。だから問う前に充分に論じておかなければならない。というのは大切な心構えだが、世に流布している論争にも、疑似問題はある。すでに問われ論じられている問題のたてかた自体が間違っているかピントが外れていて、認識をくもらせ論議を濁している場合も少なくない。いかなる問いでも自由に立てられるのだが、その問いを立てたとたんに、じつは一定のかたちで答えの実践が方向づけられ、構築されていることを見落としてはならない。であればこそ、問いかたを問いなおし、ゆたかにすることが、「答え」にあてはまる証拠や説明を探すことより、時には大切な役割を果たすのである。

やや脇道での準備が長くなったので、議論を戻そう。

民俗学史の描きなおしにおいても、学としての民俗学の特質やその現代的意味をどこに求めるのか、その大きな見通しは不可欠である。それを現代の民俗学の研究者たちは、どのように問うているのだろうか。

二〇〇五年に東京大学教養学部の駒場キャンパスで開かれた日本民俗学会第五七回年会のシンポジウム「野の学問とアカデミズム——民俗学の実践性を問う」のテーマは、まさしく現在における民俗学の意義と課題を問いなおすことだったのだと思う。すでに学会員でなかった私が、なぜパネリストの一人として登壇することになったのかの理由は、わからない。たぶん私が広い意味で同じ大学組織に所属しているという属性と、編者の責任を分担するまでの介入はしなかったが一冊にまとめるにあたっての制作を縁の下で手伝った『新しい民俗学へ』（せりか書房、二〇〇二年）の副題が「野の学問のためのレッスン」であったことの連想だろう。

しかし、正直なところを告白するなら、壇上での居心地は悪く、あまりやることがなくて落ち着かなかった。オーガナイザーである菅豊・岩本通弥・中村淳の三人が、論議の基盤として用意した問いかけに、どこかしっくりとしない違和感をぬぐえず、話題をかみあわせることができなかったからだ。

私は、なぜ深い違和を感じたのだろうか。ここで論じようとする「方法としての民俗学」「運動としての民俗学」という視点に関わり、「構想力としての民俗学」の理解に関わるので、あえてこだわっておきたい。

『研究発表要旨集』（日本民俗学会第五七回実行委員会事務局、二〇〇五年一〇月発行）に載せられた三人連名の主題説明から、シンポジウムのオーガナイザーが、民俗学の意義と課題をどのように問い直そうとしたのかを確かめておこう。

菅・岩本・中村の主張は、つきつめると「在野性」と「実践性」という、二つのキー概念の配置のうえに組み立てられている。その論理構成の道筋は、次のような五つに要約できる。

①まず基本に置かれているのは、二重の「在野性」という、民俗学の特質である。

日本近代の学問の歴史において、「官学アカデミズム」とは異なる「民間学」すなわち「野の学問」であったという民俗学の位置取りに、その固有の意義をおく。そして「研究対象の在野性と、研究者の在野性という、少なくとも二重の「野」の性質を強く帯びる」点が、忘れられてはならない学の特質であったと分析する。

②「研究対象の在野性」とは、「国家が捨象してきた「民衆」にこそ」研究の主題と目的があるということで、「官学アカデミズムが追求してきた国家的価値」に対抗し、それを批判する「「民衆」的価値」「「市民」的価値」が、民俗学を意義づける。「民間伝承の会以来、「民衆」・「市民」に開かれた形で、積極的にその生活疑問を取り込み進んできたのが、この学会の最大の特徴であろう」という記述[11]は、菅・岩本・中村のいう「研究対象の在野性」で押さえておきたい中心イメージだと思われる。

③力こぶを入れて説いているのが、「研究主体の在野性」である。手っ取り早くいえば「制度的なアカデミーには属さない多くのアクター」が、民俗学の「研究の重要な担い手」であるという実態を指す。とりわけ菅・岩本・中村の視点から重要になるのは、「制度的なアカデミーの外にいながらも、制度的な公的機関に属する民俗学研究者」で、それをアメリカの民俗学界にならって「パック・フォークロリスト」と呼び、新たな形で「在野性」を担うものであると位置づけている。[12]

④きわめて特徴的なのは、この「二重の在野性」と民俗学の「実践性」との、ベタな重ねあわせといってもよ

い強い結びつけである。すなわち、民俗学は「「野」の担い手、あるいは代弁者としての役割を自負し、また期待されてきたといっても過言ではない」。柳田國男の「経世済民」も学問実用の理念も「人生の御用学者」という物言いも、そうした実践性の表現であり、宮本常一の「野」との強い関わりもしかり、だという。現状の「問題」も、その結びつけから導きだされている。すなわち、しかしながら「その在野性とそれに付随する実践性は、残念ながら草創期の表明以上に今日の民俗学のなかで実現されているとは言い難く」、いまその「在野性の意味を、民俗学は改めて見つめ直すときを迎えている」。

⑤そのようにシンポジウムの目的を説明したあと、「研究主体の在野性」を研究者の布置全体のなかで考えるための「あくまで便宜的」な分類だがと留保を付けつつ、「アマチュアのフォークロリスト」「アカデミック・フォークロリスト」「パブリック・フォークロリスト」「アプライド・フォークロリスト」という四つに分けてみることが有効ではないかと提示する。そのうえで、「「市民」参加」、「実践（応用）」「多様なアクターの協同と責任・倫理」という三つの論点[13]を、パネリストに問いかけた。

民俗学の歴史を踏まえた、一見それなりに整った問題提起のように見えながら、じつは国家と市民社会の対抗というやや古びた民主主義論の固定的な枠組みを前提にしていて、社会学に親しんできた私としては、いささか息苦しいというのが第一印象であった。結局のところ、近代の「国家」「アカデミズム」「大学教育」に対抗させて「野」を置く通念の二項図式を、「在野性」としてなぞったうえに、「パブリック」すなわち公共セクターを「野」の含意の範囲に加えて位置づけてみただけのように見えて、ここで使われていることばの使い方には「動き」がない。たぶんに息苦しいと思ったのは、こちらの身体にまで移って伝わってくるような、思考や想像力の「動き」が感じられなかったからである。民俗学の意義の整理にも、課題の提示にも、すでに何度もくりかえされ伝承された通念を、内側から打ち破る動きが必要ではないか。

もちろん、たいして長くない趣旨説明ゆえ、三人のオーガナイザーにしても思うところを充分には述べられなかったのかもしれない。さらに踏み込んだ評価や批判は、必要ならば本格的な論考を待って行うべきであろう。だからここでは、自分の違和感や息苦しさのほうに視点を移し、もうすこし分析しておきたい。

私の違和感は、簡単に二つにまとめることができる。ひとつは「野」の意味の、位置づけかたをめぐる違和感である。もうひとつは、「フォークロリスト」すなわち民俗学の研究主体を分類して、四つの類型を設定した、その分類に対する違和感である。そして、この二つは底のところでつながっている。

「野の学問」[14]をいいかえて「研究対象の在野性」と「研究主体の在野性」、すなわち対象と主体とで押さえようとした理解は、私がこれまで重要な領域であり戦略的なポイントであると論じ続けてきた「方法」への視座を欠落させている。研究方法における「野」の意味を抜かして、柳田國男の学問の特質は語れないし、おそらく郷土研究から民俗学へ受けつがれた学問の歴史の固有性はとらえられないと思う。

そこでの「野」には、これまた二重の意味があるだろう。

一つは「フィールド」という意味で、採訪や参与を可能にする場を指す。と同時に、支配的な研究手段であるとともに社会的支配の手段でもあった文字記録に対して、一定の対抗力すなわち「在野性」をもつ、声や身ぶりに刻みこまれたものの収集と整理と一覧と比較とを意味するだろう。民俗学の可能性は、まさしくその認識を生産する実践を支えている「方法」のレベル、すなわち主体と対象とを媒介する領域における、「野」の復権にこそあるのではないか。そう考え、そう信じている者にとって、シンポジウムのオーガナイザーが用意した枠組みにおいては発言できる余地がなく、それゆえいかにも居心地が悪かったのである。

研究主体の四つの分類にしても、いかなる効果を生みだすためのものか。分けて名前をつけてみた、当てはめてみたというだけでは、動きがない。この分類の設置に対する第一印象の悪さも、じつはこの方法領域を重視した私の態度とオーガナイザーの戦略とのズレに由来しているように思う。結局のところ、提示してくれた担い手の四分類は、組織に属しているか、あるいはいかなる職業かという主体の「属性」に還元されていて、それぞれの主体が認識を生産する方法の違いにもとづくものではなかった。もちろん「属性」要因から攻めていくという戦略もありうるが、そうなると対象領域の分類である「セクター」論と、主体担い手の分類である「アクター」論とが、べったりと貼りついてしまっているらしいのも不自由で、その相互のズレや組み合わせの関係が問いにくい道具立てになってしまっていることが気になる。そのあたりも、カテゴリー相互の「動き」が生まれず、息苦しく感じた理由だと思う。

これまた誤解がないように補っておくが、分類するという実践は、比較を積み重ねて分析を組織していくうえで、じつは根本的に重要で欠くべからざる方法である。それはより小さいカテゴリーに「分ける」という作用だけでなく、じつは一見離れて無関係に見えていたものを、一定のカテゴリーのもとで「つなげる」という編集作用をもつがゆえに、切り分けるだけでないダイナミックな動きをはらんでいる。だから分類を細分化することだとイメージするのは、間違いである。あえていえば、全体を一覧し並べてみせる論理を、軸として立ちあげることなのである。

柳田國男の民俗資料の「三部分類」論が、個々の資料解説の意義を越えて、調査する身体に面白く受けとめられたのは、資料の領域をうまく三つに分けたからではない。調査者が対象に近づいていく順序のリアリティに沿って資料の全域を見わたす軸をはじめて立ち上げたからである。二〇年も前に『読書空間の近代』（弘文堂、一九八七年）で図解したように、「見ること」「聞くこと」「感じること」や「旅人」「寄留者」「同郷人」など、調査する者の身体から全体を押さえる、じつに大胆な軸の組み合わせにおいて、資料を配置する枠組みのアイデアを提示したところに、驚きをもって迎えられる新鮮さがあった。

研究対象の推移や研究主体の変容だけではない。その二つを媒介する方法の領域においての動きや革新を、おそらく新たな民俗学史は積極的に描きださなければならないだろう。「学説史」「理論史」としての学史ではなく、「方法史」としての学史といってもいい。「方法としての民俗学」の歴史である。しかしそれは例えば『採集手帖』(郷土生活研究所、一九三四年)から『日本民俗学入門』(改造社、一九四二年)を経て『民俗調査ハンドブック』(吉川弘文館、一九七四年)にいたる、項目と資料操作法の技術史が加わればいいのだということではない。むしろ、私が「方法」とよんでいる領域は、認識の生産過程の総体を包含する。だから問いをことばにすることから始まって、調査する、資料を集め読む、データを加工する、論文を書く、雑誌に公開して共有する等々の、具体的で個別的な実践に寄り添ってはじめて、論ずるべき実態が浮かびあがるものだろう。

調査や採訪という実践の歴史に焦点をあてた「調査史」は、民俗学史においても重要な領域である。「運動としての民俗学」という理解が必要なのは、そうした実践の実態解明の局面においてである。もちろん、一人一人のそれぞれの採訪調査の積み重ねだけではない。役割分担を伴う共同調査もあれば、研究会の組織化や談話会の試みもまた、運動の内実を形成するだろう。先にふれた、謄写版での刊行もふくめた雑誌は、早くに赤松啓介が『民俗学』(三笠書房、一九三八年)などで注目していたが、運動としての民俗学の重要な媒体《メディア》であった。

その意味で、「方法としての民俗学」と「運動としての民俗学」は、新たに描きだされるべき民俗学史のなかで、密接に、しかし独自の論理と固有の役割とをもってからみあうだろう。

最近は「フォークロリズム」の名のもとで、「イデオロギーとしての民俗学」を批判的に検討するまなざしが、学史研究に加わっている。それは理論や学説のなかに潜む「イズム(主義)」の抉り出しとして、「運動としての民俗学」の現在や時代の機能に関する反省的思考を含むものだ。しかしながら、その剔抉が単なる批判にとどまって、「方法としての民俗学」に新たな視点と力とをもたらすものでなければ、結局のところ無惨なイデオロギー暴露に終わるだろう。であればこそ、民俗学史に向かい合う想像力には、ただ残された論考の結論としての「説」をなぞるだけでなく、また「説」が流布することによって引き起こした固定的な理解の偏りや誤りを正すだけでなく、その論考の文字以前に埋もれてしまった実践を読み解き、その認識が生産された場を追体験しつつ考えるような、積極性が求められる。

われわれの歴史認識が立ち返るべきは、「国家」や「アカデミズム」のような仮想敵に依存した「在野性」のイデオロギーではなかった。大切なのは、民俗学が生み出してきた「方法」や「運動」の多様性について、それを知識として共有し批判するための土台を作り上げ、その仕組みを使いこなすことである。それは「民俗学史」の構築であるとともに、お望みならば「社会学の社会学」をまねて「民俗学の民俗学」と言挙げしてもよい。到底一人の慧眼と文庫収集作業の徹底だけで達成できる試みではないかもしれない。しかし、そうしたプロジェクトは、仮にもうひとりの「柳田國男」がよみがえって現れたとしても、その一人に委ねてよい課題ではない。現代日本民俗学の諸領域の、各々の研究主題の現場と、それぞれの「郷土」において、主体的に「研究史的整理」と向かい合い、埋もれた方法や運動を現在に呼びもどす作業をそれぞれが工夫し、分担する必要があろう。われわれもまた、そうした共有地（＝共有知）を構築する努力から退くつもりはないが、民俗学が活躍してきたフィールドの広さと散らばり具合を考えるなら、それぞれの場の課題を分けて受け持つ自発的な協同を欠くわけにはゆかない。そうした努力の現場において遂行される解読の実践にやどる「構想力」あるいは「想像力」に、民俗学の希望をつなぎたい。

注

1　地域民俗学の主張や伝承母体論などとも無関係でない農民農村中心主義は、知識人・識字階級に焦点をあてない民衆庶民常民パラダイムともあいまって、都市生活には無関心であったがゆえに、「都市」ということばは新しさを担いえた。しかしながらあらたに「都市民俗」を名乗る試みも、すでに昭和初期に小島勝治が唱えていた「都市民俗学」や職業生活や統計の研究には、あまり注目していなかった。

2　直接的かつ表層的には、一九六二年に世を去った「超越的な先達」（Ⅰ巻、一頁）を指すが、知識や認識の生産プロセスに即して考えるならば、一九六四年までに本編三一巻および別巻四巻までの刊行を終え、一九七一年に総索引・書誌・年譜の一巻を加えて完結した『定本柳田國男集』というテクスト空間からの独立まで含意させうる。しかしながら、その論点について、三人の編者はあまり自覚的ではない。

3　歴史学や人類学や一部の社会学が、ここでの主に念頭に置かれた「隣接科学」である。もちろん、文学や言語学、農政学や経済学、法制史等々が「隣接科学」として言及されていない制約も論じられるべきだろうが、歴史学等々との関係も含めて、その細部の位置関係になると編者のあいだでも若干のずれはあることも見落とせない。さらには、戦後の一時期「社会科学」の名を独占していたかのようにふるまっていた、マルクス主義の「科学」観との位置取りも無視できない論点である。

4　この第二の問題点に関しては、私自身は基本的に異なった立場を選ぶ。集団内部の口伝えや口頭での議論が研究においてたいへん重要な役割を果たしていたとしても、その場に同席していなかった者が理解を諦めなければならないかどうかは疑問で、活字化された論考とはいえないような断片的な記録からも多くのことを知りうるからである。さらに「柳田を中心とした集団」が研究を進めてきたという言い方も、生み出されたのが一枚岩の解釈であったかのような印象を与える点でいささか不用意である。かえって柳田國男の「神話」に縛られた発想だと思うが、当時のリアリティの証言として読むことも必要であろう。三人の編者のなかでは、とりわけ野口武徳が率直に表明しているが、当時の若手である編者たちの世代と、柳田國男と戦前の運動を共有している当時の長老世代のあいだに属する学者たちが、民俗学を固定化し、その発展を制約しているという。深読みだとは思うが、その世代の「感情的反発」や「理論的方法論的コンプレックス」（Ⅰ巻、二四六―二五〇頁）の問題を、婉曲に一般化し反語的にひねった指摘であると読むことも可能である。そうした世代論も、「運動としての民俗学」の学史は適切に位置づけるべきであろう。

5　蓄積を共有するという参照の力に、一定の量的な限界を背負ったことも、不利な条件だった。このテクストが書物として出版社から刊行され、市場に流通するために、一面では収録を無制限に広げて、厚みや冊数を膨大にするわけにはいかなかっただろう。それゆえに、収録範囲をやや形式的に「戦後」に限り、柳田國男の言説についてはすでに成立していた定本のテクスト空間に委任してしまう方針が導かれた。その限界があったこともたしかである。

6　「学界内外で何らかの形で話題となった論文を集め」（Ⅰ巻、二頁）という平明で率直な方針が、後進教育の観点から優先されたことは理解できるが、現在の問題意識から参照の意義が選択され、参照共有の枠組み自体が読者の視野を構成するという点からすれば、その編集がもちえた批判力は不十分であった。「独立運動」に従属する限定された論点に、読者を誘導してしまったかもしれない。もちろん、その責任の少なくとも半分は、読者としての後進研究者の側にある。

7　誤解がないようにいわずもがなの注を補っておくが、私は「創造された伝統」だから「ニセの論点」であり「疑似問題」だと論じているのではない。そうではなく、ここで問題にしてきたのは、「歴史性と現代性」とか「歴史学と民俗学」あるいは「民俗と風俗」「常民と市民」という主題の、論点配置の疑似問題性である。自らが恣意的に設定し依存している通念の区分線に、自己言及的にもどってきて同じようにしばられるだけの概念の論議など、そもそもの出発点が偽物で疑似的なものなので問うてみても意味がないという指摘と、国民国家やナショナリズムに内在する「創造された伝統」の指摘とは、さしあたり別物である。

8　早くには『読書空間の近代』で「読者の批判力――常民論再読」として論じており（佐藤健二、一九八七年、二八三―三一二頁）、そこでの議論をさらに文字／階層／定住という三つの軸から整理しなおしたものとして「常民」（小松和彦・関一敏編、二〇〇二年、三〇―四〇頁）がある。

9　常民という概念の学史的な位置づけについて、私は次のように要約している。「常民の語もまた、昭和一〇年代にはじまる民俗学の学問的な体系化を通じて、しだいに民俗学という学問の認識論を総括するような大きな意味を与えられ、戦後にはじまる民俗学の方法論をめぐる批判や反批判のなかで象徴的な中心にすえられるにいたった」（小松和彦・関一敏編、二〇〇二年、三〇頁）。

10　しばしば参照される『民俗学辞典』（一九五一年）の、重ねあわせやモンタージュのケースの記号的な図解への踏込みも、資料操作法というよりは、比較の進め方のイメージであろう。

11　研究対象を論じながら、「民衆」「市民」ということばを最初から持ち出して、分析すべき事物に「生活疑問」が具体化していかないあたりには、これまでの「常民」論争が刻みこんでしまった悪影響を感じる。

12　ここでいう「制度的なアカデミー」とは、学校制度としての大学とそこでの大学教育を指し、その外にある「公的機関」の「パブリック・フォークロリスト」とは、具体的には博物館学芸員、文化行政担当者、小中高の教職員、ＮＰＯなど「公共のセクター（public sector）に関わる人々」を指すのだという主張である。

13　この三つの論点は、「在野性」と「実践性」という基本の問いからどう引き出されたのかが、論理内在的にはたどりにくい。あえて踏み込んで言い換えるとすると、「アマチュアリズムを尊重してきた」日本民俗学会の強みをどうしたら「市民」の学問参加に結びつけられるのかであり、パブリック・フォークロリストと分類される研究者の増加を見越して「アカデミック・フォークロアにはない独自の可能性や、独自の問題設定」をいかに提示できるか、そして科学であることを手放さずにいかにアクター間の責任と倫理をもった協働が可能なのか、ということであるらしい。それ自体は考えていい論点かもしれないが、そもそもの「在野性」を見つめ直すという問題とどうつながるのか。

14　これを「ノ」の学問と読むか、「ヤ」の学問と読むかで、じつは意味の広がりが異なる。「ノの」と重ねて読めば、音はやさしく響き、これまで光があてられていない「民間の」というイメージとともに、学ぶひとを「フィールド」の野の現場に誘う。「ヤの」とつよく発音すれば、「野党」や「下野」の語感とともに、対抗性を強調することになり、意図しないままに「野生」や「粗野」や「野心」のエネルギーを含意にまきこむ。視覚的な文字のうえだけで黙読のまま意味をやりとりすれば、その背後にひそむ声によって媒介された違いが隠されて、耳の想像力が封じられてしまう。こうした方法のもつ力の違いの発見は、まさに民俗学の教えではなかったか。

あとがき

冒頭の問題提起にも記したように、本書は第六三回歴博フォーラムの記録であるが、さらにその後の研究の進展を反映させようと目論んだために難産となった。執筆したのはフォーラムに登壇し、報告した六名に加え、共同研究「日本における民俗研究の形成と発展に関する基礎研究」のメンバーとゲストスピーカー、七名の計一三名である。

本書ではフォーラム当日の報告を基軸にしながらも、そこで提起されたり、確認されたりした事項について改めて書き下ろしてもらったために、フォーラムでの報告順ではなく、大まかに「民俗研究の構想」、「人と場」、「対象と認識」という三つの部立てに分けて配列してみた。これが共同研究とフォーラムの実施とを経て、メンバーの間でゆるやかに共有されるようになった日本の民俗学史をひもとこうとする際の視点ということになる。

もちろん、これら三つの視点はゆるやかにつながっており、また力点の置きかたによって、他の視点へと読み替えることが可能であることはいうまでもない。そしてこうした視点以外のとらえ方もまた可能であろう。しかしこれらの視点を無視して民俗学的な思考、想像力の確認、奪還、再生は不可能ではないだろうか。

民俗学における学史研究、いわゆる「民俗学の民俗学」は時間軸に沿った基礎的な事項を縦糸とし、本書で示したような民俗研究を支え、推進し、実現させていった概念や場、認識を確認、深化させることを横糸として、織り出されるものである。それは近代日本の社会のなかでの出来事であるとともに、その外延や残余を問うという精神と技法の系譜をたどる営みでもある。

ここに集った研究者は、日頃、民俗学の諸領域においても研究の最前線を牽引してきている。その一方で、こうした自己の足元を照らし、再編するという困難な作業に取り組んでもらうことになった。これも冒頭の問題提起に記したように、民俗研究の現場をもたない批評や感想を民俗学史研究は必要としていない、ということの表れと言えるだろう。

それにしても本書は難産であった。その原因の大半は文字通り、非力な編者にあり、本書が何とかかたちになって世に送り出されるのは、長期にわたる共同研究に積極的に参加して、その成果発表についてもさらに錬磨を希求した共同研究のメンバーのおかげである。最後になったが心からの謝意を表したい。そして、弱気になりがちな編者の背中を最終的に押して、刊行にたどり着くように支えてくださった産婆役のせりか書房、船橋純一郎さんにも厚く御礼を申し上げる。

二〇〇九年二月

国立歴史民俗博物館
小池淳一

執筆者紹介

小池淳一（こいけ　じゅんいち）1963年生まれ。国立歴史民俗博物館准教授。

室井康成（むろい　やすなり）1976年生まれ。千葉大学地域観光創造センター特任研究員。

山田厳子（やまだ　いつこ）1961年生まれ。弘前大学人文学部准教授。

川村清志（かわむら　きよし）1968年生まれ。札幌大学文化学部教授。

田中正明（たなか　まさあき）1942年生まれ。二松學舎大学国際政治経済学部非常勤講師。

鶴見太郎（つるみ　たろう）1965年生まれ。早稲田大学文学学術院准教授。

重信幸彦（しげのぶ　ゆきひこ）1959年生まれ。北九州市立大学基盤教育センター教授。

菊地　暁（きくち　あきら）1969年生まれ。京都大学人文科学研究所助教。

山下欣一（やました　きんいち）1929年生まれ。鹿児島国際大学名誉教授。

姜　竣（かん　じゅん）1966年生まれ。城西国際大学人文学部准教授。

和田　健（わだ　けん）1967年生まれ。千葉大学国際教育センター准教授。

真鍋昌賢（まなべ　まさよし）1969年生まれ。大阪大学大学院文学研究科助教。

佐藤健二（さとう　けんじ）1957年生まれ。東京大学大学院人文社会系研究科教授。

〈歴博フォーラム〉民俗学的想像力

2009年3月31日　第1刷発行

編　者　国立歴史民俗博物館　小池淳一
発行者　船橋純一郎
発行所　株式会社せりか書房
東京都千代田区猿楽町1-3-11　大津ビル1F
電話 03-3291-4676　振替 00150-6-143601
http://www.serica.co.jp/
印　刷　信毎書籍印刷株式会社

ISBN978-4-7967-0288-1